支持单位

中共成都市委组织部

中共成都市委城乡社区发展治理委员会

人民城市之路

何艳玲 / 著

人民出版社

责任编辑:忽晓萌

图书在版编目(CIP)数据

人民城市之路/何艳玲 著. —北京:人民出版社,2022.3(2023.3 重印)
ISBN 978-7-01-024363-4

Ⅰ.①人… Ⅱ.①何… Ⅲ.①特大城市-城市管理-研究-中国
Ⅳ.①F299.23

中国版本图书馆 CIP 数据核字(2021)第 262292 号

人民城市之路
RENMIN CHENGSHI ZHILU

何艳玲 著

人民出版社 出版发行
(100706 北京市东城区隆福寺街 99 号)

北京建宏印刷有限公司印刷 新华书店经销

2022 年 3 月第 1 版 2023 年 3 月北京第 4 次印刷
开本:710 毫米×1000 毫米 1/16 印张:24.5
字数:311 千字

ISBN 978-7-01-024363-4 定价:88.00 元

邮购地址 100706 北京市东城区隆福寺街 99 号
人民东方图书销售中心 电话 (010)65250042 65289539

目　　录

前言:我们如何与时代肝胆相照

本书的写作源自成都治理故事,但在本质上是一个中国治理故事。这个故事要建构的基本逻辑是:超大城市如何实现市民更美好的生活。以此,超大型国家如何实现人民更美好的生活。

十九届四中全会的《中共中央关于坚持和完善中国特色社会主义制度　推进国家治理体系和治理能力现代化若干重大问题的决定》,在十八届三中全会提出的全面深化改革总目标基础上,以深刻的历史穿透力和深厚的时代感召力,提出了中国之治的总体目标。中国之治,由许多地方样本构成。对这些地方样本的深度解读,不仅必要,而且迫切。这不仅决定我们研究的质量,更决定了我们是否可以真正与这个时代肝胆相照。我在 2015 年中国城市规划年会的主题演讲中提到,“一个真正强大的国家,公民生命体验能够影响国家制度设计;一个真正繁荣的城市,居民生命体验能够影响城市制度设计”。在浩瀚的时空中,每个人的坚持或许微弱,但如果没有这些点滴的坚持,我们又将如何被物化的时空所控制呢?我们所熟悉的国家和城市,每天都有新的事件、新的细节、新的时空维度……如若不是深爱,就很容易错过。因此,在本书的开始,在开始讲述成都治理故事之前，我想先阐述我个人对研究立场的理解。

一、研究视野之所在

我们不仅要研究“在中国的问题”，也要研究“属于中国的问题”，还要研究“中国在世界的问题”。“在中国的问题”是发生在中国，但可能具有普遍性的问题；“属于中国的问题”是指具有中国性的问题，中国特定的问题；而“中国在世界的问题”则是将中国问题放入全球视野中，或者研究全球问题，同时将中国视野放进去。全球各国已经形成了一张越来越厚的网，它由各种多边协议、跨政府政策网络和峰会所构成，并调节着全球事务诸多方面。在如此扁平化的世界面前，研究者的学术视野可以拓展到无限开阔。

事实上，在进入21世纪以来，尤其是最近这十几年来，全球已经进入一个新的大变局时代，许多新的治理问题不断涌现，传统治理问题也陆续以新的形式出现。在此时代，各国政府面临的问题与挑战无论在深度上还是广度上都发生了深刻变化，这些变化也促使治理学的聚焦点发生了相应变化。全球化时代的政府面临多重任务和多种价值冲突，例如其不仅需要了解全球价值链的重要性以及与之相关的贸易便利化、物流投资，还需要应对全球化中民族主义和殖民主义的紧张关系。而这些变化无不要求治理研究给出实质性启示。美国政治科学学会唐·K.普赖斯奖（Don K.Price Award）每年评选一本在过去三年出版的科学技术政治学研究优秀著作①，从这些作品中，

① 这些获奖作品包括：《实现核野心：科学家、政治家和核扩散》（*Achieving Nuclear Ambitions: Scientists, Politicians and Proliferation*）（2013）；《删除：遗忘数字时代的价值》（*Delete: The Virtue of Forgetting in the Digital Age*）（2010）；《包容：医药研究分歧的政治学》（*Inclusion: The Politics of Difference in Medical Research*）（2009）；《因科学而

我们可以生动地看到这些研究视野的想象力和广阔性。

显然,当代真实实践中发生的治理问题其复杂性已经超越传统范围,并呈现出更广阔的背景。对于这样的一个时代,每一个研究者都可能需要保有一种特别的激情。韦伯曾经花了很多笔墨来论述激情在研究中的作用。在其《社会科学方法论》一书中他写道:"最好的观念实际地出现在人的头脑中的方式,正如艾瑞所描述的那样:它出于坐在沙发上抽烟时;或如赫尔姆霍茨以科学的精确性谈到他自己时所说的那样:它产生于在缓慢下坡的街道上散步之时;或者它是以其他同类方式产生的。……然而,倘若我们不在书桌旁苦思冥想,并以极大的热情致力于寻求答案,我们头脑中也确实不会产生这些观念。……倘若没有这种奇怪的陶醉(它常常受到局外人的嘲笑),倘若没有这种激情,没有这种'前不见古人,后不见来者'的激情,而只是根据你是否成功地做出了这种猜测,那么,你就失去了对科学的任何需求,因而你应该改行去做一些其他事情。因为除了以富有激情的献身精神去追求以外,没有其他任何事情能使人真正成其为专家。"①与其他各国一样,中国也进入了新的变局时代,因此这种激情对我们而言尤为重要。我与团队在成都持续几年的调研和参与式观察过程中,经常能感受到来自决策者、政府工作人员和众多基层工作

挨饿:生物技术如何被排斥在非洲之外》(Starved for Science: How Biotechnoloy is Being Kept Out of Africa)(2009);《网络的财富:社会生产如何改变市场与自由》(The Wealth of Networks: How Social Production Transforms Markets and Freedom)(2007);《数字政府:技术与公共领域绩效》(Digital Government: Technology and Public Sector Performance)(2006);《基因、贸易和管制:食品生物技术冲突的根源》(Genes, Trade, and Regulation: The Seeds of Conflict in Food Biotechnology)(2005);《信息与美国民主:技术在政治权力演化中的作用》(Information and American Democracy: Technology in the Evolution of Political Power)(2004)。

① 马克斯·韦伯:《社会科学方法论》,杨富斌译,华夏出版社1999年版,第8页。

者的激情,这在很大程度上成为本书写作的动机。这种能感受到的激情对研究者而言,无疑是让人幸福的。

二、问题意识之所在

在经历40多年改革开放以后,中国已经进入了新时代和第二次大转型。第一次转型解决了生产力发展水平问题,而第二次转型除了继续维持生产力发展水平之外,还需要解决生产力发展标准问题,即如何在效率之外保障社会公平和社会稳定,这里面涉及一系列重大民生事务。治理,原本就是关于人民福祉如何实现的科学。治理研究要深思如何促进与实现公共需求,借以提升公共福祉。就此而言,我们这代研究者无疑是非常幸运的,因为当下的中国在如何实现这一福祉方面为我们提供了足够丰富而细腻的问题。但目前的现状是,关于这一大国转型及人民福祉的达成,我们能呈现的知识还远远不够。比如,什么是转型?是什么在转型?这些转型具体是怎样发生的,将可能转到何处?什么时候不再转型?转型将对人民福祉产生怎样的影响,以及如何将这种影响往更好方向推进?在转型过程中,政党的角色是什么?对诸如此类问题还没有做出充分回答;甚至,尚未精确地提炼出足以匹配当下真实实践的问题。

按照社会学家迪尔凯姆的看法,社会学研究的对象是社会事实,它应当满足三个要求①:其一,社会事实外在于个人;其二,社会事实具有迫使个人服从的强制作用;其三,社会事实普遍地贯穿于一个社

① 参见[法]E.迪尔凯姆:《社会学方法的准则》,狄玉明译,商务印书馆1995年版。

会之中。那么满足这些要求的社会事实是什么呢?有以下三类:一类是法典性准则,例如法律、政治、教义、金融等制度性规范,这些东西是社会规范的官方明示的表述,涉及整个社会的基本价值。第二类是"集体表象",即我们更愿意称之为文化的大量不属于第一类法典性准则范畴的习俗、道德、情感、舆论、思维、规范等的模式与现象。第三类是由个别事实所构成的、以统计比率表现出来的、描述社会或社会群体特征的综合性事实,例如自杀率、结婚率、流动率,等等。撇开迪尔凯姆对统计率的过度偏好,"真实实践"即类似于这样的社会事实,它同样包括法典性准则、行政文化以及综合性事实。实践是一种真实存在,而不是逻辑推演;实践是动态的、流动的、活灵活现的,而不是固态的、静止的、毫无生气的。发现和解释真实实践,就是我们的任务。"从实践中拧出它的(常常是未经明确表达的)逻辑,由此提炼出抽象的理论概念,而绝对不是纯粹经验研究的累积"①。因此,我们对成都的研究,重点并非只是呈现其改革实践,而是找到其改革实践的逻辑。

总之,我们需要对这个时代的各种事实保持深刻的洞识,而研究的想象力只能在这种客观性中得以实现。研究的文字呈现,即我们发表的著作或论文,其写作也应该立足于这样一种现实感。当团队成员在为论文选题而感到苦闷时,我经常会告诉他们:亲身感受这个时代,找到一个你百思不得其解但却有了解冲动的问题;当你感觉到这种问题冒出来的时候,立刻记下来,不让它溜走。身处成都,我经常能感受到一些这样或者那样来自实践的精彩问题,我都希望能尽快记录下来。当下中国实践中的大国转型足以为我们提供许多精彩

① 黄宗智:《认识中国——走向从实践出发的社会科学》,《中国社会科学》2005 年第 1 期。

而细微的社会事实，我们何以发现并且将其积淀内化成为学科知识，取决于我们是否有问题意识。

三、研究价值之所在

对研究者来说，如果对人类的苦难和时代的困惑无动于衷，这样的研究应该是无生命力的，是难以启迪乃至震撼人心的；当然，其学术品性也很难呈现。同样，如果一个城市的领导者和决策者，对城市的痛苦和困惑无动于衷或者漠不关心，也很难真正做到一心为公，为人民美好生活而奋斗。对这点的强调，与我们通常认为的社会科学研究的价值中立并不矛盾。所谓价值中立不是指研究者在问题选择上的中立、不是否定研究本身即是一项价值、不是排除个人价值偏好将影响观察与证据判断的可能，而是指研究者在验证经验事实的时候能够保持中立，也就是坚持“发现文本”（the context of discovery）与“验证文本”（the context of justification）的不同。

基于此，我和团队在近几年都特别关心成都的发展，我们对成都治理的研究是饱含情感的。2015 年的中央城市工作会议提出“坚持以人民为中心的发展思想，坚持人民城市为人民”。这一命题意味着中国城市化价值取向的聚焦的转向。此后，城市治理现代化和人民城市成为习近平总书记多次提及的主题。这系列思想，赋予了社会主义国家城市人民性的特点，使得中国的城市建设理念在新时代以来发生了极其重大的变化，人民城市的建设，是党委政府的重大事项。在新时代背景下，成都市委、市政府贯彻习近平新时代中国特色社会主义思想和城市治理现代化的指导精神，顺应超大城市治理规律和人民对美好生活的期盼，围绕建设全面体现新发展理念的城市、美丽宜居公园城市的目标，做出了全面推进党建引领城乡社区发展治理的战略抉择，并努力探索以社区为切口的城市治理新模式。这是成都对建设人民城市的探索。道路漫长，这一探索还在进行中，但成都实践与其他城市的积极探索（比如上海、深圳、杭州，等等）一起，正在不断积累社会主义国家大城之治的丰富经验。

新中国成立以来，成都共编制了五轮城市总体规划，并基于国家目标变迁提出了不同的城市定位。总体来看，成都的城市定位可分为四个阶段：第一阶段为新中国成立至 20 世纪 80 年代，在这一阶段，成都的定位是四川的省会城市，四川政治、经济、社会、文化中心。第二阶段为 20 世纪 80 年代至 20 世纪末，成都定位为“省会，西南地区科技、金融、商贸中心和交通通信枢纽，重要的旅游中心城市和国家级历史文化名城”。第三阶段为 21 世纪初至 2015 年，成都定位为西部核心枢纽。第四阶段启自 2016 年，成都战略定位进一步上升，定位为“国家中心城市”，具体包括国家中心城市、美丽宜居公园城市、国际门户枢纽城市和世界文化名城四大战略定位，立足西南，辐射更广大地域，参与国际竞争与分工合作。

表 1　历次《成都市城市总体规划》的城市定位

年份	相关论述
1954	省会，精密仪器、机械制造及轻工业城市
1982	四川省省会，我国历史文化名城之一，重要的科学文化中心
1996	四川省省会，全省政治、经济、文化中心，我国西南地区的科技、金融、商贸中心和交通、通信枢纽，是重要的旅游中心城市和国家级历史文化名城
2011	四川省省会，国家历史文化名城，国家重要的高新技术产业基地、商贸物流中心和综合交通枢纽，西部地区重要的中心城市
2016	建设国家中心城市、美丽宜居公园城市、国际门户枢纽城市、世界文化名城，迈向可持续发展的世界城市

2017 年 6 月 12 日，中共中央、国务院发布《关于加强和完善城

乡社区治理的意见》，提出“城乡社区治理事关党和国家大政方针贯彻落实，事关居民群众切身利益，事关城乡基层和谐稳定。”2017年9月2日，成都举行城乡社区发展治理大会，在市县两级党委序列设立城乡社区发展治理委员会（简称“社治委”），这在全国属于首创。就此，成都正式展开了以社区为切口来探索特大中心城市治理能力和治理体系现代化历程。此后，在社治委牵头总揽下，围绕社区发展治理的重点领域，成都相继出台了一系列改革配套文件，初步构建了“1+6+N”政策体系。

2018年，成都在社治委的统一部署下，以居民需求和民生问题为导向，推进老旧城区改造、背街小巷整治、特色街区创建、社区服务提升、平安社区创建等五大行动，实施产业功能区项目建设、营商环境改革提升、城市生活品质优化提升、干部队伍素质能力提升等七大攻坚行动，初步实现城市有变化、市民有感受、社会有认同。

2019年，成都社区发展治理继续在体制机制层面深化，开始聚焦优质服务提升生活品质，聚焦共建共治增进社区认同，推进社区形态、业态、文态、生态、心态同步提升，深化社区分类治理、创新治理、精细治理，实施街道（乡镇）改革赋权、社区减负提能、社区主体激活、社区多元投入四项攻坚，强化党建引领、人才保障、推进机制三项保障，夯实美丽宜居公园城市底色。

2020年1月，中央财经委员会第六次会议召开，成都成为“公园城市示范区”。

2020年5月7日，成都召开凝聚社区发展治理新优势激发办赛营城新动能工作会，提出以场景思维场景逻辑深化社区发展治理、激发办赛营城兴业惠民内生动力的特色实践方向。

2020年10月24日，在以“公园城市·未来之城——践行新发展理念的公园城市示范区”为主题的第二届公园城市论坛上，成都提出："成都建设践行新发展理念的公园城市示范区，就是要直面城市有机生命体的多元性、复杂性，坚持'人城产'逻辑，在自然与有序之间权衡调适，不断探索转型发展突围之路，努力打造标定时代发展高度、承载美好生活向往的未来之城。"

2021年2月18日，成都召开实施幸福美好生活十大工程动员大会，探索十大工程建设的好方法和新路径，涉及居民收入水平提升、高品质公共服务倍增、城市通勤效率提升工程、城市更新和老旧小区改造提升等关乎民生、发展、建设、治理的方方面面，让新发展理念惠泽广大市民群众。

2022年1月28日，国务院批复同意成都"建设践行新发展理念的公园城市示范区"。成都的示范区重任是"实现高质量发展、高品质生活、高效能治理相结合，打造山水人城和谐相融的公园城市。"

纵观成都这几年的探索，其本质是一条回归城市本身的、宏伟而务实的城市美好生活打造之路。显然，超大城市治理实现美好生活如何完成以及能否完成这个任务，这是一个复杂而生动的故事。事实是，成都这几年的城市治理实践已经取得了让人惊喜的成效：2020年GaWC《世界城市名册》中成都排名提高12位，位列全球59名。在榜单中全球7个Alpha+（世界一线强城市）中国共3个城市入选，包括香港、上海和北京；广州、台北和深圳上榜Alpha-（世界一线弱城市）；Beta+（世界二线强城市）中，成都作为唯一中国城市入选。[①]同时，成都也是人口净增长最快的城市，2019年常住人口已突破1650万，实际管理人口超2100万，过去10年年均净增长50万人。

① 被誉为"全球关于世界一、二、三、四线城市最权威的排名"，在《世界级城市名册》的评价体系中，GDP并不是必要的评价指标，其主要考虑金融业和保险、广告、法律等商业服务，通过考察其行业内公司在全球主要城市的办公网络和信息流动，来分析城市之间的互动和连通。

根据中国幸福城市实验室提出的《基于大数据的城市幸福感指标体系》,成都已连续12年获评“中国最具幸福感城市”第一名。

我们特别关注成都,因为成都是普通的,与大多数城市一样并无特殊政策;但成都又不是普通的,在新一轮城市竞争中一直居于前沿,引领新理念和新改革,并在城市美好生活维度上深耕细挖,让城市成为人民的美好家园,并让美好生活成为城市的核心竞争力之一。鉴于成都治理实践的内容非常丰富且内涵厚重,本书的分析将力求对成都治理有更整体性的理解和认识。

一是整体主义视角。超大城市治理是一个精细、开放而又不断生成、发展的系统。整体主义视角,既注重从中国特色社会主义形成、发展、壮大的整体进程中,也注重从当代世界发展的整体进程中,理解和把握中国城市治理的实践逻辑。

二是结构主义视角。社会是由各要素及其关系即结构构成的有机系统,成都城市治理实践也由历史、现实、价值、理论等各种逻辑要素及其关系共同形塑。结构主义视角,必须在中国特色社会发展的内在结构之中,透视复杂的表象世界,深入中国特色社会主义的深层结构与机理,并据此理解和把握中国城市治理的理论逻辑。

三是比较分析视角。比较分析视角,是将中国城市治理与其他地区实践进行比较。进而在对比分析的基础上,揭示中国城市治理实践的本质特征、比较优势和更大范围的贡献。

总之,本书不求全面概括成都实践,而是将探索实践放在中国乃至全球背景下,聚焦其对新时代大问题的回答和探索,挖掘最具代表性的做法,建构探索中国之治过程中独具特色的城市治理方法论。成都治理的探索不仅是中国之治的重要样本,也将为中国理论提供全新答案!

第一章　治理方法论作为治理理论建构的基础

一座城,有一座城的故事。作为西部最重要的超大城市之一,成都治理在这些年涌现了很多精彩的故事和细腻的细节。我们无法面面俱到来描述这些故事的细节,但会重点关注成都治理中一些具有典型性和代表性的要素。我们要讲述的并非只是成都治理的故事,更是中国治理的故事;而在更深层,我们还希望发现这一故事在不同层面对促进大城治理、大国治理理论建构的可能性。从全球发展新格局和新时代中国治理来看,如果这个故事要建构成治理理论的基本要素,则必须回答如下三个命题,即中国场景命题、政党角色命题和复杂社会命题。在接下来的论述中,会将这三个命题贯穿其中,并希望在最后给出回答。

一、中国场景命题:全球新格局、新秩序与新治理

中国是后发国家。"后发不仅仅是一个时间概念,而且主要是一个逻辑概念,它的现代化不是源于自身文明的演进,而是源于外部

异质文明的输入。它是被早发国家强行拽进现代化的”①。为了应对国内环境的薄弱和国际环境的竞争,后发国家发展普遍有两个特点:一是遵循追赶型发展模式,政府主导特点鲜明②。20 世纪 40 年代后期至 70 年代,二战结束后亚洲和非洲国家摆脱殖民统治,纷纷独立。新独立的国家致力于国家建设,主要为宏观经济规划和民族国家建设。如中国在 20 世纪 50 年代即推行赶超战略,以重工业优先作为增长目标;拉丁美洲则推行进口替代战略,希望通过以本国生产的工业制成品来取代进口产品满足国内需求,以此推动国家的工业化。二是对西方发展路径多有借鉴。在世界银行长期从事发展问题研究的经济学家威廉·伊斯特利(William Easterly)曾概括了“西方药方”的输出历程③:

在过去的半个世纪,我们的经济学家数次都以为自己找到了经济增长的灵丹妙药。最初的药方是提供外国援助以弥补“必需的”投资与储蓄之间的缺口。即使我们当中的一些人已经抛弃了“必需的投资”这一概念,我们仍然认为实物投资是经济增长的关键。对这一思想提供补充的是认为教育是一种积累人力资本并促进经济增长的途径。后来,考虑到“过剩”人口可能会超过生产能力的限度,我们又主张控制人口。当认识到政府政策可能妨碍经济增长后,我们宣扬提供官方援助以进行政策改革。最后当那些穷国难以偿还由于政策改革而欠下的债务时,我们主张进行债务豁免。

① 陈明明:《党治国家的理由、形态与限度——关于中国现代国家建设的一个讨论》,载《复旦政治学评论》第 7 辑,上海人民出版社 2009 年版,第 214 页。

② 胡伟、王世雄:《构建面向现代化的政府权力——中国行政体制改革理论研究》,《政治学研究》1999 年第 3 期。

③ [美]威廉·伊斯特利:《经济增长的迷雾》,姜世明译,中信出版社 2016 年版,第 20 页。

显然,亦步亦趋追赶西方发展,是大多数后发国家早期的必经阶段,也带来了后发国家发展的内在困境。追赶型模式意味着高速变化和以经济发展为核心的战略,但这也表明后发国家并不一定可以同时在各方面做好相应的转型。后发国家在设计经济发展战略的同时很可能要“承担着巨大社会政治风险的艰难的结构改革”①。由此,发展与秩序的矛盾在后发国家变得突出,并导致其现代化进程的种种困境。更重要的是,后发国家在此过程中也失去了寻找自我发展道路和自我建构理论的可能。由此带来的理论不自信同时也影响着后发国家的道路不自信。因此,发达国家的理论看似普适,实则是基于其自身发展总结出的具有独特性和诸多条件的理论②,与后发国家实际背景之间存在脱嵌,并构成相对隐秘的“知识霸权”。

而在最近几十年来,全球格局的突出变化是,中国等后发国家崛起,催生了工业革命以来最大范围的“大趋同”(Great Convergence),缩小了后发国家与发达国家的力量鸿沟,推动了全球治理和国际秩序从“西方治理”向“东西方共同治理”转变,全球利益分配发生重大转变。后发国家崛起,是全球大变局主要因素之一,并必然对原有国际秩序和权力分配造成冲击。通过权力竞争和秩序重构,原有世界政治格局逐渐瓦解。全球问题产生、持续、激化,不同价值观的叠加和纷争使得国际新秩序建构越来越迫切。

2014 年 4 月 1 日,习近平主席在布鲁日欧洲学院发表演讲,回答了“中国是一个什么样的国家”这一问题。第一,中国是有着悠久

① 林毅夫:《繁荣的求索:发展中经济如何崛起》,张建华译,北京大学出版社 2012 年版,第 210 页。

② 郑永年、黄彦杰:《制内市场:中国国家主导型政治经济学》,邱道隆译,浙江人民出版社 2021 年版,第 71 页。

文明的国家。第二,中国是经历了深重苦难的国家。第三,中国是实行中国特色社会主义的国家。第四,中国是世界上最大的发展中国家。第五,中国是正在发生深刻变革的国家。“世界是多向度发展的,世界历史更不是单线式前进的。中国不能全盘照搬别国的政治制度和发展模式,否则的话不仅会水土不服,而且会带来灾难性后果。”①以中国为代表的后发国家的发展,表明人类治理模式的多样性,也表明了达成美好生活之路径的多样性,更显示了“基于后发国家场景”的理论建构契机。

在此过程中,一个以文明为基础的世界秩序正在出现。文明和文化在塑造不同的国家建设模式,其本身也构成了全新的国家竞争模式。当文化发展成为有组织、有计划的国家政策的时候,它就不再仅仅是人类学意义上的生活方式,也不再是单纯的精神生活和艺术创造活动,而是具有政治和公共政策意义的集体行为。文化的价值因此被发掘出来,文化建设也随之成为国力竞争的重要因素。这一变化,不仅是发展模式的变化,也表明了基于本土文化发展的重要性。后发国家遭遇的“知识霸权”在此前隐而不现,但现在已需要警惕。我们亟须回归真实实践保持理论谦逊,建构基于不同文化的更有力量的理论,并探索更加多元的实践道路。显然,中国过往40多年独立自主、实事求是、因地制宜的治理和发展历程在实践和理论上为此提供了意义重大的参考②。

纵览新中国国家建设进程,从改革开放到城市化、从扶贫攻坚到乡村振兴,从大国责任到人类命运共同体,中国道路既具有中国特色,又具有世界意义;中国经验是深刻的、可感知的、可评估的,

---

① 习近平:《在布鲁日欧洲学院的演讲》,新华网2014年4月1日。

② 参见王绍光:《中国崛起的世界意义》,中信出版集团2020年版;汪仕凯:《政治体制的能力、民主集中制与中国国家治理》,《探索》2018年第4期。

中国案例的理论内涵也是鲜活的、丰富的。成都故事，是众多中国故事的一部分。我们不仅要呈现这个故事最精彩的部分，更要寻找和建构出其背后的理论价值。在中国经济高速持续增长过程中，地方政府的角色举足轻重。改革开放以来，地方政府被认为是促进经济腾飞的重要推动因素①；地方领导者在招商引资、优化政策环境、谋求区域经济发展中的热情持久不衰，为经济持久增长提供了稳定支撑。在新时代，地方政府的作用仍然很重要，地方发展、城市发展越来越承载着国家竞争、全球竞争的内涵，并具有更鲜明的国家意义。成都这些地方体现出来的极富生命力的地方创新精神，不仅值得尊重，更需要努力维持和继续推动。基于此，在理论层面，我们对成都治理的研究要完成的第一个任务是回答治理理论的"中国场景命题"。

二、政党角色命题：政党和国家现代化的关系

在各国现代化和发展过程中，另一个重要议题是政党角色。政党在国家政治生活中发挥着关键作用，但政党与现代化的关系因各国现代化所处历史条件及发展模式的不同而不同。西方政治强调分权与制衡基础上的政党竞争，政党竞争是政治机制之一。现代政党伴随着代议制民主产生，是为了"适应阶级和阶层利益的表达与综合，最大限度进行选票动员，进而获得组织政府的权力"②。无论是在多党制的西欧，还是更接近于两党制的英语系国家，政党大多是

① White, Gordon. 1991. *The Chinese State in the Era of Economic Reform: The Road to Crisis*. Macmillan, pp.23–49.

② 景跃进、陈明明、肖滨主编：《当代中国政府与政治》，中国人民大学出版社2015年版，第13页。

"捐客政党",即目标是"要尽可能多地推选出候选人,且这些候选人要尽可能地代表许多不同的利益以及政治理念"[①],为了实现上述目标,政党充当部分人与政治团体的代表机构和表达工具,履行代表和表达的基本功能[②]。萨托利对此总结道:"政党首先且最主要的是表达的手段;它们是工具,是代理机构,通过表达人民的要求而代表他们",政党是代表机构和表达工具,"它们的主要行为可以被认为是代表性功能和表达功能"[③]。

较之于西方的"社会造国家,国家造政党",中国现代化走的是"政党造国家,国家造社会"的道路[④]。中国共产党诞生在中华民族内忧外患、社会危机空前深重的背景下,并把为人民谋幸福、为中华民族谋复兴作为初心和使命。共产党是中国现代国家建设的主体,中国现代化国家的建设和成长依赖于政党的领导与支撑作用[⑤]。在现代化进程中,党的建设与国家建设高度有机统一,发展就是通过党的建设推动国家建设,通过国家建设提高党建水平。百年来党领导人民取得革命、建设和改革开放伟大成就的历程,证明了这一论断。在此过程中,政党发挥了三重面向的作用:作为动员型政治启蒙和唤醒国民,推动现代化社会政治进程;作为整合型政治自上而下地整编地方机构、社会团体和政治人口,推动政治社会的组织化;作为全控

---

① 杨光斌:《政治学导论(第四版)》,中国人民大学出版社 2011 年版,第 190 页。

② 唐亚林:《使命——责任体制:中国共产党新型政治形态建构论纲》,《南京社会科学》2017 年第 7 期。

③ [意]萨托利:《政党与政党体制》,王明进译,商务印书馆 2006 年版,第 56—58 页。

④ 赵中源、杨柳:《国家治理现代化的中国特色》,《政治学研究》2016 年第 5 期。

⑤ 林尚立:《国家建设:中国共产党的探索与实践》,《毛泽东邓小平理论研究》2008 年第 1 期。

型政治主导国家政治方向，推动国家建设与发展。[①] 可见，不同于西方政党充当部分人与政治团体的代表机构和表达工具的角色以及代表、表达的功能，共产党肩负着长期执政党所具有的整合、分配和引领三大新功能[②]，超越了现代西方政党充当部分人与政治团体代表机构和表达工具的角色定位。《中国新型政党制度》白皮书对此论述为[③]：

> 中国新型政党制度能够体现奋斗目标的一致性。这一政党制度把各个政党和无党派人士紧密团结起来、为着共同目标而奋斗，有效避免了一党缺乏监督或者多党轮流坐庄、恶性竞争的弊端。这一政党制度通过广泛协商凝聚共识、凝聚智慧、凝聚力量，有利于达成思想共识、目标认同和行动统一，有利于促进政治团结和有序参与。这一政党制度围绕坚持和发展中国特色社会主义、实现中华民族伟大复兴的中国梦，形成了共同的理想、共同的事业、共同的行动，汇聚起强大的社会合力，集中力量办大事、办好事。

在中国治理过程中，党是长期执政、嵌入政治结构中的治理"常量"[④]，也是凝结各方力量、构建治理合力的核心。有的研究者据此将这一中国特色的体制归纳为"党政体制"。针对这一体制，目前形成的共识是，共产党是"以吸引人们归依并信奉其理念为主要目的，而非以扩大选民支持而赢得公职选举为主要目标"[⑤]的使命型政党。

---

① 景跃进、陈明明、肖滨主编：《当代中国政府与政治》，中国人民大学出版社2015年版，第14页。

② 唐亚林：《使命——责任体制：中国共产党新型政治形态建构论纲》，《南京社会科学》2017年第7期。

③ 中华人民共和国国务院新闻办公室：《中国新型政党制度》白皮书，2021年6月25日。

④ 景跃进、陈明明、肖滨主编：《当代中国政府与政治》，中国人民大学出版社2015年版，第5页。

⑤ 杨光斌：《政治学导论（第四版）》，中国人民大学出版社2011年版，第189—190页。

这是中国奇迹的关键，也是成都等各地在党建引领下取得显著治理绩效的关键。基于此，在理论层面，我们对成都治理的研究要完成的第二个任务是回答治理理论的“政党角色命题”。

三、复杂社会命题：城市化和互联网化塑造的社会复杂性

一方面，城市化是现代化进程的集中呈现，其内含的是人类社会向工业化、市场经济、多元社会的整体转型。从起源来看，城市的历史与人类文明的出现和发展紧密地联系在一起，城市是人类文明发生和发展的地方，城市承载着人类文明的传承和发展。人类作为一种社会性动物，聚集是人类的天然本性，为了抵御外在的恶劣环境或动物野兽的侵略，群居成为人类的选择，人的不断聚集推动了农业的产生，在农业基础上进一步产生了最早以防御功能为主的城市。阿贝尔·沃曼将城市看作“能量、水、物质和废物在其中流通的实体”①。在这一流通系统中，城市消耗着远超过自身的自然资源，同时也是各类污染物的主要排放者。在此情况下，城市与生态环境间高度失衡，导致全球气候变暖、生物多样性减少等一系列的自然危害，也随之衍生出人口拥挤、交通堵塞、环境污染、犯罪频发、公共安全风险以及城市公共空间匮乏等城市病②。城市研究者里德忧心忡忡地说道：“城市被定义为文明的产物，但是它们也是危险的寄生物，能够祸害远离其边界的广大地区。城市加在全球环境上的生态影响，与其占地规模完全不成比例。”③城市问题是现代进程必须要

① Wolman, A. (1965). The metabolism of cities. *Scientific American*, 213 (3), 178-193.

② 张玉林：《中国的城市化与生态环境问题——“2018 中国人文社会科学环境论坛”研讨述评》，《南京工业大学学报》（社会科学版）2019 年第 1 期。

③ ［英］约翰·里德：《城市》，郝笑丛译，清华大学出版社 2010 年版，第 343 页。

回应的关键问题。

伴随着国家任务而推进的中国城市化，不仅具有世界城市化进程的一般问题，也由于其一直以来的增长导向产生了一些特定问题。比如，在城市化进程中没有明确人的土地财产权利和迁徙自由，导致社会底层上升成本提高，不同群体之间的矛盾显性化。① 在房地产开发长期迅猛发展形势下，出于经济利益的驱动以及对"现代化"的片面理解，城市中高楼林立、密集，失去了人的尺度及必要的有吸引力的公共活动空间，历史文化保护区、绿化用地开发以及社会人文环境普遍受到冲击或削弱。② 同时，高速城市化产生差异性和多元性的社会结构，也滋生了更复杂的居民需求。但由于土地和空间的稀缺性，也由于此前在土地利用和空间规划方面的不科学不完善，这种需求的实现变得非常艰难，居住、出行、教育、休闲、养老、环境等成为城市突出问题，也成为影响人民美好生活的关键。如此种种，让城市社会结构变得非常复杂，并让城市治理面临巨大挑战。

另一方面，互联网化是现代化进程另一个重要的新兴力量，并对社会结构的复杂性带来了前所未有的影响。互联网支持不同计算机自由地连接起来，每台计算机成为一个节点，每个节点都是中心。这一分布式网状结构打破了传统集中的线型结构，形成"多点对多点"的信息连接，并因此实现了信息传接的自由。互联网的这一基本特征带来了全新的社会联结方式：

其一，虚拟联结。在互联网出现之前，人们必须面对面才能结社、结群，而成立组织则需要有关职能部门层层审批。在互联网出现

① 童大焕：《中国城市的死与生：走出费孝通陷阱》，东方出版社 2014 年版，第 165 页。

② 王鹏：《城市公共空间的系统化建设》，东南大学出版社 2003 年版，第 151 页。

以后，人们用虚拟方式实现组织化，并建立虚拟组织表达观点。虚拟结社成为人们生活的重要方式，虚拟社区也迅速发展，并具有极大拓展性（无论数量还是规模）。在虚拟联结下，即使“不在场”也能获得类似“在场”的体验感和融入感，这提高了虚拟组织和虚拟社区的活力和黏性，虽然虚拟但联结同样紧密。其二，即时联结。互联网构建了前所未有的真实时间网络，信息的生产、发布、转载与反馈，几乎可以达成零时间或趋向于零时间。而信息网络与卫星传播的结合又提供了将各种信息及时地送往世界各地的切实可能性。在互联网之前，公共议程建构必须通过层层的垂直的科层体系，且经常受到阻碍，在即时联结情境下，人们可以随时发表观点并形成舆论，这极大地推动了基于互联网的“体制外”公共议程建构。其三，叠加联结。在互联网发展之前大多数人只是公共信息的接受者，而在互联网信息传播过程中，人们既是信息的接受者，也是信息的创造者。这些创造的信息在再传播过程中发生信息叠加。同时，人们的主观偏好不断渗透到信息生产、传递和再生产过程中，因此而产生巨量庞杂信息。要在这些巨量信息中甄别真实信息，对一般公众而言将变得非常困难，因此更容易产生信息放大（网络舆情）或信息偏差（谣言）。在叠加联结情境中，将大大增加基于信息基础之上的决策难度。其四，透明联结。在互联网之前，有的联结在隐秘中发生，体制可以对信息传播进行过滤和截取，公共信息的秘密和分级供应成为常态。而在互联网中，大部分行为比如搜索、浏览、点评都转变为“行为信息”，并变成各种具有关联性的数据。人们对数据进行挖掘并通过数据关联进行分析，原本隐秘的因此而可能被解读，维持秘密的成本变得高昂，解密变成常态。由此，人们的不满也容易被较大范围地传播和扩散。

可见，互联网的发展让更大数量、更广范围、更多类型的个体或群体有了联动的可能，且让更多公共事务具有了透明性。或者说，政府做什么、如何做、做得怎么样，都可能必须经过互联网社会的检验和讨论。互联网对社会联结的再定义，不只是重建了社会主体之间的关系，也在一定程度上改变着政府与人民的关系。这些都加剧了社会结构的复杂性，也给治理带来了深刻挑战。基于此，在理论层面，我们对成都治理的研究要完成的第三个任务是回答治理理论的"复杂社会命题"。

四、治理方法论：为谁而治、谁来治理、如何治理

基于以上三个命题，我们对成都治理的研究将不是一般意义上的经验总结，而是将秉承特定的社会科学研究方法进行系统分析，并特别关注成都治理背后呈现的基本方法论。经验具有一定可推广性，但仍然局限于事实层面并具有推广限度；而方法论则指的是特定行为的底层逻辑，因此具有普遍性、可重复性、可复制性。就治理方法论而言，我们认为其包括三个维度，即为谁而治、谁来治理和如何治理。

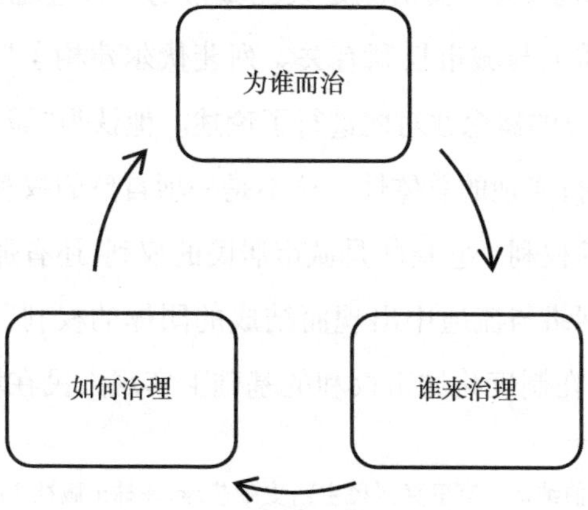

图 1-1　治理方法论的三个维度

(一)为谁而治:治理目标

现代政治的一个核心变化就是实现了国家合法性的转型。其中,民主政治成为世界大多数国家政制的原则、制度安排与宪政手段①。民主政治作为一种政体类型,与专制政治相对,以公民平等参与和政府有限权力为特点,是现代政治发展取得的重要成果。与此关联,人民主权成为建构新的政治制度的观念基础,也成为国家合法性的主要来源和现代国家的核心标识。或者说,现代国家的一个共识就是,国家将为民而治。

在中国政治语境之下,"人民主权"观念更是深入人心。《中华人民共和国宪法》明确规定,"中华人民共和国是工人阶级领导的、以工农联盟为基础的人民民主专政的社会主义国家""中华人民共和国的一切权力属于人民"。可见,为民而治是经过艰苦革命斗争之后党对人民的最大政治承诺,是政党执政和中国之治的核心命题。为民而治既是党的先进性的体现,也因其提供了共同的价值而成为引领治理全过程的逻辑主线。

回到城市场景,为民而治就是人民城市的建设过程。对人民城市的理解在本质上与城市权利有关。列斐伏尔建构了"城市权利"(right to the city)的概念并对此进行了论述。他认为"城市权利所指的,就是一种有待实现的总体性。这不是一项自然的权利,当然也不是一项契约性的权利。它指的是城市居民的权利,还有那些在交通、信息和交易的网络与流通中出现而结成的团体的权利"②。人民城市的本质,就是在制度化城市权利的基础上实现人民在城市中对美

---

① 参见[英]伯纳德·克里克:《民主》,史献芝译,译林出版社 2018 年版。

② Lefebvre, H.1996 [1968]. "'The right to the city'". In *Writings on Cities*, Edited by: Lefebvre, H.63-184. Cambridge, MA: Blackwell. Trans. E. Kofman and E. Lebas.

好生活的向往。成都治理，就是全方位、全流程探索人民城市的实践过程。由于这一点对于理解成都治理和本书思路都非常重要，在下一章我们将继续展开具体论述。

（二）谁来治理：治理主体

谁来治理，在价值层面与我们对民主的理解有关。民主的最初实践来源于古代希腊，尤其是以雅典城邦为盛。在词源学中民主被定义为"人民的统治或权力"①，既可以表示由全体公民构成的人民主权，也可以表示人民的统治②。人民指的是居住在主权国家领土范围上的居民。人民这一要素看似简单但实则内涵丰富。一方面，人民不是一盘散沙，人民构成了一个独特的整体——民族；另一方面，人民是国民，由公民组成③。萨托利指出，"所有关于民主的讨论，基本上围绕着三个概念进行：人民主权、平等和自治。这些概念是相互联系的。人民是主权者，是说他们平等地享有主权。有主权者不是统治的客体，而是它的主体，即自治。如果所有人都是主权者，就意味着自治必须代替（对人民的）统治。如果所有人都是平等的主权者，就需要有平等的权力，即平等参政权"④。民主的概念，本身就意味着人民是治理的主体。

经过历史的长期演变，现代意义上的民主已褪去了古希腊式直接民主的形式，而更多的是指向起源于英美等国家的代议制民主，也

---

① ［美］乔万尼·萨托利：《民主新论》，冯克利、阎克文译，上海人民出版社2015年版，第45页。

② 参见［法］雅克琳娜·德·罗米伊：《希腊民主的问题》，高煜译，译林出版社2015年版。

③ 肖滨：《政治学导论》，中山大学出版社2009年版，第43页。

④ ［美］乔万尼·萨托利：《民主新论》，冯克利、阎克文译，上海人民出版社2015年版，第99页。

就是间接民主制。也即,在经验层面,民主的实现需要一套具体的执行机制。这一执行机制通常由组织化的政府来完成,政府是治理的主体。而最近这些年的变化是,面对全球性、复杂化的公共问题,单一的行动主体已经无法应对,唯有市场、社会与政府等多元主体联合起来合作,这些复杂问题才可能得以解决。1995 年联合国下设"全球治理委员会"(Commission on Global Governance)发表《我们的全球伙伴关系》(Our Global Neighborhood)的研究报告,明确提出新的治理内涵:治理是个人和机构、公共部门与私人部门管理其共同事务的所有方式的总和。它是一个容纳冲突和利益分歧、采取合作行动的持续过程。它既包括拥有强制性权力的正式机构和政府,即相关正式制度安排,也包括个人和机构为了自己的利益而同意或接受的非正式制度安排。

在此背景下,多元主体的协作治理成为民主国家应对复杂社会问题的最主要方式,并为谁来治理提供了新的答案。在治理背景下,政府作为公共权力的执行者仍发挥着重要作用,但治理主体已扩展为出自政府但又不局限于政府的一套社会公共机构和行为者,参与主体更为多元化①。多元主体建立起自主自治的网络体系,同时也实现责任分担。但这里的问题在于,多元主体如何联系起来构成一个协作网络?特别是,在社会和社会组织发育不成熟的情况下,如何让多元主体产生并达成合作?显然,这一过程需要引领、发动、协调、培育。因此谁来治理这一维度在中国,党的领导和党组织的发动一定是非常重要的机制。成都治理中的党建引领不仅是政治领导,更是具体治理过程中多元主体建设、协作与维系过程。

① Stoker G.1998.Governance as theory:five propositions.*International Social Science Journal*.50(12):19-22.

（三）如何治理：治理方式

在很长一段时间，西方治理方式都呈现出社会中心论的倾向。人们更多关注如何“控制政府，而不是使政府充满活力”①，强调限制专制国家或掠夺型国家的权力与打破政府控制结构和降低政府干预经济和社会的程度。在此过程中，国家被视为过时的概念，政府被视作与民主相对立的一面，是政治开明的阻碍②。然而，二战前后凯恩斯主义的兴起、第三世界国家民主化简单复制的失败等国际社会的政治发展，使得国家作为行为主体和有社会影响力的制度结构的观点回到人们视野。③ 亨廷顿通过对民主化浪潮的研究指出，不同于社会中心论对国家的忽视，国家（政府）实际上可以扮演一个重要的角色，“各国之间最重要的政治分野，不在于它们政府的形式，而在于它们政府的有效程度”④。斯考克波也认为，国家能力是和国家自主性一样重要的概念，指国家（通过）实行政策实现其目标的能力⑤。米格代尔进一步对国家能力进行了诠释，认为国家能力就是“国家领导人通过国家的计划、政策和行动来实现其改造社会的目标的能力”，可分为“渗入社会、调节社会关系、提取资源、以特定方式配置

---

① ［美］弗朗西斯·福山：《历史的终结与最后的人》，陈高华译，广西师范大学出版社 2014 年版，第 4—5 页。

② 参见胡鞍钢、王绍光、周建明：《第二次转型：国家制度建设》（增订版），清华大学出版社 2009 年版；［美］埃文斯、鲁施迈耶、斯考克波：《找回国家》，方力维等译，生活·读书·新知三联书店 2009 年版。

③ 参见［美］埃文斯、鲁施迈耶、斯考克波：《找回国家》，方力维等译，生活·读书·新知三联书店 2009 年版；王浦劬、汤彬：《论国家治理能力生产机制的三重维度》，《学术月刊》2019 年第 4 期。

④ ［美］萨缪尔·P.亨廷顿：《变化社会中的政治秩序》，王冠华、刘为译，上海人民出版社 2008 年版，第 1 页。

⑤ ［美］埃文斯、鲁施迈耶、斯考克波：《找回国家》，方力维等译，生活·读书·新知三联书店 2009 年版，第 21 页。

或运用资源”四大能力①。王浦劬等人基于中国的研究提出，国家能力本质上是国家对各种资源进行整合、调配和综合使用所达成的整体结果和效能，即组织资源、价值资源、物质资源三种质料在对应的加工机制——国家结构的聚合机制、国家行动的合法化机制、国家组织的延展机制下转化为实际执行效果的显化过程。② 这些有关国家能力的定义都表明了治理的方向和路径，也即如何整合资源完成治理目标并达成实际执行效果的过程。

新中国成立70余年以来特别是改革开放40余年来，我们一直在持续探究如何实现大国治理的目标，这包括：其一，在生产力水平低下的情况下如何实现高速发展，并解决大多数人的生存和发展问题。这不只是中国面临的问题，也是人类面临的重大问题。其二，如何在高速发展的同时保持政治和社会秩序的稳定。稳定是所有人共有的福祉，特别是在快速转型和发展过程中，这一点显得更为重要。对于这两个大国治理的命题，我们已经做出了非常有成效的探究，而新时代提出的第三个目标则是：如何让发展服务于人民的美好生活。完成这一任务，不仅需要能力，且需要更高的能力。十八届三中全会提出了全面深化改革的总目标，十九届四中全会提出坚持和完善中国特色社会主义制度、推进国家治理体系和治理能力现代化总体目标。“总体”意味着系统性，也意味着不仅在实践层面有了丰富经验，更重要的是在理论层面上也有了很大提升。这表明中国多年治理实践的探索已经进入全新阶段。

从城市来说，指向美好生活的城市治理要解决的问题是：其一，

---

① [美]乔尔·S.米格代尔：《强社会与弱国家：第三世界的国家与社会关系及国家能力》，张长东、朱海雷、陈玲译，江苏人民出版社2012年版，第5页。

② 王浦劬、汤彬：《论国家治理能力生产机制的三重维度》，《学术月刊》2019年第4期。

如何继续保持发展,并维持城市活力和繁荣的经济基础。其二,如何在发展的同时,通过有效的治理解决发展过程中可能产生的矛盾和冲突。其三,如何让城市发展和治理更好地促进人们在城市的美好居住。这几个问题,就是在实践层面成都治理致力于探索并解决的核心问题。既要高速发展,又要良好治理,还要让发展治理服务于人民获得感、满足感、幸福感。这样的中国之治不是凭空想出来的,而是经过艰苦探索的实践创制出来的。成都治理,同样如此。

五、本章总结

当下,我们经历着前所未有的变革。随着市场化、全球化的持续推进,民族主义、全球主义、市场主义的无限叠加,信息技术和智能技术的全面升级,治理的复杂性已经超出我们的想象,政府职能不断重构,政府和市场、社会的关系也不断被重构。而尚未结束的全球疫情,已经成为撬动现有全球秩序、全球价值的大事件。值此之际,全球化、民主化、经济自由化,这些原本固若金汤的价值理念与理论必将被重构。全球的新格局、新秩序标志着新治理的出现。新治理意味着:其一,以中国为代表的后发国家的兴起,表明人类治理模式的多样性和发展道路的多样性,更表明了达成美好生活之路径的多样性。其二,地方发展、城市发展越来越承载着国家竞争、全球竞争的内涵,并具有更重要的国家意义。其三,文化认同与竞争成为新型国家竞争方式,也在影响不同地方治理和地方竞争模式,并构成全新的国家竞争模式。

政党与国家现代化的关系重塑了治理理论。西方政治强调分权与制衡基础上的政党竞争,政党竞争是政治机制之一。为实现更多地推选出候选人以代表不同利益及政治理念的目标,西方式政党充当部分人与政治团体的代表机构和表达工具。中国现代化属于后发外生型现代化,政党是政治危机的产物,是现代化的领导者和推动者。政党在国家政治生活中发挥着重要作用,也是推动人类文明进步的重要力量。新时代的党建引领,也将打破碎片化、松散化的组织壁垒,以整体领导的共识治理完成后发国家特别是后发大国的追赶发展任务。这一任务的完成,将以政党的全新角色重构治理理论。

城市化与互联网化加深了社会的复杂性。高速城市化,是中国市场化最重要的现象,这带来更具有差异性和多元性的社会结构,也带来了更复杂的城市居民需求。与此同时,互联网塑造的零边际社会,正在重塑政治经济结构。在技术形态上,全球共享的信息技术保障了公众知情权、表达权、参与权、监督权。信息的透明性和公开性加剧了社会扁平化。人人都是知情人,人人都有麦克风,人人都有发声权,社会结构发生重大变化,并成为治理的挑战。

基于以上三大变革,建构大国治理理论已刻不容缓。我们需要寻找、发现和还原那些组成或者支撑了中国发展奇迹的中国治理案例,或者是尚未被更多关注但却具有关键意义的中国治理案例,或者是虽然被经常关注但还能挖掘更多鲜活细节的中国治理案例,并从政府理论、治理理论和政党理论等相关视角进行具有场景感的理论对话和基础理论建构,以呈现对于中国的真正理解。本研究将秉承特定的社会科学研究方法对成都治理进行系统分析,并建构成都治理背后具有普遍性、可重复性、可复制性的基本方法论。

这一治理方法论包括三个维度:为谁而治,谁来治理及如何治理。为谁而治呈现的是治理目标。人民主权是现代国家合法性的核心来源,现代国家的基本共识是为民而治。为民而治映射在城市场景中就是人民城市的建设过程,是成都治理的本质。谁来治理表明了治理主体。人民主权本身意味着人民是治理的主体,治理理论也强调多元主体的协作治理。而在中国场景中，党的领导和党组织的发动是让多元主体联系起来构成协作网络的重要机制，这是理解成都治理的基点。如何治理体现的是治理方式。大国治理既要高速发展，又要良好治理，还要让发展和治理服务于人民获得感、满足感、幸福感，这无疑对国家能力提出了更高要求，对城市治理能力来说同样如此。如何基于这三个维度提炼和阐发理论，丰富和重构现有的治理理论，特别是城市治理理论，是我们对成都治理进行研究的最大理论动机，也是成都治理最重要的启示。

“人类世界不仅仅由历史、文化、总体或作为整体的社会，或由意识形态的和政治的上层建筑所界定。它是由这个居间的和中介的层次——日常生活所界定的。”①美好生活，其实质是普通人、普通市民的美好日常生活。“让城市成为一个可以把孩子养育、教育成为健康正常人的地方；在那里，人们可以找到足以养家糊口的工作，并且有适当的保障；在那里，生活便利、社会交往、休闲娱乐、文化提升等都能够实现。”②触目可见的烟火气息，触手可及的生活机会，触景生情的家园记忆，这应该是我们的理想城市。美好的日常生活，决定了城市和国家的发展质量，也呈现了国家和城市的治理能力。

---

① Lefebvre H. 2002. Critique of Everyday Life(Vol.,2): Foundations for Sociology of Everyday. John Moore. Trans. London; New York: Verso.

② ［美］亨利.丘吉尔:《城市即人民》，吴家琦译，华中科技大学出版社 2016 年版，第 79 页。

第二章　人民城市推动复杂城市治理现代化

"城市是为了人民，而不是为了利润（cities for people, not for profit）"①，这是马尔库塞有感于2008年经济危机对于城市生活的巨大破坏力而发出的强有力呼吁。如果说为民而治是治理方法论的首要维度，那么建设一座为了人民的城市，就是城市治理方法论的首要和最重要维度。城市特有的城市性，包括集聚性、流动性和异质性所带来的城市与人民的疏离，让城市的人民性变得更重要。当然，也让城市治理变得更艰难和复杂，对于超大城市更是如此。

一、为民而治：国家治理的世界性难题

如前所述，人民主权已成为现代国家政治合法性最主要的来源和现代国家的核心标识。国家存在的合法性始终脱离不开"为民"

① Brenner, N., Marcuse, P., & Mayer, M. Cities for people, not for profit. *City*, 13(2-3), 176-184. 2009.

或"善业"。对于现代民主国家和代议制政府来说,应当追求公共利益,服务全体公民,满足公民需求,即实现为人民服务。但在现代国家征程中,人民主权的国家和为人民服务的政府却可能成为"笨拙的无效率和咄咄逼人的权力这两种相互矛盾的现象"①的复合体。在市场、消费者保护、政府剥削、公共物品供给等方面,政府似乎都遭遇了失败并受到质疑②。小约瑟夫·S.奈等人通过世界范围内的一项研究曾证实,尽管政府规模扩展到了前所未有的地步,但世界范围内的政府信任度却普遍下降③。

普遍来看,当下政府治理面临的困难包括:第一,全球化与信息化带来了人口的分化与高速流动,日趋多样与多元的基于个体的人民需求既难以识别也难以回应。第二,政府规模过大导致施政成本不断攀升且行动迟缓,政府范围太大所导致的全方位政府反而成为低效政府,尤其是官僚制垄断结构最为人无法忍受。第三,新科技的产生提高了生产生活效率,但随之而来的监管、利益分配等难题却极大地冲击了政府传统的运作方式。20 世纪 90 年代以来,在多种因素的影响下,"公共问题已跳出公共机构边界"④,甚至呈现全球性特点,出现了诸多全球性问题,包括环境污染、资源短缺、粮食危机、难民,等等。不同于传统问题的地域性特点,全球性问题超出了传统政府能力和边界。由于这些问题呈现频发及彼此加速恶化的特点,问题的瞬息万变远远超出了政府进行结构调整和能力增强的速度。

---

① ［英］戴维·毕塞姆:《官僚制》(第二版),韩志明、张毅译,吉林人民出版社 2005 年版,第 1 页。

② ［美］兰迪·西蒙斯:《政府为什么会失败》,张媛译,新华出版社 2017 年版,第 12 页。

③ ［美］小约瑟夫·S.奈、菲利普·D.泽利科、戴维·C.金编:《人们为什么不信任政府》,朱芳芳译,商务印书馆 2015 年版。

④ Salamon.L.2002. *The Tools of Government:a Guide to The New Governance.* Oxford University Press.

“全球化使得国家不仅因为太小而无法解决大问题，而且也因为太大而无法解决小问题。”①为民而治，成为世界性国家治理和政府治理难题。在屡屡出现政府失灵的状况下，迫切需要寻求新的解决路径。在此背景下各国或开展政府再造或重塑政府运动，希望“像运作企业一样运作政府”②，通过精简规模，扩大分权，激发竞争来提升政府的灵活性和效率。如美国的里根改革和英国的撒切尔改革；或借助民营化手段，运用包括外包、特许经营、拨款补助、代价券、志愿者服务、自我服务、市场等③方式来完成任务；或推动市场、社会与政府等多元主体联合起来，实现合作来解决复杂问题。这些举措的本质是，像企业一样运作政府并解决其效率问题。这可说是解决为民而治问题的西方答案，但其成效则还处在各种争议中。

应该说，启动于20世纪70年代的各国政府再造基本上都确立了具有自身特色的标杆。但在此过程中，政府面临的问题和挑战变得更为复杂。资本主义体系的缺陷和不断产生的经济和社会危机，使政府不再只是单纯的守夜人和简单的市场干预者，而是越来越多地通过公共企业、生产要素、财富直接投资，更深刻地参与人民日常权利、财富和风险的分配。这意味着在新背景下的国家治理，人民需求应该且必须成为主导才能缓解危机。“人民”已经变成核心议题，这是协作性治理涌现的背景，也是诸多研究者呼吁要警惕全球管理主义对民主体制的威胁的背景。当然，这也是人民越来越被全球政治议程乃至经济议程所强调和嵌入的原因。

---

① 李丹：《全球危机治理中国际非政府组织的地位与作用》，《教学与研究》2010年第3期。

② Denhardt, R.B., & Denhardt, J.V. 2000. The New Public Service: Serving Rather Than Steering. *Public Administration Review*, 60(6), 549–559.

③ 参见[美]萨瓦斯：《民营化与公私部门的伙伴关系》，周志忍译，中国人民大学出版社2002年版。

回到中国场景。40余年来中国经历了由计划经济体制向社会主义市场经济体制转型的过程。“市场机制不仅仅是经济的加速器，它又像一柄利刃，能无情地割断人们与种种社会群体之间的伦理纽带，把他们转化为在市场中追逐自身利益最大化的独立个体”①。在市场化改革推进过程中，单位制日渐解体，“国家—单位—个体”的关系链逐渐转变为“国家—市场—个体”的关系链。一方面，由于市场经济天然鼓励竞争和优胜劣汰，纯粹的市场竞争必然会产生较大利益分化。另一方面，国家不再垄断所有资源，在许多领域也不再是直接的资源分配者，国家介入和解决利益冲突能力弱化，传统利益调节机制逐渐失灵。在这种双重压力下，急剧扩大的利益分化不但导致社会群体间的相对剥夺感，且带来群体对国家的疏离。为民而治，在具体实践层面也成为中国发展和治理要解决的问题。

伴随市场化而推进的中国城市化从属于国家发展战略。在改革前，城市基本是国有工厂的集中地，而之后随着第三产业的发展，城市工厂的性质在消退，但城市在中国仍作为经济增长机制发挥作用，不单是生产、消费、休憩、娱乐的生活场域，而是围绕GDP生产的场域。2018年国家统计局发布的《国民经济和社会发展统计公报》表明，中国城市化率已达59.58%，城镇常住人口达83137万人，但在此过程中各类城市问题持续涌现：高密度、紧凑型的城市空间与城市蔓延式发展相互冲突，紧张的人地关系给城市规划、市政服务带来挑战；居住环境不符合生态标准，环境污染影响着居民身心健康；乃至空间形态的不合法，空间资源的不平等分配，空间权利的失衡，空间

---

① 王绍光：《大转型：1980年代以来中国的双向运动》，《中国社会科学》2008年第1期。

生活的分层与排斥,等等。如此种种都表明为民而治的问题在城市体现得更集中和突出,其解决也更迫切。而这一问题的实质是:如何平衡城市发展与人民满意之间的关系?经济发展是否带来人民获得感和幸福感?同时这也暗含了增长与分配的社会公平问题:在经济总量扩大的前提下,如何实现公平分配?

因此,如果说农业中国向工业中国转变并推动更快速的城市化进程,是传统城市管理的基本任务,那么从工业中国迈向城市中国并迈向更美好的城市生活,则是当前城市治理的方向。与传统城市管理的情境和任务不同,城市治理要面向和应对更开放的空间形态、更多元的社会结构、更复杂的金融环境、更具破坏性的灾害和危机,等等。城市政策决策机制、公共服务机制、增长机制乃至与其他城市的关系都将发生变革;如果这些变革能够相互配合、相互促进,将促成城市治理的成功,城市也将成为一种优质的资产;但如果相互抵牾,则可能产生城市风险,甚至可能导致城市衰退或者城市失败。这一点,是成都治理探索的直接意义。

二、以人民为中心:为民而治的中国表达

市场化和城市化过程中出现的结构性矛盾意味着必须有新的发展理念。十八大以来,中国进入治理新时代,并对为民而治给出了中国方案,即以人民为中心。2015 年十八届五中全会通过的《中共中央关于制定国民经济和社会发展第十三个五年规划的建议》,强调“必须坚持以人民为中心的发展思想,把增进人民福祉、促进人的全面发展作为发展的出发点和落脚点”。2017 年十九大报告再次强调:“必须坚持以人民为中心的发展思想,不断促进人的全面发展、全体人民共同富裕。”在十九大报告中,提到人民之处

有203次之多，同时对坚持以人民为中心作为中国特色社会主义的基本方略进行了系统论述。

而从顶层设计来看，城市治理理念与国家治理理念高度匹配并互构。2013年11月，十八届三中全会通过《中共中央关于全面深化改革若干重大问题的决定》，强调“完善城镇化健康发展体制机制”，城市发展的核心思想由土地城镇化和空间城镇化转变为以人为核心的城镇化。2014年《国家新型城镇化规划（2014—2020年）》则强调要坚持以人的城镇化为核心。2015年12月新一轮城市工作会议举行，习近平总书记强调：“做好城市工作，要顺应城市工作新形势、改革发展新要求、人民群众新期待，坚持以人民为中心的发展思想，坚持人民城市为人民。”

“人民”从来都是党和国家秉承价值和立场的根本。但人民是服务的对象（群众）？参与的主体（公众）？还是公权的主体（公民）？这是一个较少被厘清的问题。人民概念的模糊性在一定程度上折射了人民主体性的模糊性。以人民为中心的提出，实现了新时代治理价值的拓展。以人民为中心作为一个治理内涵复合体，包括了以人民为本、以人民为先、以人民为主三重深刻内涵。在此意义上，以人民为中心，既是对有中国特色社会主义国家性质的回归，更是对党执政的社会基础的夯实。

（一）治理以人民为本

以人民为本，是指满足人民需求，特别是对美好生活的需求是发展和改革的根本任务。增长是手段，人民是根本；市场是手段，人民是目标。如果增长无法带来更美好的人民生活，这种增长是无意义的。以人民为本，也是在市场化改革过程中开始关注社会的维度。“在全球化和改革开放过程中，社会常常是最薄弱的环节。所以，我

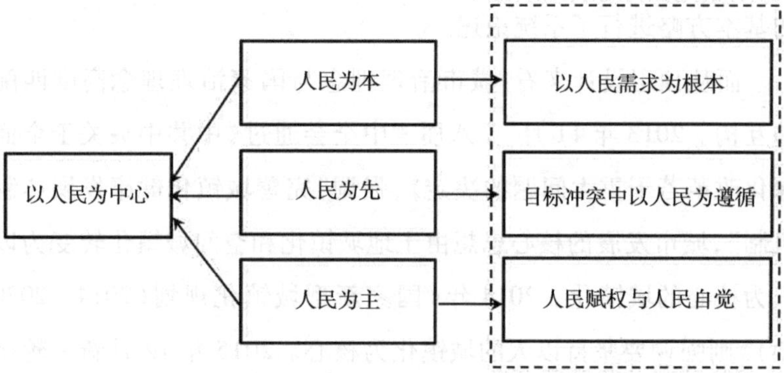

图 2-1　以人民为中心的三重内涵

们必须尽一切努力，在主要政策领域保卫社会。"[①]以人民为本，将重塑增长方式，也将真正塑造市场经济的社会主义底色和中国特色。在城市化进程中对以人民为本的坚持，也将真正回到城市本质。

（二）治理以人民为先

以人民为先，是指在多种改革目标和任务冲突时，人民需求被优先考虑。人民不是简单不变的实体，而是一切关系在其中同时存在而又相互依存的社会机体、是一个能够变化并且经常处于变化过程中的有机体。动态性、复杂性、需求多样性和自我赋权成为当代人民的特点，对治理过程中的价值权重和优先顺序提出了切实诉求。在多种价值冲突中做到人民为先，这不仅是政府理念上的深刻变化，更是对治理能力的深刻挑战。而在城市中，到底城市资源配置的重心是在物还是人；城市稀缺资源比如空间，是用来建密集的商场还是建设合适数量的公园绿地，这些都是对是否以人民为先的检验。

① 郑永年：《中国模式：经验与困局》，浙江人民出版社 2010 年版，第 165 页。

(三)治理以人民为主

以人民为主,不仅强调人民参与性,更强调人民主体性。人民的主体性在制度层面非常清晰。人民共和国的国家性质、社会主义国家的基本制度安排以及党的人民代表性,意味着人民不仅是参与者,更是公共事务的合作者、建设者和决策者。而在互联网的加持中,人民的自我赋权能力大大增强,其主体性和自觉性也将得以更大程度的深化。就城市来说,城市不仅是为人民服务的城市,也是人民参与和人民建设的城市。在城市基层治理中,这点更重要。只有同时坚持治理以人民为主,一方面强调人民权利,一方面强调人民责任,才可能真正让以人民为中心的理念重塑有中国特色的三对重要关系,即国家与人民的关系、人民与政党的关系以及政党与国家的关系。

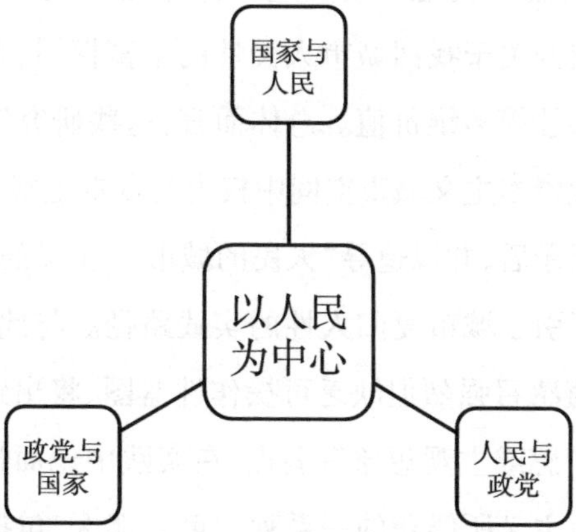

图 2-2　以人民为中心的内在关系维度

三、城市的人民性与理想城市的三大要素

伴随城市发展到一定阶段,环境污染、交通住房拥挤、垃圾围城

等一系列的问题出现,导致城市风险不断显现。从抽象理念来看,城市应该是人的共同生活的场所,是一致性的秩序存在;而从具体表征看,每个城市个体都是活生生的存在,是异质性的个体生活承担者。但城市有限的空间与无限的人的生活本身就存在着悖论:如果城市仅仅捍卫了具体的个体自由,那么一定无法摆脱"公用地悲剧";如果城市强调了抽象的集体自由,那么城市仍然可能像城堡一样,成为现代人的精神枷锁。因此,如何平衡这种个体性和总体性,是城市的根本命题,也是全球城市化进程中的根本反思,并构成了城市人民性的基本讨论。

关于城市人民性的研究可追溯至20世纪六七十年代一批学者对凯恩斯国家与工业资本主义制造非正义、异化人性的批判。这些研究立足于回应全球新自由主义城市化引发的公平受损、空间分割、社会分化、唯私主义泛滥等现实危机;因循批判路径,围绕城市权利与空间正义展开关于找回城市人民性的丰富探讨,指向平等、民主、多样性与公共性等多维价值。总体而言,这些研究以极强的反思精神审视了现代资本主义城市空间中权力与资本主宰下层出不穷的社会问题和深层矛盾,并以追寻"人民的城市""正义的城市"等政治哲学式的关切指引了城市复归人性的实践路径。与此同时,这些批判也存在着价值感召强烈但缺乏可操作性蓝图、将出路寄希望于社会主体的原初情感或主观想象等弱点,在实践中也面临城市社会运动容易为新自由主义所俘获的一系列困境。那么,包括成都在内的中国超大城市治理在党建引领和以人民为中心理念驱动下,是否可找到一条破局之道?这是我们关心的问题,也是中国城市治理是否可以为全球城市治理提供新要素的关键。

无论如何,目前已经形成的共识是,城市化不仅是一个具有经济和技术意义的概念,更是一个具有人文和社会意义的概念。城市化的根本目的是为人类生活创造更美好、更有效的生存环境。作为生活在城市社会中的人，不仅要学会建设好城市，也要学会管理好城市和充分享受城市所带来的美好生活；不仅要研究城市如何使生活更加美好，更要直面城市化中的各种病理和矛盾，把城市的本性和人的本性真正融合在一起，在城市与人的双向互动中实现城市与人的双赢和共生发展。在城市化建设中，人始终是关键且重要的因素。没有人口的集聚，就没有城市的构成；人不仅是城市的设计者和建设者，更是城市的欣赏者、享有者和管理者。联合国《新城市议程》指出，要"共同建设更加安全的、包容性的、可持续发展的宜居城市"。可见，理想的人民城市必须兼具活力、宜居、可持续这三大特质。

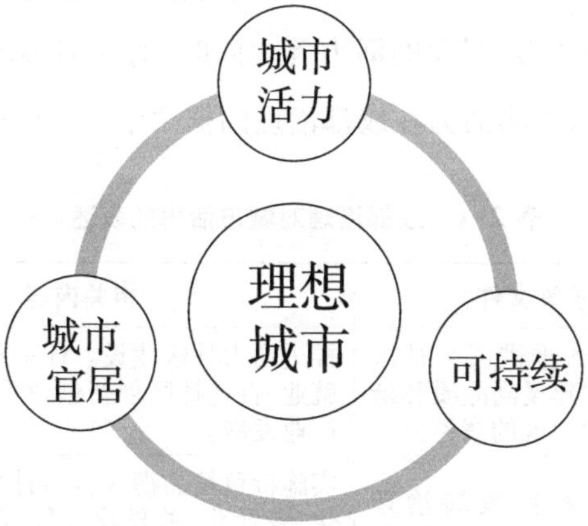

图 2-3　理想城市的三大要素

（一）城市活力

"设计一个梦幻的城市不难，改造一个充满生机的城市则需要有想象力。"①活力彰显气势、活力蕴藏能量、活力聚集人气、活力也

① Alice Sparberg Alexiou, Jane Jacobs. *Urban Visionary*. New Brunswick, N. J.: Rutgers University Press, 2006, pp.61-62.

预示着前景。活力表现为经济活力和人才创新,城市活力最直观呈现为经济活力。产业的延展性、成长性和高附加值性塑造高品质的城市产业,营造良性竞争的市场化环境,激发经济热情。产业活力来自人的活力,严格来说是来自于人的创新创造的活力,既包括全体居民积极努力的工作,又需要作为关键主体的投资者能动性的生产经营活动,以及科研创新者在核心技术方面的主动性和创造性,同时还需要社会组织和社区参与者体现出来的活力。

"没有维持经济繁荣的措施,社区就没有立足之本,因此增长和繁荣通常是城市居民和公民领导者优先考虑的重要问题。"①成都一直将城市发展和城市治理相提并论,并认为二者具有融合共生的关系(后文将详述)。在成都有关文件中,对活力的表述涉及社会组织的活力、街区的活力、产业的活力等。同时,对如何形成活力也有众多具体举措。这表明活力在成都治理的框架中,具有重要的地位。

表 2-1　成都治理对城市活力的表述

年份	政策文件	相关内容
2017	《关于深入推进城乡社区发展治理建设高品质和谐宜居生活社区的意见》	推进活力社区建设。促进社区居民充分就业、打造社区创新创业生态、服务社区产业发展。
2017	《成都市社区发展治理"五大行动"三年计划(2019—2021)》	实施特色精品街区打造计划。实现特色化、专业化、差异化发展,形成充满创新活力、产业特色鲜明、配套系统完善的精品开放街区。
2017	《成都市深化社区志愿服务的实施方案》	培育一批具有奉献精神、专业素养、常态化参与社区服务的志愿者队伍,建成一批管理规范、服务完善、充满活力的社区志愿服务组织。

① [美]丹尼斯·R.贾德、托德·斯旺斯特罗姆:《美国的城市政治》,于杰译,上海社会科学院出版社 2017 年版,第 3 页。

续表

年份	政策文件	相关内容
2017	《关于优化政府购买社会组织服务的意见》	坚持公开公平与竞争择优相结合。在机会均等的前提下，通过竞争择优方式选择社会组织承接政府购买服务，促进优胜劣汰，激发社会组织内在活力，支持其有序健康发展。
2018	《成都市国际化社区建设规划（2018—2022年）》	打造品质时尚、开放包容、高效便捷、生态和谐的国际化社区群落，构建具有创新活力的国际化、现代化社区。
2018	《关于探索建立城乡社区规划师制度的指导意见（试行）》	建立社区规划师退出机制，保持社区规划师队伍的纯洁性和活力度。
2019	《关于改革公共服务供给体制机制加快社会企业培育发展的通知》	加快社会企业孵化培育，提升社会企业自我持续发展能力，充分发挥社会力量参与城乡社区发展治理，以多元化市场主体增强社区发展活力。

（二）城市宜居

20世纪60年代，崇尚科学管理原则、技术理性至上、实行大规模标准化生产的福特主义与倡导国家干预的凯恩斯主义在西方盛行①。而城市管理主义（urban managerialism）是福特—凯恩斯主义在城市层面的缩影②。政治家与技术官僚掌控城市的规划与建设，诞生了秩序严整、机械分割、横平竖直的城市功能区划③、标准化、同质化的郊区化项目，这些规划设计或者管理方式符合现代唯理主义

① Margit Mayer.2013. First world urban activism, *City*, 17:1, 5-19.

② Harvey, D.1989. From managerialism to entrepreneurialism: the transformation in urban governance in late capitalism. Geografiska Annaler: Series B, *Human Geography*, 71(1), 3-17.

③ ［美］詹姆斯·C.斯科特，《国家的视角：那些试图改善人类状况的项目是如何失败的（修订版）》，王晓毅译，社会科学文献出版社2012年版，第135—138页。

的生产需求和审美取向，但也导致了城市的“不宜居性(inhospitability)”①。城市宜居作为一种主观体验感，其基本源泉是人民获得感，其实现依赖于城市的便利通达和舒适的场景体验感。从地理位移来看，宜居意味着城市内部“居”与“业”的通勤距离和“医”“养”“教”等的可达程度处于人民主观可接受范围内；从场景来看，宜居城市要同时满足人民的生理需要、社会需要以及心理方面需要，是符合人民健康生存下去的城市生态系统。城市宜居体现品质、宜居代表幸福，宜居是城市最原本的属性，是城市质量的最高体现和生动写照。

定位于“来了就不想走”的城市，成都一直非常强调宜居，并形成了系列持续性配套举措。2017 年，成都出台《关于深入推进城乡社区发展治理建设高品质和谐宜居生活社区的意见》，同时配套的《成都市社区发展治理“五大行动”三年计划(2019—2021)》，也强调实现城市综合实力争先进位与人民生活品质改进提升相得益彰。2018 年，《成都市国际化社区建设规划(2018—2022 年)》推出，提出形成具备成都特色、富有宜居魅力的居住生活型国际化社区群落。同年出台的《关于全面提升物业服务管理水平建设高品质和谐宜居生活社区的实施意见》，提出建设舒心美好、安居乐业、绿色生态、蜀风雅韵、良序善治的高品质和谐宜居生活社区。2020 年，在《关于做好镇(街道)行政区划调整和村(社区)体制机制改革“后半篇”文章的实施意见》中，提出加快建设形态、生态、业态、文态、心态融合的美丽宜居公园社区。

---

① Mayer, M.2017. Whose city? From Ray Pahl' s critique of the Keynesian city to the contestations around neoliberal urbanism. *The Sociological Review*, 65(2), 168-183.

表 2-2　成都治理对城市宜居的表述

年份	政策文件	相关内容
2017	《关于深入推进城乡社区发展治理建设高品质和谐宜居生活社区的意见》	坚持以基层党组织建设为统揽,以政府治理为主导,以居民需求为导向,以改革创新为动力,以建设高品质和谐宜居生活社区为目标。
2017	《成都市社区发展治理"五大行动"三年计划(2019—2021)》	建成高品质和谐宜居生活社区,实现城市综合实力争先进位与人民生活品质改进提升相得益彰。
2018	《成都市国际化社区建设规划(2018—2022年)》	形成具备成都特色、富有宜居魅力的居住生活型国际化社区群落,着力探索住区与社区的共治共享治理机制。
2018	《关于进一步深入开展城乡社区可持续总体营造行动的实施意见》	统筹发挥基层政府、社会力量、居民群众主体作用,提升居民的幸福生活指数和基层社会治理水平,形成"向上向善向美"的社区精神,建设高品质和谐宜居生活社区。
2018	《关于全面提升物业服务管理水平建设高品质和谐宜居生活社区的实施意见》	贯彻以人民为中心的发展思想,补齐物业服务管理短板,建设舒心美好、安居乐业、绿色生态、蜀风雅韵、良序善治的高品质和谐宜居生活社区。
2018	《成都市支持和发展志愿服务组织的实施意见》	引导志愿服务组织弘扬"天府文化",以新发展理念凝聚城市精神,以"友善公益"提升居民道德水准,建设友善互助、美丽宜居、开放包容、共建共享的和谐社区、人文城市。
2018	《关于社区居委会下设环境和物业管理委员会的指导意见》	构建社区物业服务管理多元参与机制,形成物业服务管理多级联动齐抓共管良好局面,提升社区人居环境品质和宜居生活品质,实现社区"共建共治共享"。
2019	《关于建立平安社区建设长效机制的通知》	切实增强居民获得感、幸福感、安全感,为建设高品质和谐宜居生活社区、加快建设全面体现新发展理念的城市筑牢安全基础。
2020	《关于做好镇(街道)行政区划调整和村(社区)体制机制改革"后半篇"文章的实施意见》	加快建设一批形态、生态、业态、文态、心态融合的美丽宜居公园社区。

(三)城市可持续

可持续是发展的需要,是和谐的支撑,也是高质量发展的保障。“可持续不仅仅是一个物理概念,也涉及城市与自然环境的关系。广义上说,它也是一种社会观念,设计发展的过程和模式,以及它们产生的不平等的空间结果。”①可持续发展必须实现三个层次的协调:一是生产、生活、生态功能的协调;二是供给满足城市人们日益增长的美好生活的需要;三是城市成为物质文明与精神文明的深度融合体。

2017 年,《成都市社区发展治理“五大行动”三年计划(2019—2021)》提出,创建更适合居住、更具经济弹性和可持续的新型社区。2018 年,《关于探索建立城乡社区规划师制度的指导意见(试行)》提出,提升城市精细化治理水平和可持续发展能力。《关于开展“两新”组织“双百千”行动的通知》也提出要“打造更多适合居住、更具经济弹性和可持续的新型社区”。可持续,实质上是对特定两难问题的高质量解决,这需要系统的城市治理能力,更需要城市决策者的历史使命感。

表 2-3　成都治理对可持续的表述

年份	政策文件	相关表述
2017	《关于深入推进城乡社区发展治理建设高品质和谐宜居生活社区的意见》	统筹推进城乡社区发展和治理,在高质量可持续发展中不断提高治理水平,以高水平治理促进城乡社区加快发展。
2017	《成都市社区发展治理“五大行动”三年计划(2019—2021)》	区域统筹整体推进老旧城区改造,创建更适合居住、更具经济弹性和可持续的新型社区。

① [英]史蒂夫·派尔、[英]克里斯托弗·布鲁克、[英]格里·穆尼编著:《无法统驭的城市:秩序与失序》,张赫、杨春译,华中科技大学出版社 2016 年版,第 204 页。

续表

年份	政策文件	相关表述
2018	《关于进一步深入开展城乡社区可持续总体营造行动的实施意见》	提升社区营造项目获取本地资源进行持续运转的能力，实现社区发展“人”和“钱”的可持续。
2018	《关于探索建立城乡社区规划师制度的指导意见（试行）》	加快构建城乡社区规划师制度，充分发挥社区规划专业人才作用，形成广泛的公众参与格局，提升城市精细化治理水平和可持续发展能力。
2018	《关于开展“两新”组织“双百千”行动的通知》	通过社区形态更新，着力改善社区人居环境，打造更多适合居住、更具经济弹性和可持续的新型社区。

四、城市性质与建设人民城市的三大任务

改革开放以来，中国经历了规模最大、速度最快的举世瞩目的城市化进程，城市建设成为现代化建设的引擎，城市成为经济、政治、文化、社会等方面活动的中心，并在工作全局中具有举足轻重的地位。2015 年中央城市工作会议指出，“城市是我国各类要素资源和经济社会活动最集中的地方，全面建成小康社会、加快实现现代化，必须抓好城市这个‘火车头’”。孕育和根植于我们内心乃至变成文化的乡村，曾经是大多数人栖息的场地、谋生的场所，也是我们进行社会活动的场景；而现在，当人们在谈论生存和生活的时候，城市都已成为不言自明的前提，乡村的场地性、场所性和场景性逐渐虚化为想象中的“乡愁”，而“城伤”则成了鲜活议题。

与乡村治理不同，城市治理由于其特有的城市性而具有不同内涵。城市性质，是城市区别于其他区域或者载体的核心特征。从城市性质出发，城市特别是特大城市治理的本质就是管理集聚性、流动

性和异质性，而城市治理的核心任务就是协调集聚与均衡、流动与稳定、异质与融合之间的张力。

（一）协调集聚性与均衡性

城市中的人口往往是高密度聚集的。人口的聚集为城市产业的存在和发展提供了源源不断的人才和劳动力，为城市发展注入了发展动力。但另一方面，高密度聚集的人口也为城市发展带来了风险，例如交通拥挤、住房拥挤、垃圾围城等。

从城市集聚性出发，形成了两个对于城市治理而言特别重要的概念。其一，城市集聚形成规模红利，包括人口红利、技术红利、资本红利。只有当人口、技术、资本等要素在城市中相互作用才能形成规模红利。中国城市规模红利是由市场机制、国家治理目标和政府政策建构起来的。其中，规模红利包括生产要素集聚形成的规模效应、土地资本化所形成的资产增值、城市功能区分形成的级差地租、城市消费形成的经济循环。其二，由于人口集聚造成城市公共服务的拥挤，如交通拥挤、教育学位不足、住房紧缺等。集聚性是城市最重要的特质，城市治理的内在矛盾正是通过规模红利获得与公共服务供给表现出来，这两种要素交织在一起，推动城市治理不断变革。保持城市集聚但缓解城市公共服务拥挤，并进一步实现城市均衡，这是城市治理的第一个任务。

（二）协调流动性与稳定性

市场化和城市化进程，推动了人口的大规模流动，流动性（流进流出）是城市的另一个性质。2020 年第七次全国人口普查数据显示，成都全市常住人口为 20937757 人，与 2010 年第六次全国人口普查相比，增加 5818917 人，增长 38.49%，年平均增长 3.31%。中心城

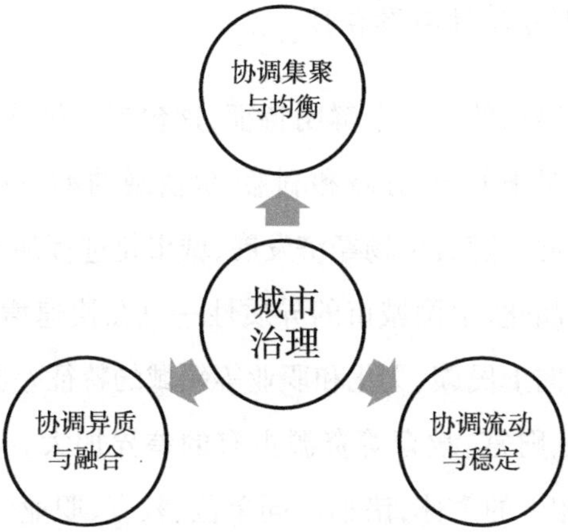

图 2-4 城市治理的三大任务

区常住人口达 1541.94 万人，与 2010 年第六次全国人口普查(989.39 万人)相比，增加 552.55 万人；占全市常住人口的比重达 73.64%，与 2010 年第六次全国人口普查(65.45%)相比，提高 8.19 个百分点。这些数据表明成都人口比较大的流动规模和总量。

但人口流动性与传统的城市刚性管理之间存在错配。改革开放以来，国企改革产生大量下岗职工，消解了基于单位形成的稳定社会关系。外来务工人员离土离乡，成为新产业工人，但社会保障和公共服务制度是为单位制设计的，城市难以为其提供住所和公共服务，这加剧了城市居民与外来人口的差距。政府的财政支出不仅没有有效解决这些问题，反而在经济增长激励下按照增长逻辑而非民生逻辑进行分配，并偏爱于基础设施、工业园区建设，由此隐含的城市社会不稳定及环境生态等问题，形成了增长体制下的城市风险。同时，流动性还加剧了城市的陌生化和原子化，这弱化了城市居民间的认同与信任，更消解了城市居民自主解决问题的社会资本。管理流动性并维持城市社会秩序稳定，是城市治理的另一个挑战。

（三）协调异质性与融合性

异质性是城市的另一个鲜明特征，这包括个体或者群体之间的差异。异质性带来差异、分歧和利益、价值观的不一致，也成为城市冲突的重要来源。随着市场经济发展、城市化进程加速、劳动力自由流动和住房商品化，中国城市的异质性一直在快速增加。这种异质性既体现在横向上民族、文化和职业等领域的特征差异加大，也体现在纵向上收入、财富、教育等资源占有的差异加大。异质性的结果是，原本毫不相干的个体，诸如不同单位、教育、职业、文化的人因职业选择开始落脚到同一个城市，经由住房的市场机制开始居住和生活在同一个社区。异质性强化了城市居民交往互动的匿名性、非人情化和表面化特点，降低了城市居民整体的信任，减少了成员间紧密的社会联系，也降低了居民的参与水平和对城市的认同。同时，异质性在本质上是社会结构的转变，其意味着居民所关注的公共议题也是不同的。层出不穷的新增社会诉求，日益突出的利益分化和观念分歧，这些都使得城市面临着更复杂的情境。一旦城市利益调解机制无法及时有效整合、回应新增利益诉求，就会引发社会不稳定。

面对复杂的人群差异，标准化的管理方式越来越难以应对，标准化的公共服务也难以满足差异化需求。城市治理的复杂性就在于，每个人在不同的层面而言都可能是城市的弱者。就城市的经济面来说，低收入阶层通常是弱者，他们难以承受价高的住宅和交通；就城市的空间面来说，残障者通常是弱者，他们需要易通行的道路和空间设计；就城市的社会面来说，老人和儿童通常是弱者，他们需要更多非生产领域的设施和服务，比如休闲和文化，也包括易通行性。为了避免城市与人之间的剥离，城市公共服务需要尽可能地满足庞杂的弱者需求。城市治理的本质就是调节和平衡异质性，管理异质性并维持城市不同群体的融合，这是城市治理的另一个重要挑战。

五、本章总结

人民主权是现代国家政治合法性最主要的来源和现代国家的核心标识。随着世界人口的聚集性、流动性、异质性的增加与社会问题的高度复杂，人民和为民而治变成核心议题，越来越被全球政治议程乃至经济议程所强调和嵌入。

改革开放以来中国从计划经济体制转向市场机制，经济发展取得了举世瞩目的成绩，但也带来了基于社会差异性（分化、不平衡）的结构性矛盾。为实现为民而治，缓解结构性矛盾，十八届五中全会提出“必须坚持以人民为中心的发展思想，把增进人民福祉、促进人的全面发展作为发展的出发点和落脚点”的新发展思想。以人民为中心充分体现了党的理论的重大创新，并包括以人民为本、以人民为先、以人民为主这三重深刻内涵，成为新时代治理的价值观与指引。

城市作为经济、政治、文化、社会等方面活动的中心与人民的汇聚之地，既是增长的火车头，也是治理的最大载体。不同于乡村治理，城市特别是特大城市的治理，本质就是管理集聚性、异质性和流动性，这也是当下城市治理面临的挑战。中央重视城市人民性，是以人民为中心的发展观在城市治理领域的深入落实并指引了人民城市建设的未来。人民性解决了城市发展属于谁、依靠谁和为了谁三个方面的问题：首先，阐明了城市的性质问题，即人民是城市的主人，城市是属于人民的，人民性是社会主义城市的根本属性；其次，人民创造了城市，城市建设和发展必须要集中民智，汇聚民力，要依靠人民的奋斗和拼搏，尤其是要将人民吸纳到城市治理的各个环节中来，共同管理好城市家园；最后，城市的进步和发展最终都是为了人民的福祉，满足人民对于美好生活的需求，提高人民的生活品质。这三个方面归根结底就是，城市归人民所共有，由人民共同治理，最终实现人民共享。

城市化不仅是商品、技术、资本、劳动力跨区（国）流动的结构性过程，也是制度性过程。制度的产生基于特定的历史环境。当历史环境由于结构性的变迁而变化的时候，新环境势必对制度的运转提出挑战。因此，任何一种政治经济秩序都隐含内在矛盾，而这种矛盾，往往是不确定性的制度性来源。当不确定性对组织和个人造成伤害的时候，可以称之为风险。城市，作为现代社会最重要的一个物理场地、一个经济场所、一个社会场景，其集聚属性、规模性和流动性，让制度变得更为复杂，不确定性更为强化，伤害变得更有可能，城市风险性也越强。也因此，指向人民城市价值导向的城市的善治也更为重要。

成都治理的深层重要意义在于，中国的城市具有深刻的国家内涵，城市也必然是国家治理体系中重要且最具活力的一部分。作为国家治理转型载体的城市与作为人民生活载体的城市是统一的。指向人民城市的城市治理，既要从国家顶层制度上设计具有法治和人民代表性的制度，还要从政策层面回应庞杂的居民诉求、预防潜在的城市风险，特别是风险对家庭和个人带来的伤害。只有国家与城市良性互动互构，才能建设更美好的现代城市与现代国家！

第三章　政党使命驱动的城市共识治理

从本章开始，将分析成都以人民城市为目标的具体治理机制。这些机制，不仅回答为谁而治、谁来治理及如何治理的问题，也为建构超大城市治理方法论提供可能。在这一章，将呈现成都治理的逻辑起点和核心本质——政党使命驱动的城市共识治理，重点回答政党使命如何作用于城市治理，城市共识治理何以产生，如何运行。

一、让治理运转：政党使命、主要矛盾与中心工作

十九大报告指出："全党必须牢记，为什么人的问题，是检验一个政党、一个政权性质的试金石。"这凸显了中国共产党以马克思主义为指导思想的使命型政党的本质，即不是以权力为中心的政党，而是将人民至上和人的全面发展作为核心依归的政党。政党在使命驱动下对主要矛盾的识别，对不同阶段中心工作的确认和创新，构成了中国治理的一个基本逻辑链条，对理解成都治理也至关重要。政党使命，是地方政府持续创新的源泉。

(一)政党使命驱动的中国现代化进程

在当代中国,共产党以实现共产主义理想为终极目标,以为全体人民谋利益为宗旨,将履行自我设定的历史使命和承担符合其哲学规律的发展责任视为存在理由①。带领人民实现"两个一百年"奋斗目标,建成社会主义现代化强国,实现中华民族伟大复兴的使命就成为其长期执政的政治合法性和历史正当性基础。

兰尼将现代政党分为"使命型政党(missionary party)"和"经纪型政党(broker party)"②,历史和实践表明,中国共产党是追求公共利益的使命型政党,承载着构建更为公正、人道而合理的理想社会的强烈诉求。作为使命型政党,党的工作重心不在于将特定的选民群体组织起来结成政治同盟以赢得选举,而是以使命塑造政治共识,建构一种让所有社会成员都会被感召而服从的战略愿景③,并以强烈的使命感和责任担当意识激励全体党员发挥先锋模范作用,以多元利益的综合与协调最大限度地汇聚不同群体间的合力。

回到中国现代国家建设的起点,党有着与生俱来的,追寻民族独立和国家复兴的政治情怀。通过党领导的艰苦斗争,新中国获得主权独立并开始现代国家建设进程,开启了建成富强民主文明和谐美丽的社会主义现代化强国的新时代。在不同阶段,党始终关心人民利益,以"为中国人民谋幸福,为中华民族谋复兴"为使命,同时响应现实变化,不断更新对人民需求和社会矛盾的研判和分析,建构阶段

① 唐皇凤:《使命型政党:执政党建设的中国范式》,《浙江学刊》2020 年第 1 期。

② Austin Ranney 2001. *Governing*: *An Introduction to Political Science*. New Jersy: Prentice Hall.eight edition.

③ 唐皇凤:《使命型政党:新时代中国共产党长期执政能力建设的政治基础》,《武汉大学学报》(哲学社会科学版)2018 年第 3 期。

性中心工作和改革目标。从“人民日益增长的物质文化需要同落后的社会生产之间的矛盾”到“人民日益增长的美好生活需要和不平衡不充分的发展之间的矛盾”，分别对应了“建立社会主义市场经济体制”到“以人民为中心的发展”的中心工作转变，也塑造了不同阶段的改革目标。政党使命、主要矛盾、中心工作成为中国治理的三个关键概念，建构了具有明显中国特质的改革逻辑链。就此而言，主要矛盾和中心工作实质上是政党使命的现实映射和具象载体。使命型政党需要将抽象的历史使命外化为周期性主要矛盾识别和中心工作定纲以回应现实变迁，建构时代性共识，从而保证政党的先进性和生命力，指引和驱动现代化进程的逐步推进。

（二）党组织的双重任务属性

各层级的党组织是实现政党使命的载体。从要完成的任务来看，党组织特别是基层党组织具有两大任务属性，一是领导核心，即政治属性；二是代表人民，即治理属性。

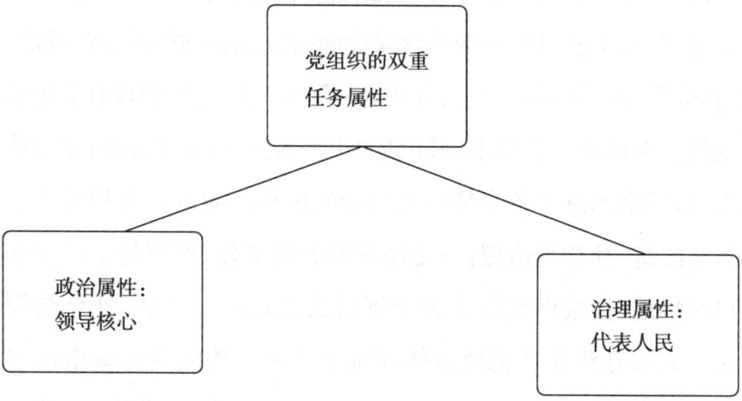

图 3-1　党组织的双重任务属性

基层党组织的政治属性和治理属性相结合,表明党的领导和治理在实践中密切结合的必要性和可行性。在过去,党与具体治理工作的结合并不充分,党和人民联系的“最后一公里”不够顺畅,制度优势转化为治理效能也不太充分。这些都是新时代必须要回应和解决的问题,也是成都社区治理发展实践在努力探索的命题。成都治理表明,党组织的双重任务属性,在具体治理过程中相辅相成,以此在保证政治方向的同时也能让党组织具体嵌入治理过程中,并完成各种创新和治理任务。双重任务属性,意味着在城市治理实践中,党组织的运作将以解决和回应特定的治理问题为导向,不仅通过自上而下的组织建设将权力延伸至各个领域,还为不同社会群体提供了传递诉求的制度化通道,从而与行政体系共同回应复杂化的治理需求,并为我们理解中国场景下的党与人民关系提供了新的可能。

二、城市治理的关键:城市思维与城市治理专业化

改革开放以来,中国经历了规模最大、速度最快的举世瞩目的城市化进程,城市建设成为现代化建设的引擎,城市成为经济、政治、文化、社会等方面活动的中心,并在党和国家工作全局中具有举足轻重的地位。在国家发展早期,城市是中国工业化的重要容器;在改革开放之后,城市的意义越来越超出自身的边界。城市化进程从三个方面重塑经济、社会与治理:一是经济发展城市化,城市是生产要素和人口聚集地,使城市建设成为经济增长发动机。二是“社会结构城市化”,人口迁移流动促使整体性城乡二元结构演变为城市内部的“本地—外地”社会结构。三是政府治理城市化,公共资源、政策在城市范围内重组,使得城市成为治理的基本单元。一方面,城市发展的变迁需要在国家治理转型及国家对城市的想象和定位中求解;另

一方面,城市自身属性及城市化进程又改写着国家治理的命题。

当前面临的人地关系紧张,居住环境破坏,城市生活分化、失序、不稳定,空间资源分配不平等、空间权利失衡、空间分层与排斥等城市风险正是转型国家“人民日益增长的美好生活需要和不平衡不充分的发展之间的矛盾”在城市中的呈现,城市本身的集聚属性又大大加深了这种结构性矛盾①。因此,政党使命驱动的城市治理必须把握人民美好生活需求与不平衡不充分发展之间的主要矛盾,以及以人民为中心的发展这一中心工作,基于时代使命凝结最广泛的共识,以共同信念联动共同行动共同事业。

2015 年,习近平总书记在中央城市工作会议上指出,“做好城市工作,要顺应城市工作新形势、改革发展新要求、人民群众新期待,坚持以人民为中心的发展思想”,并提出“一尊重五统筹”的重大要求,为践行新发展理念,推进城市治理提供了根本遵循。此后他多次强调,“人民城市人民建,人民城市为人民”“要更好推进以人为核心的城镇化,使城市更健康、更安全、更宜居,成为人民群众高品质生活的空间”。2018 年成都提出,“当前,成都管理人口已超过 2000 万。必须始终坚持党建引领、共建共治,持续完善以党组织为核心的新型城市治理体系,走出一条符合超大城市特点的城市治理新路子”。随后,成都在城市发展治理全过程中“贯彻五大发展理念,顺应人民对美好生活的向往”,着眼于从整体上谋划新型城市治理体系。在政党使命的驱动下,围绕着以人民为中心,化解主要矛盾、开展中心工作的信念,成都在城市治理的实践层面探索形成了支撑治理创新方案的基本价值共识——走向城市治理

---

① 何艳玲、赵俊源:《国家城市:转型城市风险的制度性起源》,《开放时代》2020 年第 4 期。

专业化。城市治理专业化是新时代政党使命在城市实践中的具象化，并以空间思想和人本思想构成的城市思维为内核。我们将成都探索城市治理专业的具体路径总结为：城市治理以人民美好生活为根本价值；将人民所在社区作为城市治理的精准切口；发展与生活在空间治理中融合。

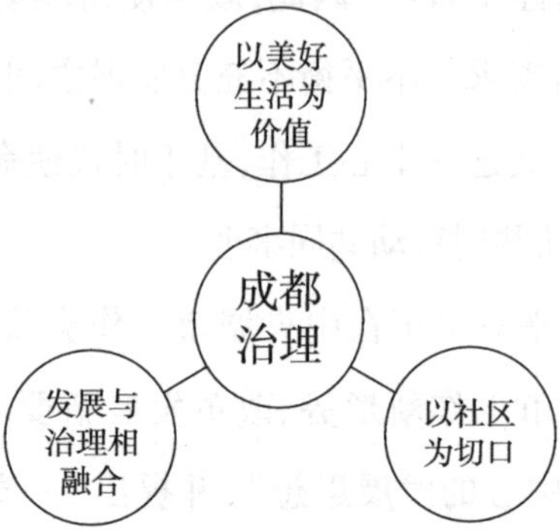

图 3-2　成都治理的新路径

（一）城市治理以人民美好生活为根本价值

1978 年十一届三中全会以后，提出“以经济建设为中心”的发展方针。1992 年，改革开放方略进一步深化；同年党的十四大提出建立社会主义市场经济体制。1993 年，“实行社会主义市场经济”列入宪法条文①。由此，经济增长逐渐成为核心导向。在分税制财税体制模式下，对增长的偏好正式塑造了城市竞争机制，城市成为“增长机器”②。但在造就巨大空间与经济增长的同时，也引发了政治、生态、文化、社会等方面的负面后果，城市在空间、财富、权利上分配不

① 何艳玲：《“回归社会”：中国社会建设与国家治理结构调适》，《开放时代》2013 年第 3 期。

② 张京祥、吴缚龙、马润潮：《体制转型与中国城市空间重构——建立一种空间演化的制度分析框架》，《空间规划》2008 年第 6 期。

平等,对自然的破坏不断扩大又回馈到城市自身,城市居民成为没有共同体归属的个体……以经济为核心的城市发展与人民对美好生活的期待渐行渐远。

“城市化并没有结束,它必须从经济牟利解脱出来,回到宜居性和社会性的方向上来”①。这是城市化进程的大方向和反思。如前述,城市以土地上人口和生产要素的集聚为特征②,人的关系与活动是城市性的原点;城市是一个共同体权力和文化的最大凝聚点③。自近代西欧城市诞生以来,觉醒的、自由的个人登场,城市便由人类的活动和空间的互构界定④。毫无疑问,城市属于人民,人民是城市建设的主体,是城市发展的尺度,人民性是城市的本质。作为社会问题的聚集点,城市治理必须回归其核心——人。也即,城市治理必须关照多元化的价值观,关照贫富差距,关照到人群之间的多元化需求,从人作为人口、劳动力、资本与交往和情感共同体的多重属性出发,创建人民的美好生活。

城市服务于某种外在的发展目标,城市本身之于人类的生活性、主体性被遮蔽,城市与美好生活之间张力凸显,正是新时代成都城市治理探索的契机。进入新时代以来,以领导和支持人民当家作主为指向,以回应人民对美好生活的向往为目的,是中国政党政治的本质

① Harvey, David. *Social Justice and the City*. Athens&London: University of Georgia Press, 2009, p.331.

② Scott, A. and M. Storper. 2015. The nature of cities: the scope and limits of urban theory. *International Journal of Urban and Regional Research* 39. 1, 1-16.

③ 赫曦滢:《城市空间的政治逻辑:进路与走向》,《深圳大学学报》(人文社会科学版)2018 年第 5 期。

④ 姚尚建:《“人民”的城市及其指向——城市性概念的初步检讨》,《浙江学刊》2021 年第 1 期。

属性和价值依归①。对地方政府而言，在城市治理实践中针对现实状况与使命蓝图的冲突焦点，破题以人民为中心的发展思想是时刻保持政党初心和使命感的必然要求。成都肩负着建设全面体现新发展理念的国家中心城市的战略任务、承载着满足人民美好生活向往的初心使命。“以人民为中心”的大民生观为城市创造美好生活提供了科学指引，也为成都推动超大城市治理提供了行动方案。习近平总书记在成都郫都区视察时强调，共产党人的初心和使命就是让老百姓过上幸福美满的生活，这为成都深入践行以人民为中心的发展思想、持续改善民生福祉指明了努力方向。事实上，成都对美好生活的表达一开始就与新发展理念结合在一起：

贯彻五大发展理念，就是顺应人民对美好生活的向往，不断实现好、维护好、发展好最广大人民根本利益，让人民享有优质的教育、稳定的工作、满意的收入、良好的医疗、可靠的保障、清洁的水、清新的空气、安全的食品、优美的环境，逐步实现社会的共同富裕的基本理想。

随着前期努力和实践深入，随着居民明显感知到城市环境和生活空间的优化和改善，其对于美好生活的需要和表达也越发主动明确，成都对于美好生活的认识和理解更加全面、精准。2018 年，成都市委全会报告《深学力行，全面落实，奋力书写新时代新天府的高质量答卷》进一步提出：

居民对美好生活向往呈现从追求物质富足向精神愉悦转变、从追求学有所教向学有良教转变、从追求稳定就业向开创事业转变、从追求病有所医向健康管理转变、从追求住有所居向宜

① 王韶兴：《现代化进程中的中国社会主义政党政治》，《中国社会科学》2019 年第 6 期。

人宜居转变、从追求安全稳定向人文和谐转变等趋势性变化。

图 3-3　成都治理中的“成都故事”

基于对城市的全面把握，成都围绕人民美好生活的需要，展开了高位推动、整体协同、动员社会的城市战略转型，这是成都治理故事的主轴：建设“生活城市”体现的是对人民向往美好生活的积极回应，实施“人才优先战略”是全方位提升居民创造美好生活能力，发展“生活性服务业”是主动回应居民美好生活的需要，打造“赛事文化名城”是为追求美好生活提供健康体魄，“社区发展治理”是主动顺应新时代居民美好生活需要的深刻变化，发展“新经济”和“场景营城”是为居民的美好生活创造价值，实施“幸福美好生活十大工程”是让人人享有幸福和美的生活体验，等等。这些都是成都治理中可圈可点的战略。特别是，成都市第十三次党代会提出建设和谐宜居生活城市的目标，并认为生活城市是城市发展的最高形态和持久竞争力。成都生活是一种美学，以人与自然和谐共生的惬意为生态基底，以古已有之的游赏之风为文化底蕴，以新天府的生活性服务业为产业支撑，兼具舒适便捷、人文品质以及个性多元的生活场景。显然，成都治理对城市生活的这一理解已经接近生活的本质、成都的本质。这种对生活的重视和诠释，在国内外城市发展中都具有示范性和引领性。“在以生活为美学”的过程中，以人民为中心的发展理念始终贯穿，即倾听人民的话语表达、关注人民的满意程度、解决人民的急难问题，让城市的发展更有温度，居民的生活也更有质感。

（二）将人民所在社区作为城市治理的精准切口

当前的城市发展不再是无序地扩张和蔓延，精细化、精准化的治理标准要求必须将治理落在城乡社区。社区作为“一种有别于‘社会’的传统的、富有情谊的社会团体”，自诞生起便对改善城市生活发挥重要作用。20世纪50年代居委会在楼下通过喇叭喊话居民便下楼参与公共生活，虽然这种非自觉自愿的公共生活很难持久，但社区作为居民公共生活的载体也创造过街头巷尾的簇拥场景。① 随着改革不断深入、城市化进程不断加快，单位人逐渐转化为社会人、农民工变为新市民，社区进一步演化为城市治理的基础、居民的生活家园、党建引领的阵地和共建共享的平台。

从治理角度来看，社区治理在城市治理中具有基础性地位。在当下中国行政架构中，社区是城乡基层行政单元，承担着社会支持、社会整合、情感交流、文化传承和发展、非正式控制等社会功能②，越来越多地承载了社会建设、社会治理以及公共服务等微观层面的兜

① 闵学勤：《社区营造：通往公共美好生活的可能及可为》，《江苏行政学院学报》2018年第6期。

② 蔡禾、黄晓星：《城市社区二重性及其治理》，《山东社会科学》2020年第4期。

底功能[①]。或者说,社区是一种集“政治、服务(行政)、社会”三种功能于一体的“复合体”[②]。在社区层面,政治逻辑、行政逻辑与治理逻辑相互交织[③],成为城市治理的基础单元[④]。正因如此,社区如何实现人民居住空间的良治,成为“城市治理不可逾越的底线”[⑤],成为让城市回归人性的关键。首先,在社区回应人民需求。社区作为人民生活的场所,社区事务与人民生活息息相关,体现人的需求、感受、尺度以及社会关系;社区是一个敏感单元,是人民直接可感知的空间,能集中反映人民的所想所感,投入社区治理能够贴近人们的实际生活需求和问题,及时提供人民所需的资源和服务;同时在第一时间稳定秩序,防范化解风险,实现治理在人民生活中的近距离和在场化。其次,在社区实现人民的主体性。居民自治是提升社区治理质量、创造社区优质生活的润滑剂和黏合剂,也是弱化社会等级意识、促进社会联结和融合的催化剂。居民自治是人民居住的社区真正转型为人民建设的社区、人民认同的社区、凝聚情感的社区的基础性要件,也是让社区集

---

① 曹海军:《党建引领下的社区治理和服务创新》,《政治学研究》2018 年第 1 期。

② 吴晓林:《治权统合、服务下沉与选择性参与:改革开放四十年城市社区治理的“复合结构”》,《中国行政管理》2019 年第 7 期。

③ 关于党政中心的讨论参见王浦劬:《论新时期深化行政体制改革的基本特点》,《中国行政管理》2014 年第 2 期;郭定平:《政党中心的国家治理:中国的经验》,《政治学研究》2019 年第 3 期;陈进华:《治理体系现代化的国家逻辑》,《中国社会科学》2019 年第 5 期。关于社区作为三重逻辑交织的复合体的讨论参见周庆智:《改革与转型:中国基层治理四十年》,《政治学研究》2019 年第 1 期;赵聚军、王智睿:《社会整合与“条块”整合:新时代城市社区党建的双重逻辑》,《政治学研究》2020 年第 4 期;周庆智:《改革与转型:中国基层治理四十年》,《政治学研究》2019 年第 1 期;李友梅:《秩序与活力:中国社会变迁的动态平衡》,《探索与争鸣》2019 年第 6 期,等等。

④ 谈小燕:《以社区为本的参与式治理:制度主义视角下的城市基层治理创新》,《新视野》2020 年第 3 期。

⑤ 刘建军:《社区中国:通过社区巩固国家治理之基》,《上海大学学报》(社会科学版)2016 年第 6 期。

体行动得以实现的社会建构。最后,在社区重塑政党与人民的联结。社区是党的执政根基,是政党通过政治社会化塑造权威的基本场域。

在成都,社区成为人民生活的根据地、社情民意的集聚地以及党和政府惠民政策的落脚地。“靠近人民所在的社区”充分体现了成都治理过程中以人民为本、以人民为先、以人民为主的价值依规,也为成都治理创新提供了价值指引。“一个成功的城市不仅仅是新潮俱乐部、展览馆和酒店的所在地,也应当是专门化的产业、小企业、学校以及能够为后代不断创新的社区的所在地。”①面对现代社会的人口分布高集聚性、文化结构高异质性、生产要素高流动性、社会管理高风险性的阶段性特征,成都通过将城市治理重心确定为社区这一基本单元,通过将城市目标聚焦于能为人民所感知、为城市治理者所操作的适度空间,成立聚焦社区发展治理的社治委,实施瞄准社区民生重点难点的“五大行动”,使城市治理更人性化、精细化。成都还在社区商业和社区文化中挖掘新的经济增长点,以社区发展推动城市发展,实现有烟火气的繁荣。

(三)发展与生活在空间治理中融合

发展体现经济与理性,生活则彰显着文化与温度。一方面,城市作为经济发展的重要容器,其经济增长功能不容忽视,甚至很长一段时间内被认为是城市最重要的功能。正如斯托珀尔所说②:

> 城市区域之所以发展,原因就是它们是企业的经营场所,而不是人们的游乐场……究其根本,经济发展是一个地区生产力

① [美]乔尔·科特金:《全球城市史》,王旭等译,社会科学文献出版社 2014 年版,第 286 页。

② [法]迈克尔·斯托珀尔:《城市发展的逻辑》,李丹莉、马春媛译,中信出版集团 2020 年版,第 9—10、286 页。

的发展。该地区生产力的发展将在很大程度上决定它的技能组合、人口变动和收入水平。

彼得森在《城市极限》中同样分析了经济对城市的重要性①：

> 地方政府领导们对他们社区的经济利益较为敏感。第一，经济繁荣对保护地方政府的财政基础是必要的。第二，好政府就是好政治。通过寻求对地方社区的经济繁荣有所贡献的政策，地方政治家会挑选对其自身的政治优势有所助益的政策……第三，也是最重要的，地方官员通常具有社区责任的观念。他们明白，除非社区的经济福利能够维持，否则地方商业将蒙受损失，工人会失去就业机会，文化生活将趋于凋敝，城市土地价值缩水……地方政府的利益要求地方政府强调社区的经济生产力，这是它对社区的责任所在。

另一方面，城市是人民生活的家园，城市是文化、学习和商业等功能的综合，并与婚配生育、成长学习、工作娱乐、养老归土、社会认知、情感体验和价值判断等元素紧紧勾连。根据列斐伏尔的城市权利观，“城市应当是一个用来相遇、联系、嬉戏、学习、包容、惊喜和好奇的空间，城市人民参与到有意义的社会互动中，在互动中他们克服了分离，开始了解彼此，一起讨论城市的意义和未来”②。在过去的一段时间，对发展的偏重使城市丧失了生活的亲和力，当前城市生活化的要求已然迫在眉睫，“让人民群众在城市生活得更方便、更舒心、更美好”是新时代背景下城市建设的基本走向。而这需要通过将发展与生活统一在治理之中来实现。发展与生活在当前的现实中

---

① ［美］保罗·E.彼得森：《城市极限》，罗思东译，格致出版社、上海人民出版社2012年版，第30—31、70页。

② Mark Purcell. 2014. Possible Worlds: Henri Lefebvre and the Right to the City, *Journal of Urban Affairs*, 36(1), 141-154.

表现出一定的对立性,单向度的发展潜藏着消弭生活的危机。但发展与生活在应然意义上存在着内在一致性。“不论在贫穷国家还是在富裕国家,城市都是经济生产力及收入增长的重要催化剂”①,美好的城市生活是城市发展的终极目标和价值依归,有效的城市发展是城市生活的支撑工具和物质基础。发展是以市场主体为主,以效率为标尺,推动生产力发展的过程,生活则是社会主体以感性为标尺,经历、体验、互动的过程,二者之间的平衡统一、互相促进要由政府主导,多元协同的治理之手来实现。

2020 年成都《关于做好镇(街道)行政区划调整和村(社区)体制机制改革“后半篇”文章的实施意见》提出,要“基本形成适应城市发展战略的城市工作体系和现代治理体系,全市城乡公共服务和基层治理水平持续提升,形成高质量发展、高效能治理与高品质生活高效协同的良好态势”。高质量发展、高效能治理、高品质生活,这三个概念构成了成都城市治理的最优解。

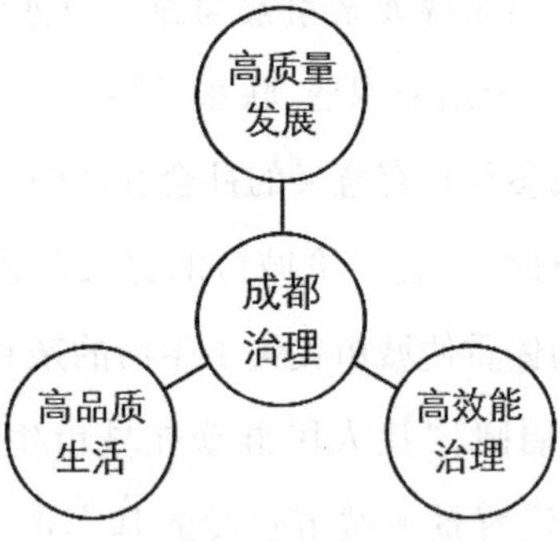

图 3-4　成都融合城市发展、城市治理与城市生活

在治理路径上,成都治理依托空间思维指导下的场景营造和城

① [美]迈克尔·斯彭斯、[美]丹尼·莱普泽格编:《全球增长:后危机时代的含义》,刘学梅译,中国人民大学出版社 2016 年版,第 15 页。

市美学来实现发展与生活的交融共生。空间治理是城市治理的重要面向。对于城市发展来说，空间是土地、劳动力、资本、管理技术等生产要素的容器，其本身也成为新的生产要素，参与资本循环，吸纳资本剩余，极大加速了人才和资本等要素的集聚效应；对于城市生活来说，空间是关系和意义的集合，蕴含着丰厚的生活体验、社会互动与情感连接，是“体验和意义的象征性与情感领域相结合的产物”，塑造着城市的文化特质与居民的精神气质。

图 3-5　藏在公园下的先锋商业①

成都治理以场景营城为基本战略，贯穿于社区治理、文旅产业、

① 《成都日报》数字报刊，2021 年 9 月 7 日。

环境保护、基础设施等各种不同的领域中。在场景营造中既创造美好生活,同时也供给发展机会,通过生活与发展的交融共生形成了空间生产与消费的城市诗学。一方面,“家门口的运动场景”、15分钟基本公共服务圈、公园城市建设、社区微更新等公共空间规划为居民带来了舒适、愉悦和便利的生活和休憩体验;另一方面,人民对美好空间的向往中蕴含着新的经济增长点,“处处皆场景,遍地是机会”,改造闲置空间盘活存量,再造“小而美”“小而精”的沉浸式社区商业新消费场景和新人文体验场景,老旧小区摇身一变为网红打卡点。成都整体也成功打造了“会生活”的城市形象和城市品牌,形成了“为生活而发展,以发展促生活”的善治面貌。

三、建构政策共识:学习型政府及其理念扩散

顶层的、指导性的价值共识需要政府通过具体的、操作化的政策落地、“变现”。成都依托学习型政府的理论创新与扩散建构了政府上下和政府内外的广泛政策共识,从而确保政策被顺畅执行,转化为治理效能。

(一)城市决策者的政治站位和理论张力

学习型政府建设首先取决于决策者的政治站位和理论素养。2017年以来,成都决策层在《人民日报》《光明日报》《学习时报》《先锋》等报纸和期刊持续发表署名文章,将党建引领的成都社区发展治理新模式、加快建设高品质和谐宜居生活社区及其他案例通过主流媒体进行深度宣传。并通过强调城市治理新理念、党建引领基层治理、精准的问题意识和脚踏实地的实干精神,传递“让生活更美好”“让城市自然有序生长”的城市善治理念。

表 3-1　成都有关城市治理的主要署名文章(2017.5—2021.3)

时间	文章名称	来源
2017. 5. 18	旗帜鲜明讲政治,担当尽责勇作为,奋力建设全面体现新发展理念的国家中心城市	先锋
2017. 6. 18	全面开展对标管理,深化实践创新超越,加快建设全面体现新发展理念的国家中心城市	先锋
2017. 7. 18	创新要素供给,培育产业生态,培育具有国际竞争力和区域带动力的现代产业体系	先锋
2017. 8. 18	坚持党的领导,深化改革创新,坚定不移做强做优做大国有企业	先锋
2017. 9. 18	坚持党建引领,强化共建共治,努力建设高品质和谐宜居生活社区	先锋
2017. 11. 18	学习新思想,发展新经济,加快建设新时代现代化经济体系	先锋
2018. 3. 15	新时代,新使命,新答卷	先锋
2018. 5. 15	深学力行,全面落实,奋力书写新时代新天府的高质量答卷	先锋
2018. 6. 15	高水平打造西部国际门户枢纽,加快建设“一带一路”开放高地	先锋
2018. 7. 15	坚定政治方向,主动服务大局,高质量建设全面体现新发展理念的城市	先锋
2018. 7. 27	加快建设全面体现新发展理念的城市	学习时报
2018. 10. 11	加快建设美丽宜居公园城市	人民日报
2018. 10. 15	弘扬中华文明,发展天府文化,建设独具人文魅力的世界文化名城	先锋
2018. 10. 15	同心同向,同荣同兴,在共建共享中携手走	先锋
2018. 11. 15	共建陆海新通道,共享开放新机遇,携手打造面向“一带一路”国际门户枢纽	先锋
2018. 11. 15	共育新经济,共强新动能,并肩担负助推民族复兴的时代使命	先锋
2018. 12. 15	把握新时代机遇,弘扬企业家精神,为建设全面体现新发展理念的城市作出民营企业独特贡献	先锋
2019. 1. 14	加快建设独具人文魅力的世界文化名城	光明日报
2019. 1. 15	实心干事,科学作为,加快建设全面体现新发展理念的国家中心城市	先锋

续表

时间	文章名称	来源
2019. 2. 15	对标国际一流,全面改革创新,以国际化营商环境推动成都走向世界	先锋
2019. 5. 15	成都:公园城市让生活更美好	先锋
2019. 6. 12	加快建设中国特色消费型社会	学习时报
2019. 6. 15	守初心,担使命,加快建设全面体现新发展理念的城市	先锋
2019. 7. 15	坚持新思想指引新理念导航,建设面向世界面向未来的现代化东部新城	先锋
2019. 8. 15	坚定践行习近平生态文明思想,加快建设公园城市,努力创造美好生活	先锋
2019. 9. 15	坚持谋赛与谋城相结合,高标准打造世界赛事名城	先锋
2019. 10. 15	优化空间布局,重塑经济地理——以产业功能区建设构建战略竞争优势	先锋
2019. 11. 15	讲政治严规矩,守初心担使命,奋力建设在全面体现新发展理念的城市实践中走在前列做好表率	先锋
2019. 12. 15	善治之城:让生活更美好	先锋
2020. 1. 15	坚守战略定力,持续创新提能,开创建设全面体现新发展理念的城市新局面	先锋
2020. 3. 15	成都努力培育高质量发展的新动力源	先锋
2020. 3. 15	政企同心,上下协力,坚定不移推动产业生态圈和功能区建设	先锋
2020. 4. 9	处理六大关系,实现五个转变,以片区综合开发推动新区高质量建设的成都实践	城市规划
2020. 4. 15	场景营城,产品赋能,新经济为人民创造美好生活	先锋
2020. 6. 15	科技创造美好生活,创新赋能城市未来	先锋
2020. 7. 15	融入双循环唱好双城记,加快建设高质量发展增长极和动力源	先锋
2020. 9. 15	科学规划建设高品质科创空间,加快培育区域经济增长极和动力源	先锋
2020. 10. 1	构建科学严密的组织制度体系,坚定维护党中央权威和集中统一领导	党建研究
2020. 10. 15	让城市自然有序生长	先锋

续表

时间	文章名称	来源
2020. 11. 15	赋能先进制造 融通产业循环 加快建设国家先进生产性服务业标杆城市	先锋
2021. 1. 15	公园城市的新经济图景：在 2021 成都新经济共享大会上的致辞	先锋
2021. 2. 15	为创造幸福美好生活而共同奋斗	先锋
2021. 3. 15	深入推进城乡融合发展 努力探索特大中心城市农村现代化之路	先锋

这些文章主要围绕成都不同阶段的发展战略进行，其意义在于锚定具体工作的政治站位，凝练和传播不同阶段的发展理念，同时建构有关城市治理的前沿观点。比如：宜居城市、生活城市不仅仅是美誉，更是城市核心价值之所在，决定着城市的综合竞争力；坚持把生活城市作为最鲜明的特质和最突出的比较优势；城市的本质在于提供有价值的生活方式；成都建设践行新发展理念的公园城市示范区，就是要直面城市有机生命体的多元性、复杂性，坚持“人城产”逻辑，在自然与有序之间权衡调适，不断探索转型发展突围之路，努力打造标定时代发展高度、承载美好生活向往的“未来之城”。在区县层面，金牛、龙泉驿、郫都等区县根据地方发展难题和城市战略定位，也公开发表多篇呈现地方特色工作的署名文章，主动对标先进地区，总结创新经验，宣传治理新方法新思维，丰富“成都治理”内涵。

表 3-2　成都有关城市治理理念的核心表述（2017. 9—2020. 10 部分）

时间	题目	来源	主要观点
2017. 9	坚持党建引领，强化共建共治，努力建设高品质和谐宜居生活社区	先锋	宜居城市、生活城市不仅仅是美誉，更是城市核心价值之所在，决定着城市的综合竞争力。

续表

时间	题目	来源	主要观点
2017. 11	学习新思想，发展新经济，加快建设新时代现代化经济体系	先锋	（城市）新经济不仅仅是一种经济现象，也不完全是一种技术现象，而是一种由技术到经济的演进范式、虚拟经济到实体经济的生成连接、资本与技术深度黏合、科技创新与制度创新相互作用的经济形态。
2018. 1	用做实体现学习成效	人民日报	要突出问题导向，不断形成解决问题的新思维，持续积累解决问题的新经验，在解决问题中深化改革、破解难题。
2018. 7	加快建设全面体现新发展理念的城市	学习时报	我们将坚持把生活城市作为最鲜明的特质和最突出的比较优势，推动城市发展从工业逻辑回归人本逻辑、从生产导向转向生活导向，努力建设美丽城市、创造美好生活。
2018. 10	加快建设美丽宜居公园城市	人民日报	城市的本质在于提供有价值的生活方式。公园城市作为回应新时代人居环境需求、塑造城市竞争优势的重要实践模式，具有一系列体现时代特点的重要价值。
2019. 1	加快建设独具人文魅力的世界文化名城	光明日报	创新创造是成都与生俱来的文化基因，优雅时尚是成都别样精彩的文化特质，乐观包容是成都兼容并蓄的文化气度，友善公益是成都外化于行的文化表达。
2019. 5	成都：公园城市让生活更美好	先锋	以新发展理念引领城市建设是习近平总书记交给成都的时代课题，是生态文明时代城市建设发展的全新探索。审好这道题、答好这张卷，需要集聚全球智慧、凝结社会共识、汇聚各方力量。

续表

时间	题目	来源	主要观点
2019.12	善治之城:让生活更美好	先锋	城市的竞争从根本上说是发展与生活的平衡性竞争,保持“创业之城、休闲之都”的特质是巩固成都未来战略竞争优势的根本。
2020.4	场景营城,产品赋能,新经济为人民创造美好生活	先锋	新经济人、新经济组织、新经济企业是时代的先锋力量、市场的重要主体。
2020.10	让城市自然有序生长	先锋	让城市自然有序生长,是筑城聚人之根,是美好生活之本。成都建设践行新发展理念的公园城市示范区,就是要直面城市有机生命体的多元性、复杂性,坚持“人城产”逻辑,在自然与有序之间权衡调适,不断探索转型发展突围之路,努力打造标定时代发展高度、承载美好生活向往的“未来之城”。

(二)大学习促进全员治理能力建设

高质量治理并非自发而成,而是源于自觉学习、集体行动的结果,继而形成专业化的研判和长效化的落实。学习是解决干部队伍执政能力不足、深化政策认知的需要。只有加强学习,才能提高干部队伍的谋事干事能力,解决实践中不断涌现的新情况新问题。加之,由于干部队伍个体素质存在客观差异,对于某项创新政策的认知或领导话语的理解能力不够,难以准确把握政策逻辑和行动落实。通过学习,干部队伍实现从不理解到理解的发展,从根本上促使人员认知水平的提高。随着成都治理的顶层设计不断完善,各层级政府迅速启动“学习之窗”,主动对标,超越前沿。

其一,通过高质量会议,将中央精神转化为内部共识。会议是常见的行政手段,是政策宣传发动、政策分解、资源调配、具体实施与调整反馈的过程。会议具有多重功能,比如作为重要的动员机制;作为弥补正式问责机制不足的非正式问责机制;或是作为收集创意做出决策的平台。① 更重要的是,会议承担了共识传递的功能,上下级得以通过重要会议的参与和学习形成共识,实现政府内部顶层设计的原则性与分层对接的灵活性的共存②。中心工作是关系城市发展战略的重大工作,往往会由于其复杂性和前沿性而难以被干部队伍理解,而后者将直接关系到政策创新的实际成效。合理的会议机制可以实现政府自上而下的共识传递,其核心在于以中心工作持续更新全员理念。

以成都建设产业功能区为例,对于两个全新概念,产业生态圈、产业功能区与过去的产业发展有什么不同,很多中基层干部一开始并不完全理解。为此,成都先后召开八次领导小组会议,提出以"人城产"逻辑推动城市发展方式转型和经济发展方式转变,从高位谋划凝聚发展共识,深化中基层干部的认识和理解。通过会议机制不断深化干部对中心工作和政策创新的理解,避免了政策创新和落地执行"两张皮"的情况出现。

表 3-3　成都产业功能区及园区建设工作领导小组会议(2017.7—2021.4)

场次	时间	基本共识
第一次	2017.7	着眼高点定位系统谋划,提出了"核心在产业、关键在功能、支撑在园区、机制是保障"的总体思路。

---

① 徐国冲:《会议:公共管理亟需研究的议题》,《中国行政管理》2021 年第 7 期。

② 庞明礼、陈念平:《科层运作何以需要开会:一个政策执行过程的分析视角》,《中国行政管理》2021 年第 7 期。

续表

场次	时间	基本共识
第二次	2018.5	着眼战略目标精准施策，鲜明提出以“人城产”逻辑推动城市发展方式转型和经济发展方式转变。
第三次	2018.10	着眼创新发展培育竞争优势，提出了加快质量变革、效率变革、动力变革的转型要求。
第四次	2019.2	着眼遵循规律科学作为，提出了一个产业功能区就是若干新型城市社区理念。
第五次	2019.9	着眼提升产业发展能级、创新构建城市核心竞争优势，进一步鲜明了产业生态圈产业功能区的发展导向。
第六次	2020.3	着眼应急与谋远相结合，要全力支持企业由复工复产转向稳产满产，打通产业链供应链堵点，帮助企业获取更多政策资金支持。
第七次	2020.9	着眼提高产业集群效应和要素配置效益，提出要科学规划建设高品质科创空间，加快培育区域经济发展增长极和动力源。
第八次	2021.4	着眼功能定位和战略目标，动态调整产业生态圈和产业功能区结构，加快构建具有国际竞争力和区域带动力的现代产业体系。

其二，通过一线大调研，将实践前沿转化为战略引领。调研一直都是党的优良传统。早在新民主主义革命时期，毛泽东就提出了“没有调查就没有发言权”“不做正确的调查同样没有发言权”等论断。习近平总书记在十九大后中央政治局首次民主生活会上提出，要在全党大兴调查研究之风，推动党中央大政方针和决策部署在基层落地生根。在中国特有政治体制下，领导干部的调研活动贯穿于政策过程的各个环节，具有信息搜集、政策宣传、监督协调等重要功能①。成都治理创新过程中非常注重调研。从成都主要领导人多次调研主题看出，从大美公园城市建设，到“人城境业”的高度和谐，到

① 丁远朋：《政府过程视角与领导干部调研活动的类型、特点、功能探讨》，《领导科学》2017年第11期。

提出思维方式变革和体制机制变革，到提出塑造城市面向未来的战略能力和持久竞争优势，再到提出全力打造全国基层治理标杆城市，成都治理理念、战略和举措在一线实地调研过程中不断更新迭代，并持续引领发展取得突破。

表 3-4　成都多个主题大调研行动（2019.10—2021.5）

时间	地点	主题
2019.10.18	大邑、邛崃	以乡镇（街道）行政区划调整和体制机制改革为契机，坚持两手抓两促进，坚持学做结合，不断提升领导和组织城市工作能力水平，切实解决基层群众反映的突出问题，促进经济社会高质量发展，让居民群众真切感受到主题教育带来的变化。
2019.11.5	航空航天产业生态圈建设	把航空航天产业作为成都未来发展的战略性、支撑性产业来培育，以产业功能区为载体加快构建产业生态圈、创新生态链，科学谋划航空航天产业生态圈建设路线图，保持定力、久久为功，聚焦聚力打造航空航天经济先发城市，为高质量发展构筑战略竞争新优势。
2019.11.25	新经济发展工作	坚定贯彻新发展理念，大力发展数字经济，着力推动硬科技引入和黑科技转化，努力描绘“硬核科技”图景，加快建设最适宜新经济成长的城市，为成都实现高质量发展提供支撑保障。
2020.1.11	公园城市建设	坚持以人民为中心的发展理念，坚持生态优先、绿色发展，加快建设践行新发展理念公园城市，为全国探索新时代未来城市发展新形态，为成都未来永续发展构筑战略竞争优势。
2020.2.24	宽窄巷子、太古里商业街区、锦城绿道等地	坚持防控为先、统筹兼顾、分类指导、精准高效，统筹抓好疫情防控和经济社会发展，“两手抓”“两手硬”，在确保疫情防控到位的前提下，深入基层查实情、解难题，推进旅游服务业企业有序开门迎客，尽快恢复城市生机活力，努力实现全年经济社会发展目标任务。

续表

时间	地点	主题
2020. 3. 18	彭州市	结合地方实际,加快建设有国际竞争力的产业生态圈和区域带动力的产业功能区,在若干细分领域、细分市场构筑比较竞争优势。
2020. 3. 23	天府智能制造产业园	以 TOD 开发优化城市功能形态,聚焦细分领域招大引强,构建具有国际竞争力的产业生态圈,加快推进公园城市示范区建设,努力实现 2020 年经济社会发展目标任务。
2020. 4. 9	锦城公园建设	坚持以人民为中心的发展理念,突出公园城市特点,深化改革创新,凝聚共识力量,加强场景策划、景观设计、产业植入,持之以恒推动生态价值创造性转化,高标准高质量推进项目建设,加快把锦城公园打造成为成都走向世界的城市名片。
2020. 4. 15	天府锦城规划建设推进情况	增强历史文化保护传承的责任感和使命感,运用科学的方法,加快推进项目规划建设,打造成都人“精神家园”、天府文化走向世界的名片。
2020. 4. 30	中国西部(成都)科学城规划建设	坚定贯彻新发展理念,加强战略谋划,深化协同合作,高起点高标准规划建设中国西部(成都)科学城,加快打造具有全国影响力的科技创新中心,助力成渝地区双城经济圈建设。
2020. 6. 10	东部新区	高标准高质量加快建设东部新区,全力打造承载梦想、走向世界的“未来之城”,更好服务成渝地区双城经济圈建设,加快形成引领高质量发展的增长极和动力源。
2020. 6. 28	金牛区、锦江区、武侯区	坚定实施“中优”战略,建强“中优”区域核心功能,统筹做好谋赛营城,打造高品质高能级生活城区,为加快建设践行新发展理念的公园城市示范区提供坚强支撑。

续表

时间	地点	主题
2020. 7. 3	邛崃市	坚持生态优先、绿色发展,抢抓国家城乡融合发展试验区建设机遇,保持“西控”定力,大胆改革创新,坚定不移推动农商文旅体融合发展,加快建设践行新发展理念的公园城市示范区,全力打造高品质生活宜居地。
2020. 7. 22	蒲江县	全面落实“西控”部署,充分挖掘比较优势,持续推动农商文旅体融合发展,促进生态价值创造性转化,全力打造国家生态旅游示范区。
2020. 8. 4	天府新区	结合成渝地区双城经济圈建设新形势新任务新要求,强化担当、主动作为,统筹抓好疫情防控和经济社会发展,高质量建设践行新发展理念的公园城市示范区。
2020. 8. 7	东部新区	认真践行“绿水青山就是金山银山”理念,依托“一山一江多湖”等优良生态本底,科学布局可进入可参与的休闲游憩和绿色开敞空间,让美丽山川湖泊与美丽宜居有机融合,大力推动生态价值转化。
2020. 8. 7	高新区	始终坚持“发展高科技、实现产业化”初心使命,以更高标准建设世界一流高科技园区,努力打造全市高质量发展核心增长极。
2020. 8. 14	一环路整体改造工作	坚守“中优”定力,抢抓成都大运会“办赛营城”机遇,高标准高质量加快推进一环路整体改造,重整功能、提升品质,全力打造成都“市井生活圈”,让广大居民游客在这里找到成都记忆、体味“慢生活”。
2020. 10. 15	“中优”区域	坚守“中优”定力,抢抓成都大运会“办赛营城”机遇,优化城市形态、提升城市功能,深化社区发展治理,加快推进重大支撑性工程项目建设,全力打造高品质生活宜居地,加速推动转型发展、高质量发展。

续表

时间	地点	主题
2020. 11. 2	成都国际铁路港经济开发区建设	主动融入“双循环”、齐心唱好“双城记”，加快推进亚蓉欧陆海空联运战略大通道建设，持续增强泛欧泛亚国际门户枢纽功能，积极融入全球产业链、供应链、价值链高端，全力打造带动全国高质量发展的重要增长极和新的动力源。
2020. 12. 23	城市通勤状况	准确把握城市发展阶段性特征，始终坚持以人民为中心的发展思想，系统谋划、综合施策，大力提升城市通勤效率，高质量打造“上班的路”和“回家的路”，让居民出行更加便捷高效、更加舒适安全，助力成都加快建设高品质生活宜居地。
2021. 1. 13—2021. 14	锦城公园、锦江公园建设和一环路“市井生活圈”改造提升工作	坚持生态优先、绿色发展，加快实施生态惠民示范工程，让城市自然有序生长，推动生态价值创造性转化，向世界呈现公园城市示范区的别样精彩和独特魅力。
2021. 2. 8	部分科研机构、企事业单位	深化校院企地合作，构建最具活力创新生态，吸引培育创新人才团队，助力科技成果在蓉加速转化。
2021. 2. 23	市委组织部	坚持以习近平新时代中国特色社会主义思想为指导，坚定贯彻新时代党的建设总要求和新时代党的组织路线，聚焦主业、强化担当、创新提能、接续奋斗，不断提高政治判断力、政治领悟力、政治执行力，着力提高组织工作质量，为成都“十四五”高质量发展开好局、起好步提供坚强组织保证。
2021. 2. 25	东部新区、简阳市	抢抓成渝地区双城经济圈建设和成都大运会举办等战略机遇，胸怀全局、敢为人先、实心干事、科学作为，创新推动“东进”区域加速成型成势，全力打造全面体现新发展理念、凸显公园城市特色、承载高品质生活的“未来之城”。
2021. 3. 17	市委宣传部	主动站位新阶段、贯彻新理念、服务新格局，紧紧围绕城市战略“谋与干”，紧紧跟进社会关注“鼓与呼”，增强创新意识、文化自信、全球观点，为建设践行新发展理念的公园城市示范区凝聚不竭动力。

续表

时间	地点	主题
2021.3.24	龙泉山城市森林公园	坚持生态优先、绿色发展,保持“千年立城”的静气和“留白增绿”的定力,树立世界级眼光、瞄准世界级品质,高标准保护修复、高起点规划设计、高水平有序建设,推动生态价值创造性转化,努力打造全球领先的城市森林公园。
2021.3.29	邛崃市	强调抢抓历史发展机遇,深度融入发展大局,不断巩固提升自身区位优势和发展位势。
2021.3.30—2021.3.31	德阳、眉山、资阳	要持续深化合作、聚焦重点突破,推动全省发展“主干”由成都拓展为成德眉资,做强成都都市圈极核功能,凝心聚力推动成德眉资同城化发展成势见效,为推动成渝地区双城经济圈建设和全省经济社会发展作出新的更大贡献。
2021.4.1	新都区、青白江区和金堂县	以产业生态圈引领产业功能区建设,是城市发展方式和经济组织方式的重大变革,是进入新阶段以现代化思维推动高质量发展、实现高效能治理的关键支撑。
2021.5.7	武侯区、青羊区	坚持以人民为中心的发展思想,健全完善党建引领社区发展治理体系,持续擦亮成都社区美空间品牌,不断增强居民群众获得感幸福感安全感,全力打造全国基层治理标杆城市。
2021.5.7	市委统战部	强调全面加强党对统战工作的集中统一领导,胸怀“两个大局”、心系“国之大者”,充分发挥统一战线法宝作用,不断提升统战工作能力水平,广泛凝聚人心、汇聚力量,助力成都加快建设践行新发展理念的公园城市示范区。
2021.5.18	大邑县、都江堰市	督导调研文旅产业发展、生态环境保护、地灾防治及森林防灭火等工作;强调坚持生态优先、绿色发展、农商文旅体深度融合,进一步推动生态价值向经济价值转化。

其三,注重特色智库建设,将专家意见转化为决策参考。十八大提出,“坚持科学决策、民主决策、依法决策,健全决策机制和程序,

发挥思想库作用。"破解改革发展稳定难题的复杂性艰巨性前所未有，迫切需要健全特色决策支撑体系，大力加强智库建设。2013年习近平总书记对建设中国特色新型智库做出重要批示，提出要将智库建设提升到国家战略高度，是国家软实力的重要组成部分。成都智库类型多样且具有独特性，从空间美学、人员培训、科技医疗等不同领域推动高质量发展和高效能治理；聚焦专业领域，在新经济、公园城市、社区美学等领域形成差异化研究优势；聚焦城市战略，为全国城市治理实践提供可借鉴可推广的模式。成都新经济发展研究院、天府公园城市研究院、蓉创城乡社区空间美学研究院等特色智库的建设为成都治理的系列战略布局和举措打下了基础。

表3-5　近年来成都成立的主要相关智库（2017.9—2019.7）

成立时间	智库
2017.9	成都新经济发展研究院
2018.5	天府公园城市研究院
2019.4	成都市蓉创城乡社区空间美学研究院
2019.4	成都市锦城城乡社区发展治理培训学院
2019.7	成都高质量发展研究院

其四，通过标杆学习，将先进经验转化为地方创新。标杆学习解决"向谁学""学什么""怎么学"的核心问题。20世纪商业管理领域最早提出了标杆学习（Benchmarking），即组织将自身的表现与类似机构的表现进行比较，以寻找到自身的不足之处并从他人的卓越表现中吸取经验和教训。① 标杆学习作为地方政府的重要治理机制，既表现为自下而上的分散实验，如"试点""示范"，也表现为由点到

① 摩根·威策尔、吴言：《标杆学习：寻找不足之处》，《国外社会科学文摘》2003年第1期。

面的扩散,如“典型经验”传播、对口学习。① 先发地区之所以发展领先,并非仅仅依靠先发优势,更多是由理念、政策、区位、资源、人才等综合因素作用形成。只有真正理解先发地区政策体系的内在逻辑,才能更精准地制定本地本部门的政策措施。成都通过对标先进城市,多次借鉴上海、深圳、新加坡、伦敦等国内外城市经验,思考先进经验背后的逻辑关系、战略考量、现实条件,聚焦制度创新、功能提质、平台赋能、人才集聚、场景营造等关键领域打造核心竞争力。

其五,创设学习平台,持续淬炼治理能力。自 2013 年以来,成都在全市范围内相继创办了 13 所地方基层治理研究院校。其中,成都村政学院、成都社会组织学院、成都城市社区学院分别面向村(社区)干部、社会组织工作者、社区工作者,将基层干部纳入常态化、规范化、制度化的培训体系中,成为基层干部教育培训的重要基地。

成都村政学院成立于 2013 年 11 月,依托都江堰市委党校,是全国第一所以村干部为主要培训对象、集农村问题研究与培训于一体的专门培训机构。村政学院以“提升农村基层干部队伍素质、探索村级治理规律”为目标,以农村党员干部、大学生村官为重点培训对象,聚焦农村基层社会治理体系和治理能力现代化,针对性地开发了四大板块特色课程,构建起案例教学、现场教学、情境体验、学院论坛和警示教育等多样的教学体系。

成都社会组织学院成立于 2014 年 8 月,依托锦江区委党校,是全国第一家由党委、政府主导的为社会组织及其工作者提供培训的专门机构。社会组织学院围绕加强基层社会治理的需要,以“造就优秀的社工人才,培养健康的社会组织”为目标,以“全国一流、具有

① Heilmann, S. 2008. From local experiments to national policy: the origins of China's distinctive policy process. *The China Journal*, (59), 1–30.

国际影响力”为发展定位，着力研究社会组织建设、党对社会组织领导方式和激发社会组织活力等重大问题。学院以社会组织工作者为主要培训对象，打造培训、研究、合作、党建四个平台，构建七大特色课程体系，以案例教学为主要授课方式，建设实训基地。

城市社区学院成立于2014年11月，依托金牛区委党校，是全国领先的城市社区党建及社区治理人才培养、理论研究、学术交流示范基地。城市社区学院以“培养高素质、专业化城市社区治理人才”为目标，以社区“两委会”成员和社区工作者为主要培训对象，围绕城市社区治理能力和服务能力，综合运用线下培训与线上教学相结合、定向培训与职业教育相结合等方式，提供系统化、专业化、差异化培训。

表3-6　成都基层干部教育培训的三所学院

院校名称	培训对象	课程模块
成都村政学院	村（社区）干部、大学生村官、乡镇干部、党政干部	·可持续脱贫+乡村振兴 ·城乡治理构架+基层治理 ·基层党建实务+党纪党规 ·四川改革实践+成都方案
成都社会组织学院	社会组织工作者	·基层社会治理实践创新 ·社会组织的战略管理 ·“两新组织”的党建指导 ·“不忘初心”党性教育 ·改革创新与领导力提升 ·新型城镇化及农村建设 ·应急管理与法制建设
成都城市社区学院	社区“两委会”成员及社区工作者	·主题课程 ·专题课程 ·特色课程 ·现场教学

以三所学院为代表，成都一方面在县（区）级党校构建起系统化的基层治理干部培养体系，为村（社区）干部、社会组织工作者和社区工作者提供专业、系统的教育培训，提升基层治理人员的治

理能力，为推动城市和社区治理提供人才支撑；另一方面挖掘各院校的理论研究能力，发挥智库作用，为推动城市和社区治理提供源自于一线工作的理论指导。2019年，成都被联合国教科文组织终身学习研究所授予“学习型城市奖”。

（三）政务新媒体推动政策创新的学习扩散

政策创新的价值和意义在于其学习扩散的过程，即政策创新在一段时间内经由某种渠道在政府间得到传播与采纳。政策创新的学习扩散得以实现，主要原因在于政府之间的相互影响，包括相互学习模仿创新、彼此竞争采纳创新、上级强制要求创新等不同扩散方式，同时也受公众、媒体、公共事件等压力的多重影响。在互联网时代，随着舆论场的变迁，政务新媒体成为应对网络舆情生态、回应社会关切的重要阵地，并且能够在政策创新过程中促使地方政府采取政策学习、政策模仿等行为实现传播扩散。已有研究证明了媒体对政策创新扩散的积极影响，即当关于政策创新的媒体报道较多时，能够引导政策制定者在面对纷繁复杂工作时的注意力，同时构成外部舆论场的压力，推动政策制定者对政策创新予以关注并及时采取行动，最终实现政策创新的学习扩散。①

社会共识的形成在于政策是否真正内化为行动自觉。政务新媒体作为政府和社会之间的沟通桥梁和转换渠道，其载体、表达是影响政策创新能否实现学习扩散的重要因素。政务新媒体作为数值化呈现、模块化、自动化、多变性的新型媒体形式②，改变了政府与社会互

① 马亮：《公共服务创新的扩散：中国城市公共自行车计划的实证分析》，《公共行政评论》2015年第3期。

② 参见［俄］列夫·马诺维奇：《新媒体的语言》，车琳译，贵州人民出版社2020年版。

动模式。作为官方舆论阵地，成都政务新媒体在成都改革和创新领域注重政策宣传、学习扩散，在中心工作方向凝聚治理共识、形成强大合力，并逐渐形成成都治理话语权。在此过程中，政务新媒体发挥的作用在于：其一，政务新媒体突破了传统媒体的载体局限，是具有正面宣传、政府服务、网络问政等多元功能的政务信息服务平台。成都政务新媒体在舆论引导上成效显著，主流媒体覆盖微信、微博、微头条、短视频等新传播平台，涌现出一批具有较高传播力的优秀账号，为成都治理创新的相关报道提供了载体保障。其二，政务新媒体更新了政策创新的话语表达，基于官方陈述、故事讲述、信息描述等不同表达方式，注重媒体报道与读者之间的情感维系，增强人民对城市的归属感、幸福感和信任度。比如 2022 年元旦期间，成都政务新媒体《锦观新闻》推送了题为“成都区（市）县‘一把手’这周在忙啥”的报道，并对“一把手”们的活动进行了横向比较和梳理，大大增强了人们点击的愿望。其三，政务新媒体致力于提高报道内容的专业性，从政策解读内容到社会热点分析，其内容来源涉及各级政府部门和相关专家学者，构建了广覆盖、矩阵式的政务新媒体运作体系。在新闻报道过程中，政务新媒体重视政策的解读力度和问题的剖析深度，提高政策解读和问题分析的权威性、科学性、贴近性。这些都起到了为成都治理创新做共识动员和知识铺垫的作用。

表 3-7　2019 年成都优秀政务新媒体和十佳媒体账号

优秀政务新媒体	成都高新、空港融媒、成都青白江、天府发布、金温江、品质崇州、品鉴彭州、绿色蒲江、天府龙泉、金堂发布、新都资讯、微博大邑、遇见都江堰、简阳发布、锦绣青羊、青聚锦官城、成都地铁、文明成都、成都交警、健康成都官微、成都人社局、平安成都、成都科协、成都工会、成都教育发布、成都交通运输、成都市场监管、文旅成都、成都气象、法治成都

续表

十佳媒体账号	每日经济新闻、成都发布、成都商报、微成都、红星新闻、成都日报锦观、YOU 成都、看度、成都全搜索新闻网、神鸟知讯

成都作为政务新媒体的“高地”，媒体机制的作用发挥比很多地区更加迅速、有效。一方面，媒体宣传力度大大增强，在最大程度上增进政策执行者、政策对象、利益相关方等群体对政策的理解和认同，有利于政策的广泛采纳和有效执行；另一方面，对决策者的专业能力提出更高要求，只有科学研判政策发布后的舆情走向和社会影响，才能及时决定是否采纳或执行创新。成都政务新媒体探索新型公众参与方式，创新政务发布全新形式，是极具活力、推动党政公开、政民互通的重要平台。在城市政务微博竞争力中，成都已连续 4 年排名第一。成都政务新媒体的活力和专业，是这座超大城市治理的活力与专业性的体现，也是成都探索建设人民城市的路径之一。

表 3-8　2019 年城市政务微博竞争力排行①

排名	城市	传播力	服务力	互动力	竞争力指数
1	成都	96.63	91.24	96.85	94.82
2	南京	92.65	85.05	90.08	89.09
3	杭州	84.27	81.84	77.17	80.93
4	深圳	81.64	69.11	85.73	78.69
5	西安	81.47	74.21	79.21	78.14

① 数据来源：人民网舆情数据中心。

四、行动动员:基于在地实践的系统创新

政策共识的建构提供了地方创新实践的前置条件——学习和动员。基于此,在为民竞争的使命驱动下,成都不同层级的政府和各个部门,展开了领域多、范围广、程度深、周期长的创新行动,共同构成了在地化的系统创新。

(一)源于使命的绩效:为民竞争的动力

地方政府作为在地的层级具有两个角色:一方面,作为国家中的政府,承接上级的建设任务,承担地方经济社会发展和公共事务;另一方面,作为社会中的政府,与社会互动,回应人民诉求。① 作为国家中的政府,地方政府在实现组织利益以及官员晋升的双重激励下出现为增长而竞争的行为。发展地方经济扩大地方税的收入是实现地方利益最大化的手段。在此逻辑下,长期以来地方政府围绕经济发展在招商引资等方面开展竞争。同时,非严格遵循科层程序和规则的运行机制也为地方因地制宜灵活运作提供了可能空间。地方在回应上级指令、实现上级目标的过程中拥有一定的自主性和灵活性,在保证重点工作完成的前提下,能够通过谈判、共谋、变通等多种策略对政策进行一定的调整,保证政策符合当地实际并实现地方自身利益。②

---

① 周尚君:《地方政府的价值治理及其制度效能》,《中国社会科学》2021 年第 5 期。

② 周雪光:《基层政府间的"共谋现象"——一个政府行为的制度逻辑》,《社会学研究》2008 年第 6 期;周雪光、练宏:《中国政府的治理模式:一个"控制权"理论》,《社会学研究》2012 年第 5 期;O'Brien, Kevin, J., & Lianjiang Li. 1999. Selective policy implementation in rural china. *Comparative Politics*, 31(2), 167-186。

周黎安对此进行了归纳[①]：

> 中国政府治理的一个重要特点就是，将地方官员的晋升与地方经济发展的绩效联系起来，让地方官员为了政治晋升而在经济上相互竞争，形成了政治锦标赛模式……政治锦标赛作为中国治理政府官员的激励模式，是中国经济奇迹的重要根源。

但政治锦标赛研究所忽略的是，作为社会中的政府，地方政府同时面临人民用脚投票的选择，因而在回应人民需求的压力下，地方政府之间形成竞争关系，不断改善服务效果，进而使得人民有效地得到他们想要的数量和形式[②]。地方政府同时也是各层面的党组织，而党组织是履行政党使命的关键载体。这一使命与党性修养深度关联。这些年由于对党建工作的重视，这种使命感已经内化为大多数党员的内在要求，各级政府行为持续性地被党中央的政治信念、组织纪律、路线方针政策所引导。与此同时，在中国进入经济新格局、发展进入新时代以后，随着对量化指标的反思，组织任务性质开始发生较大转变，即确定性任务相对减少，模糊性任务日益增多。[③] 在此模式中问责权成为重要权力，其将绩效考核、人民承诺和政治责任融为一体，在治理体系中构建了以问责统领为核心的新责任体系。新责任体系强调向上负责、严肃问责、过程导向、责任共担，为治理提供了

---

① 周黎安：《转型中的地方政府：官员激励与治理》，格致出版社、上海人民出版社 2017 年版，第 20—21 页。

② [美]约瑟夫·E.斯蒂格利茨：《公共部门经济学》，郭庆旺译，中国人民大学出版社 2013 年版，第 629 页。

③ 2013 年全国两会结束后，李克强总理在国务院第一次常务会议上明确指出，除法律、行政法规和国务院有明确规定外，取消达标、评比、评估和相关检查活动。到了 2017 年，以省市县三级联动清理为核心，各地启动了更大规模的指标考核清理，更多指标被清理取缔。

兼顾横向责任与纵向责任的制度。这一点，保证了成都从市委、市政府到各区县都能全员动员，并积极参与治理创新竞争。由此，源于使命的为民竞争成为中国特色的城市发展政治(development politics)，塑造了地方政府独特的行为逻辑。

(二)基于在地实践的系统创新

地方创新，主要是指地方政府为了提高行政效率、增进公共利益、发挥治理功能，对治理目标、治理措施、治理结构等方面进行的持续不断的创造性改革，如应用新的治理理念、治理模式或治理技术等。改革开放以来，地方实践中涌现出诸多方面、领域创新，成为地方发展与改革的最大推动力之一，这些创新在近些年更加多样，并主要涵盖了政务透明、行政服务优化、干部选拔机制和廉洁自律等诸多方面。然而，地方创新也面临一些问题：区县级政府创新最为活跃，地市级、省级较少①，使创新可能缺乏系统研究和长远规划；创新主体可持续性不足；创新实践没有及时上升为正式的制度和政策，而得不到巩固推广；创新的动力不足，或是存在明显的"形象工程"和"政绩工程"色彩。② 自十八大以来，中央政府开始强调顶层设计，并加大了对地方各级的问责、监督，地方政府创新开始出现不同的形式，地方创新开始出现不同于自上而下的"设计试验"或自下而上的"自主探索"的新形态，即纵向政府在创新过程中发生更为广泛的良性、双向互动。③

成都的地方创新是将中央精神和地方实际相结合并应用于在地

---

① 何增科：《国家和社会的协同治理——以地方政府创新为视角》，《经济社会体制比较》2013 年第 5 期。

② 俞可平：《大力建设创新型政府》，《管理观察》2013 年第 27 期。

③ 郁建兴、黄飚：《当代中国地方政府创新的新进展——兼论纵向政府间关系的重构》，《政治学研究》2017 年第 5 期。

实践的创新，进而形成了层级多、范围广、程度深的全域化创新，展现了充满活力的创新面貌。首先，市一级统筹成立社治委、新经济委等新机构，顶层推行系统化的机会清单、总体规划，保证了创新的整体性、长远性和持续性。其次，创新从制度化的体制机制创新开始，首创乡村规划师制度、社会工作服务制度等，再以实践反馈制度，形成了自我强化的稳定循环。而且，不同层级的政府在跟随上级大方向和大框架的基础上，纷纷推出多项适宜当地发展条件、回应当地治理难题的针对性举措，讲求实效。比如，2018 年成都成立全国第一家青年志愿服务区块链联盟，发出全国第一张青年志愿服务区块链证书。成都青年志愿服务区块链信息系统以中国区块链第一账本 LedgerOne 联盟链为基础设施，保证志愿服务信息真实性、不可篡改性、可靠性、保密性的提升。志愿者可通过该系统随时报名参加活动、实时查看记录、生成志愿服务证书等，达到“信息更安全、数据更公正、管理更智能、服务更及时”的愿景目标。由于区块链具有不可篡改性，“区块链+公益”更加便于公众监督和审计，实现公益服务更加公开、透明。同时也有利于激发青年参与志愿服务的积极性。

表 3–9　成都治理创新的基本轨迹

年份	创新事项	创新点
2010	首创乡村规划师制度	采取公开招聘、征选机构志愿者和个人志愿者等方式，招募从专业的角度为乡镇政府承担规划管理职能提供业务指导和技术支持的乡村规划师。
2013	首创村政学院	全国第一所以村干部为主要培训对象、集农村问题研究与培训于一体的专门培训机构。
2017	成立城乡社区发展委员会	成立中共成都市委城乡社区发展治理委员会，统筹推进城乡社区发展治理改革工作。
	成立成都新经济发展研究院	成立成都新经济发展研究院，为成都市新经济发展提供服务和支撑。

续表

年份	创新事项	创新点
2018	“党建增信”融资模式	首创“党建增信”模式，把企业党建工作和企业信用挂钩，将党建工作和企业生产经营活动紧密结合。
	“区块链+公益”模式	成立全国第一家青年志愿服务区块链联盟，发出全国第一张青年志愿服务区块链证书。
2019	首次发布城市机会清单	发布“城市机会清单”，聚焦“7大应用场景+N个延伸场景”，共发布450条供需信息。
	首个市级城乡社区发展治理总体规划	发布《成都市城乡社区发展治理总体规划（2018—2035年）》，是全国范围内首个市级城乡社区发展治理总体规划。
	首次制定公园城市建设地方性法规	公布《成都市美丽宜居公园城市建设条例（草案）》全文。
	设立全国首个新经济委员会	组建新经济委员会，创新制定出台并实施包括人才、投融资、破解应用场景瓶颈难题等在内的一系列政策措施。
	组建成都市公园城市建设管理局	提出以市林业园林局为基础，整合多部门职责，组建市公园城市建设管理局。与此同时，成都市区两级公园城市建设管理机构也相继组建。
2020	发布全国首个“公园社区”建设规划	成都市规划和自然资源局首次面向全国专家学者介绍公园社区规划建设思路。
	成都新经济“双千”发布会	宣布将面向全球持续发布1000个新场景、1000个新产品，由此开启成都新经济2.0时代。
	建立全国首个社区社会工作系统性制度	率先建立全国首个“1+2”社区社会工作服务制度。
2021	社区美空间	公布了第一批成都市社区美空间名单

成都的创新，一方面源于对中央负责和对社会负责的为民而竞争，另一方面也是满足差异化治理需求的在地实践。我们将成都地方创新界定为一场基于在地实践的系统创新，它并不是偶然发生的治理行为，也不是短期的政绩工程，而是地方治理理念的战略表达，

更是中国治理体制的优势体现。

（三）创新变成特有的城市文化

正如前文所强调，地方创新不是昙花一现的治理行为，而是基于在地实践的系统创新。地方创新的持续性蕴含着多种效益，是地方创新的价值所在。没有持续性的地方创新，是没有生命力的。城市治理要保持有生命力的地方创新，要将非常态的创新融入城市发展治理的方方面面，形成一座城市所独有的创新文化，进而持续不断地产生创新力量。斯托珀尔在《城市发展的逻辑》中指出了创新的意义①：

> 创新是经济发展的一个特殊问题，因为创新的地理分布不仅改变主要的创新中心，也改变整个经济及其所有地区。创新中心从创新中获得许多收益：高薪工作岗位、高收入、高财政能力……每一种创新方式都有其具体的供应架构，即将理念、企业家、合作伙伴以及消费者的品位和习惯相结合的方式。这就是不同国家和城市仍然有其独特"禀赋"的原因。

创新变成城市特有的文化，这是一座创新型城市必须具备的城市特质。从城市特质看，成都有"天府之国、休闲之都"的美誉，以"快工作、慢生活"著称，孕育出"创新创造、优雅时尚、乐观包容、友善公益"的城市氛围。其中，"创新创造"就是成都创新实践的深层次文化基因。围绕着美好生活的顶层设计，成都基于社区的概念进行了一系列的创新，形成了系统的创新路径，激活了地方活力，也让创新成为地方文化。基于城市创新文化，成都各区县分别展开了不

① ［法］迈克尔·斯托珀尔：《城市发展的逻辑》，李丹莉、马春媛译，中信出版集团2020年版，第12页。

同模式的在地化创新，丰富成都治理元素。比如，在成都社区发展治理中，特别注重地方差异性，将实事做好。武侯、锦江、青羊、金牛以及成华等中心五城区积极探索，分别以社会企业、社区教育、社创中心、创享中心以及智慧社区为社区发展治理的关键词，形成了各具特色的社区治理模式，成为各区在地化探索实践。又比如，成都各区县基于本地实际情况积极创新党建工作方式，涌现出多个富有成效的模式，包括：高新区的“互联网+党建”新模式；天府新区的“四梁八柱”党建体系；锦江区的“商圈组团”党建模式；武侯区搭建“四大平台”整体推进城市基层党建工作；成华区的“1+2+N”党建工作模式；龙泉驿区的党建拉练行动；温江区的村转社区“一核三体系”组织架构；都江堰区的城市基层党建“113”模式，等等。

表 3-10　成都各城区的社区发展治理特色

地区	探索经验
武侯	创新社会企业成长扶持机制，设置社会企业发展专项基金 300 万元，出台《关于培育社会企业促进社区发展治理的意见》和全国首个社会企业的专项扶持政策《成都市武侯区社会企业扶持办法（试行）》。
锦江	获评全国首批“城市社区学习中心（CLC）能力建设项目”实验点，构建“区—街道—社区—院落”四级社区教育运行体系，整合区域内社会公共场馆、驻区事业单位、社会组织等社会资源，联合共建 30 个“4∶30 学校”、养教结合等社区教育基地。
青羊	建立青羊社创中心，帮助社会组织根据社区的需求进行项目特色和品牌策划包装以及后期的推广运营，孵化涉及物业管理、康养服务、家政服务、早教服务、再生资源回收等方面的社创项目，驱动区、街道、社区三级社会服务创新；通过“一个中心、三大行动、九个计划”的实施，构建青羊社会创新生态。
金牛	创立全市首家社区发展治理创享中心，创享中心通过政、企、社联动整合各类社会资源，聚合线上平台、线下空间、专业服务和联创网络，聚焦服务于各类社治创享家，形成互助共生的社区发展治理创新共同体，成为公益理念的发源地、公益动力的补给站、公益组织的大本营以及公益人才的大家庭，同时成为社治创享家创新、合作、成长的“生态园”。

续表

地区	探索经验
成华	2019年全国政法智能化建设创新案例名单公布，成都成华区“守望新鸿”智慧社区项目和青龙街道“大联动·家空间”自治服务融合平台获得2019年全国政法智能化建设创新案例中的智慧治理（雪亮工程）优秀奖。

成都创新的真正内涵不仅仅是用新的做法代替旧的做法，而是用更合适的方式解决现有的两难问题，比如，用创新解决居民的迫切需求与基层资源匮乏之间的矛盾。坚持人本逻辑，识别人民痛点，才能精准化、差异化地开展创新，才能有效回应人民对于美好生活的需要。这是成都治理的重要启示。

五、本章总结

共产党是以理想塑造政治共识的使命型政党。政党使命、主要矛盾与中心工作构成了中国特色的改革逻辑链条。十八大以来，党中央做出了新时代社会主要矛盾已经转化为人民日益增长的美好生活需要和不平衡不充分的发展之间的矛盾的重大判断，将以人民为中心的发展作为中心工作的指导思想，对人民立场做出了富有时代内涵的创新性诠释。

城市治理是国家治理在城市空间的投射，政党使命驱动的城市治理必须立基于新时代的主要矛盾和中心工作，具象化为城市治理专业化的治理路线。城市既为人们提供了更多机会，但是也可能带来失序和衰退。“尝试捕获并管理所有这些复杂、多样和无法掌控的变化，以使居住在城市中的人们受益，是城市管理方（或被称为

‘公共管理部门’）面临的根本挑战”①，也是城市治理专业化难点之所在。成都的城市治理专业化实践以由空间思想和人本思想构成的城市思维为内核，包括：城市治理以人民美好生活为根本导向；将人民所在社区作为城市治理的精准切口；发展、生活与治理在场景营造中融合。这些理念形成了成都探索建设人民城市的基本价值共识，指引了城市治理创新方案的走向。

中国的城市具有深刻的国家内涵，城市也必然是国家治理体系中非常重要且最具活力的一部分。向善而治的城市治理，既要从国家顶层制度上设计具有法治和人民代表性的制度、符合社会主义国家性质的金融制度，还要从城市政策层面回应庞杂的居民诉求、预防潜在的城市风险，特别是风险对家庭和个人带来的伤害。不是国家之下的城市，也不是没有国家的城市，只有国家与城市良性互动互构，才能建设更美好的现代城市与现代国家。

顶层的价值共识需要依托可行的政策落到实处，成都表现出鲜明的学习型政府特征，通过城市决策者的理论创新，全员以会议、调研、智库等形式开展的大学习以及政务新媒体推动的政策扩散，建构了政府自上而下和由内到外广泛的政策共识，同时强化了政府专业化治理的理论和实操能力。政策共识的建构扮演了学习和动员的角色，在此基础上，基于为民竞争的使命驱动，进一步转化为实践在地化治理创新的行动共识。成都不同层级的政府和部门，在市场、社会等不同主体的配合与支持下，展开了一系列创新行动，共同构成了基于在地实践的系统创新，创新已然成为成都特有的城市文化。“城市应该是一个可以打破常规、扩展生活体验、结识新朋友、了解新观

---

① ［英］史蒂夫·派尔、克里斯托弗·布鲁克、格里·穆尼编著：《无法统驭的城市：秩序与失序》，张赫、杨春译，华中科技大学出版社 2016 年版，第 242 页。

念以及令人愉悦的场所。在功能性层面,人们可以选择不同的住房和工作;在其他层面,人们可以感悟城市,体验富有启迪性的文化。一座城市应该是具有魔力(magical)的场所,能够使幻想(fantasy)变成现实,摆脱每日单调的工作与生活。”①显然,雅各布斯等人对城市的这一宣言,必须通过无处不在的持续性创新才可能实现。

总而言之,新时代政党使命及其塑造的城市治理专业化和城市思维的价值共识、学习型政府建构的政策共识以及转化为在地实践系统创新的行动共识,有机构成了政党使命驱动的城市共识治理,是成都大城治理实践的总体模式,为实施针对不同领域、不同对象的具体治理方案构筑了底层逻辑。

① 张庭伟、田莉:《城市读本》,中国建筑工业出版社 2013 年版,第 553 页。

第四章　靠近人民所在的社区实现精细化治理

在复杂的城市系统中，社区是一个敏感单元，是人民直接可感知的空间，能反映人民实际需求，传达人民真实声音。人们在社区这一“相对封闭的区域中度过大部分日常生活，他们熟悉区域内的街道网络、商店、酒吧，熟悉定居于此并使用这些设施的人们”①，并形成人们在城市中最重要的生活。以人民为中心的城市治理必须落在问题集中、居民敏感的社区，靠近人民、贴近人民、亲近人民，构建便民利民育民乐民的社区共同体，这是成都治理至关重要的一个机制。本章将聚焦于社区治理，解读成都如何将小尺度的社区作为超大城市精细化治理的切口，在微观层面上实现人民城市的构想。

一、中国社区的三重属性

城市是大尺度的建设空间，社区是小尺度的生活场所。城市与社区的关系，在一定程度上折射出发展过程中经济与社会的关系。

① ［英］约翰·艾伦、多琳·马西、迈克尔·普赖克编著：《骚动的城市：迁移与定居》，张赫、尹力、周韵译，华中科技大学出版社2016年版，第82页。

一方面,城市是经济发展的重要容器,城市开发成为资本增殖的关键环节,城市一度被视为“城市增长机器”;另一方面,城市是人们生活的家园,人们在城市中学习、工作、交往、游憩,经历生命的悲欢喜乐。“一个伟大城市所依靠的是城市居民对他们的城市所产生的那份独特的深深眷恋,一份让这个地方有别于其他地方的独特感情。最终必须通过一种共同享有的认同意识将全体城市居民凝聚在一起。”① 人们在城市中的生活以社区为具体载体,社区是人与他人、人与城市、人与社会发生关联的生活空间与公共空间。而社区最为重要的内核是治理结构,作为国家与社会交接的窗口,社会治理的缩影,社区治理牵动着党政、社会和市场的多元力量。②

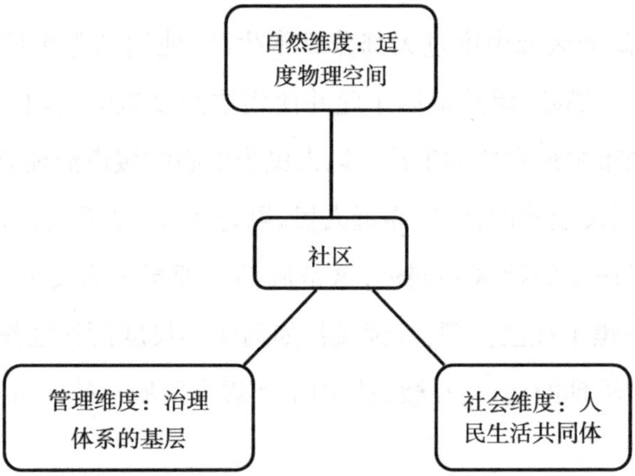

图 4-1　中国社区的三重属性

在中国体制和语境下,社区具有三重维度,即作为适度物理空间的自然维度、作为人民生活共同体的社会维度以及作为治理体系的

① [美]乔尔·科特金:《全球城市史》,王旭等译,社会科学文献出版社 2014 年版,第 292 页。

② 吴晓林:《治权统合、服务下沉与选择性参与:改革开放四十年城市社区治理的“复合结构”》,《中国行政管理》2019 年第 7 期。

基层的管理维度。

（一）自然属性：适度物理空间

社区依附于一定的土地和空间，物理空间特征构成了社区的第一属性。当社区对服务的便利性和可达度的重视程度超过对管理效率的强调时，社区空间便不再是传统行政方式所限定的空间范围，不再局限于居委会或者街道所划定的辖区，而演化成为一种围绕服务人民而铺开、助益于城市良性发展的适度空间尺度。适度意味着人民在适度的空间范围内能够享受到便利的生活服务和公共服务，在适度的空间范围内围绕服务和设施形成的社区范围会迥异于传统社区。成都 15 分钟生活圈和邻里中心即体现出人们对于这种社区的美好想象。

基于适度空间的社区治理不仅要管理社区实体空间，还要让空间包纳的硬件设施、软件印象都能满足居民对于美好社区的预期。因而，社区公共空间设计与更新、社区空间综合体建设以及社区空间美学应用等是社区空间治理的重要内容。社区必须在适度的空间范围内满足居民交通、服务、休闲、社交以及审美等需求，否则社区和城市很难称之为宜居。因此，将空间维度带回社区治理，将自然属性带回社区建设，这是成都探索打造社区治理标杆的关键。

（二）社会维度：人民生活共同体

社交需求是人类天然的需要，人们在国家与私域之间还要归属于某种身份认同或交往丛结，于是社群与人的生命相连。但随着现代性体系的建立，城市走向个人主义、高速流动、匿名和分异的演化①，现代

① ［英］詹姆斯·弗农：《远方的陌生人：英国是如何成为现代国家的》，张祝馨译，商务印书馆 2017 年版，第 63 页。

社会已然成为由单向度的人组成的陌生人社会，多数社会成员沉浸在一种自由且孤独的状态。在当代中国，单位制解体后，增长逻辑主导的城市规划、商业化的住宅开发以及职业化社会的形成导致了基层社会资本的流失和社会关系一定程度的断裂，对城市人居的交往与城市治理构成了挑战。

承载生命意义，展现人性本真的生活共同体无法在主导现代城市的权力逻辑和资本逻辑中生长，它讲求温度和温情，旨在构建一种"关系密切、出入为友、守望相助、疾病相扶、富于同情味、拥有共同价值取向"①的交往和秩序。此时，追寻人之社群性的复归就成为冰冷现代社会的一抹温暖曙光。在从"乡土人""单位人"转型为"社会人"的背景下，过往熟人社会中的血缘松弛、业缘断绝。以居住空间为载体的社区的复兴，在共同的生活空间和居住空间中，基于共同利益和共同话题发轫出的关系纽带就成为打造生活共同体的不二选择。社区治理从管控走向善治要遵循人之社群性的要求，恢复和重建人的社会关系。成都注重社区的社会维度，着力于通过社区营造、社区创熟等方式厚植社区邻里间的社会资本，构建互爱、互信、互助的美好社区，让人民在社区广泛的公共生活和丰富的公共活动中不仅合群能群，还能善群乐群。

社会维度既是社区治理的对象，又可作为社区治理的手段，社区的社会性特征不仅要求社区为居民社会交往提供土壤，还要求社区能够利用自身的社会性开展治理。成都实践表明，情感治理、关系治理通过情感的联结、关系的激活重构社区中党政、居民、社会组织等多元主体之间的互动，可显著提升社区治理的绩效。一方面，在社区治理过程中引入更多的情感因素和柔性要素，充分考虑社区居

① 刘建军：《社区中国》，天津人民出版社 2020 年版，第 9 页。

图 4-2　成都社区

民的心理与情感要求，以教育、安抚、讲道理、慰藉心灵等方式补充强制性的硬治理，能够减少居民的抵触心理，减少小恶性冲突，有温度地维护秩序；另一方面，社区治理本质上是对人的治理，需要重塑社区居民之间的人际关系。培育居民的社区意识和社区精神，合唱团、广场舞队、邻里议事会等关系性社会资本能够帮助化解居民间的利益纠纷，形塑情感共识。居民自发组织的志愿者协会、义工团队等互助性、公益性社会组织也能够成为提供社区公共物品的有效载体。

（三）管理维度：治理体系的基层

社区治理是社会治理的基础、城市治理的基石、国家治理的重点。十八大以来，社区治理被提升至执政战略的高度，习近平总书记强调，社区是基层基础，只有基础坚固，国家大厦才能稳固。[①] 要将社会治理的重心落在城乡社区，社区是党和政府联系人民的“最后一公里”。社区治理的空前升格有其现实关切——改革开放 40 余年来，在市场化的席卷之下，人口流动性、个人原子化、身份异质性、利益多元化带来的社会碎片化，封闭社区象征的空间碎片化[②]，社区场域内居委会、物业与业委会各行其是和政府内部相关部门条块分割共同导致的权力碎片化，以及党组织的悬浮化等种种因素造成了社区的低组织化和治理内卷化[③]。在横向联结疏离、纵向整合失序的治理体系中，社区陷入自下而上的居民诉求得不到有效回应，自上而下的政策政令难以落到实处的困境，必须探索治理模式的创新以适应日趋复杂和多样的治理情境。

社区的管理维度具有社区内部治理（自下而上）与国家治理特定部分（自上而下）的双重意涵，因此，社区治理机制肩负着化解内部冲突与支撑执政体系的双重使命[④]。一方面，社区是居民生活和互动的场所，不可避免地成为利益冲突、权利冲突以及群体冲突的微政治空间，如果这些小规模的矛盾冲突得不到及时消解，就会损伤社

---

① 《习近平：社区是国家大厦的基层基础》，http://www.cncn.org.cn/laba/2018-04-27/45504.html.

② 李强、葛天任：《社区的碎片化——Y 市社区建设与城市社会治理的实证研究》，《学术界》2013 年第 12 期。

③ 杨磊、许晓东：《市域社会治理的问题导向、结构功能与路径选择》，《改革》2020 年第 6 期。

④ 刘建军：《社区中国》，天津人民出版社 2020 年版，第 82—83 页。

区的内生韧性。因而，成都高度重视理顺居委会、业委会和物业公司三驾马车的关系，推行院落自治等项目，并搭建了民主协商的议事平台。没有治理主体的参与，没有治理结构的优化，没有治理议题的协商，没有治理过程的展开，没有治理效能的提升，人民生活共同体也无法存续，社区也就失去了可持续发展的长效动力。另一方面，国家治理将社区看作序列末端的基石，所有政策输出必然要落实到最为基层的社区平台。尤其是随着近几年中央推进资源、服务向基层社区下沉以及大力铸造党的执政根基，越来越多的组织力量与政治行动在社区汇聚与合拢，社区折射出更强的国家治理意义。事实上，在基层，党是整合资源的政治纽带和组织中枢。党建工作是基层治理的核心抓手，社区是基层党建工作的主要阵地，社区治理与国家治理由此达成相互嵌入和耦合。实践证明，凡是社区党建做得越好的地方，其共建共治共享效果就会越好。

二、社区精细化治理的顶层设计

在当下中国治理架构中，社区是城乡社会基层治理单元，因此当治理重心转向时，社区治理就必然成为国家治理的起点和终点。成都治理的最大特色是，社区治理不仅是作为城市治理体系中的基层来定位，同时也是作为城市治理的顶层设计来定位。政策地位的拔高为成都社区治理注入了高位推动的政治势能①，保证了政策的执行力与变现力；精细化治理的统一规划为成都社区治理奠定了以人为本的治理基调，构建了政党统领、联动协同的治理机制和严整完善

① 贺东航、孔繁斌：《中国公共政策执行中的政治势能——基于近20年农村林改政策的分析》，《中国社会科学》2019年第4期。

的政策体系，在新技术的助力下从小尺度、微治理切入，将超大城市的美好生活书写在人民看得见、摸得着的生活体验中。

（一）社治委成立与社区治理的党委统筹

在治理过程中党的领导是具体的而非抽象的，需要体制载体和机制载体。为应对管理人口超2000万超大城市所面临的人口高集聚性、要素高流动性、管理高风险性挑战，成都选取社区为突破口，创造性地将社区发展治理纳入城市战略全局、提升到城市层面来统筹。这一创新是对中央精神的深度解读，也是成都治理的逻辑起点。

表4-1　成都关于社区发展治理的认识深化

时间	会议	内容
2017.4	成都市第十三次党代会	把创新社会治理纳入建设全面体现新发展理念的国家中心城市总体布局
2017.9	城乡社区发展治理大会	在市县两级党委序列独立设置城乡社区发展治理委员会
2018.5	城乡社区发展治理现场推进会	进一步明确了城乡社区在城市治理中的定位和重点任务
2020.5	凝聚社区发展治理新优势激发办赛营城新动能工作会	以场景思维、场景逻辑深化社区发展治理、激发办赛营城、兴业惠民内生动力的实践方向

2017年，成都组建城乡社区发展治理工作领导小组，并在体制上破题设立社治委，首次在党委组织体系中确定了一个综合部门来承担回应人民美好生活向往的政治责任，同时统筹分散在20多个部门的社区发展治理、治安综合治理、矛盾纠纷化解、居民服务供给、共建共治共享职责，破解条块分割、各自为政、权责失衡、资源分散的体制弊端，实现对基层治理体制的适应性重构。社治委内设社区发展处、社区治理处、社会治理处、社区人力资源处，并具体承担如下工作职责：

一是顶层设计，负责统筹推进社区发展治理体制机制改革，并牵头制定全市社区发展治理的中长期目标和阶段性任务；二是资源整合，牵头建立城乡社区发展治理资源统筹机制和人、财、物投入保障机制；三是统筹协调，负责统筹推进社区多元治理体系建设，并推进社区人力资源支撑体系改革等；四是重点突破，组织、指导、协调全市社会治理工作并形成以点促面的示范效应；五是督导落实，制定社区发展治理考核标准体系和评价体系，并组织实施以确保工作务实推进。

表 4-2　成都社治委内设机构

内设机构	主要职责
社区发展处	1. 负责编制城乡社区发展规划和标准； 2. 负责国际化社区建设工作； 3. 统筹指导城乡社区资源优化整合和开放共享； 4. 统筹协调社区生活性服务业发展； 5. 牵头建立和推广社区规划师制度； 6. 负责统筹推进社会企业的培育发展； 7. 统筹推进社区文化建设； 8. 统筹推进城乡社区有机更新。
社区治理处	1. 负责统筹推进城乡社区多元治理体系建设，引导和推动各类主体参与城乡社区发展治理； 2. 负责城乡社区社会组织的培育发展； 3. 负责社区志愿服务体系建设； 4. 培育发展社区基金会； 5. 统筹推进智慧社区和市民服务智能化建设。
社会治理处	1. 负责组织、指导、协调全市社会治理工作，建立健全社会治理和社区治理协同机制； 2. 深化社区“诉源”治理，完善社区纠纷多元调解机制； 3. 协调推进市民需求管理，完善市民诉求表达、利益协调、矛盾调处机制； 4. 负责制定城乡社区发展治理专项资金管理办法并监督实施。
社区人力资源处	1. 负责统筹推进城乡基层治理人才支撑体系改革，推动城乡社区人力资源优化配置； 2. 牵头拟订社区工作者队伍建设规划、政策措施、薪酬体系和职业规范； 3. 构建社区工作者全覆盖培训体系； 4. 负责城乡社区发展治理专家智库建设。

社治委作为新成立的专门协调部门，是在市委直接领导下，承担社区发展治理的统筹指导、资源整合、协调推进、督促落实等工作职责，协调各个部门和地区的城乡社区工作开展，是推进社区发展治理的关键组织架构和重要工作机制。作为新成立的部门，社治委之所以能够迅速地统筹社区工作，得益于党委政府提供的“三重保障”。一是领导机制保障。领导小组由成都市委市政府多名领导担任组长和副组长，有助于打破各种行政、资源、信息壁垒，实现资源共享、共建、共治。二是工作机制保障。社治委成为协调各有关部门和地区，推进社区发展治理的关键组织架构和重要工作机制。三是政策体系保障。围绕社区发展治理的重点领域，有关部门相继出台了一系列改革配套文件，构建“1+6+N”政策体系（后文详述），为成都深入推进社区发展治理改革提供了制度保障。

表 4-3　成都城乡社区发展治理工作领导小组构成

组织角色	部门构成
组长	市委常委、组织部长
副组长	市委常委、宣传部长，政法委书记，市政府分管副市长
成员	市委办公厅、市政府办公厅、市委组织部、市委宣传部、市委政法委、市委社治委、市委编办、居民政局、市财政局、市人社局、市规划和自然资源局、市住建局、市城管委、市农业农村局、市公园城市局、市商务局、市文旅局、市卫健委、市市场监管局主要负责或分管领导

通过社治委统筹，成都构建了以党组织为核心，制度化的部门协同体系，既注重服务功能的落实，确保城市治理切实回应人民的需求；也注重政治功能的发挥，确保城市治理充分体现党的意志和要求，不断厚植党执政的组织基础和群众基础，夯实党在城市的执政根

基。作为“上位推动型”改革，成都决策层对社区发展治理持续推进的决心决定了改革的深度和高度。在此过程中，社治委也趋向于慢慢抽离于具体问题解决，成为社会发展、社区发展的顶层规划、多元协调以及专业化协调和规划部门。

（二）五大行动与城市民生难题的项目化解决

习近平总书记强调，“消除贫困、改善民生、实现共同富裕，是社会主义的本质要求”“我们党和政府做一切工作出发点、落脚点都是让人民过上好日子”。民生是与人民、与社区关联最密切的问题，民生工作是关系民生、连着民心的，是社会建设的兜底性、基础性工作。民生难题也与城市的特质相交融：一方面，城市治理有责任去保护弱者不受伤害，而民生工作的底板就在于为最困难、最需要帮助和关爱的特殊群体提供保障，为人民提供最关切的、最基本、最直接的社会服务。另一方面，城市群体的流动性、异质性和多元性带来了对于民生服务的不同需求，民生工作的可拓展之处就在于聚焦群众关切，着力提升民生服务精准化精细化水平，这也是城市精细化治理的要求。基于这两大特征，当下城市民生问题需要破解两大难题：一是如何提供长效的民生保障。习近平总书记在主持中共中央政治局第十次集体学习时表示，“保障和改善民生没有终点站只有新起点”。民生问题的解决并非一蹴而就，而是党和国家治理的一项长期任务和各项具体工作的出发点、落脚点。二是如何针对性地攻坚克难，解决最紧迫的民生难题，如城市养老、家庭育儿、流动人口服务等问题。

民生作为综合性的议题，其职能在政府条块分工体系中分散在不同部门。以社区治理为例，就可能涉及党委组织部、政法委、卫健委、住建、国土、规划、市场监督、民政等不同党政部门。因此，城市中的综合性社区治理难题或者遗留问题其实很难解决。为此，成都从体制上破题成立社治委，并创立了基于五大行动的民生难题项目化解决方式，探索更适合应对民生需求的治理模式。社治委自成立之初即以统筹推进城乡社区发展治理为主要任务，作为牵头单位把握方向并负责指挥分配，在具体业务上链接其他职能部门，构建政府内部的治理共同体，并以此系统性解决城市治理难题，为总体民生提供了长效、可靠的基础性保障。

表 4–4　成都社治委与其他部门职责分工

工作内容	职责分工
统筹推进城乡社区公共服务供给能力建设	·市发改委负责全市基本公共服务总体规划和统筹推进 ·市规划和自然资源局负责 15 分钟基本公共服务圈规划布局 ·市住建局牵头负责基本公共服务设施建设 ·市委社治委负责指导和规范区域性综合体、村(社区)党群服务中心及服务工作站运营 ·市委组织部负责指导党员活动室建设
健全社区志愿服务体系	·市文明办负责建立全市志愿服务工作协调机制，加强对志愿服务工作的统筹规划、协调指导、督促检查和经验推广 ·市民政局负责全市志愿服务行政管理工作 ·市委社治委负责社区志愿服务体系建设和社区志愿服务工作 ·市总工会、团市委、市妇联等群团机关在各自工作范围内做好相应志愿服务工作
社区人才队伍建设	·市委社治委负责牵头拟订社区人才队伍建设规划、政策措施、薪酬体系和职业规范 ·市委组织部负责社区党组织和党员队伍建设 ·市民政局负责社会工作专业人才队伍建设，负责社区自治组织成员队伍建设

在党委领导下，成都推进了由社治委牵头抓总、职能部门分工落实的五大行动（老旧城区改造行动、背街小巷整治行动、特色街区创建行动、社区服务提升行动以及平安社区创建行动），涉及57项具体任务、62个牵头部门，几乎是全部门参与协同。可见，五大行动聚焦以重点项目的形式，集中力量攻克城市民生的重点、难点问题。不同于以往备受争议的“科层为体、项目为用”的项目制形式①，成都并未采取出台临时性政策或组建临时性跨条线部门的快速决策机制，也未设置严格的短期目标与考核，而是由顶层设计出发成立稳定的统筹部门，将民生真正落入各部门的日常、长期工作中，但与此同时，在具体问题的解决上又采用快速、集中力量的项目化方式。这一做法实际上是在未突破原有行政体制运行下的城市民生难题的项目化解决，并具有如下特点。其一，五大行动由市委、市政府直接提出，高力度的政策支持有利于行动的落实，常态化的统筹形式有利于行动持续；其二，稳定化的项目化使得部门行动具有一般项目制的专项资金支持、明确的时间安排和组织结构②，且由于上级资金支持与下级组织自身的工作目标相兼容，更能调动下级组织开展项目的主动性，达到超出预期的效果。其三，利用社治委统筹与项目化操作，实现了制度效能的转化。

党对国家事务实行全面领导的制度体系赋予了党在思想、组织、

① 关于此种项目制的研究参见渠敬东：《项目制：一种新的国家治理体制》，《中国社会科学》2012年第5期；折晓叶、陈婴婴：《项目制的分级运作机制和治理逻辑——对“项目进村”案例的社会学分析》，《中国社会科学》2011年第4期；黄宗智、龚为纲、高原：《“项目制”的运作机制和效果是“合理化”吗?》，《开放时代》2014年第5期；史普原：《科层为体、项目为用：一个中央项目运作的组织探讨》，《社会》2015年第5期。

② 周雪光：《项目制：一个“控制权”理论视角》，《开放时代》2015年第2期；渠敬东：《项目制：一种新的国家治理体制》，《中国社会科学》2012年第5期。

人事、财政、决策等方面的全面领导权力①，成都社治委的统筹与五大行动的开展发挥了这一制度体系的优势。据此，成都通过工作机制和资源机制协调部门目标、汇聚部门资源，从部门职能分工到实际落地的全流程保证各部门真正从人民出发处理民生难题，为新时代城市民生回应提供了参考。

表 4-5　成都治理的五大行动

五大行动		行动内容	牵头单位	责任单位
老旧城区改造行动	实施棚户区改造计划	将模拟搬迁、居民自治改造模式与房屋征收程序有机结合，采取基层干部联合居民成立服务队、引导居民成立自治改造委员会等方式，依托群众力量有序推进改造。加强社区基础设施及公建配套建设，完善社区配套功能，改善居民生活环境。	市房管局	市委社治委、市发改委、市国土局、市建委、市规划局、市城管委，各区（市）县
	实施老旧院落改造计划	坚持先自治后整治、一院一策，充分尊重居民意愿，以建立院委会、住委会、家委会等自治组织作为启动改造前置条件，着力推进安防设施、共用设施设备、公共环境等硬件改造和水、电、气、雨污分流等专项功能性改造，建立物业管理、维修资金管理长效机制。	市房管局	市发改委、市经信委、市公安局、市民政局、市财政局、市建委、市规划局、市城管委、市水务局、市林业园林局、市文广新局，各区（市）县
	实施城中村改造计划	全面推进直接货币安置、购房安置、跨区域置换安置、剩余房源折价安置等多元化安置方式。强化服务和保障，着力打破城中村改造资金瓶颈。	市建委	市委社治委、市公安局、市财政局、市规划局、市城管委、市水务局、市林业园林局、市文广新局，各区（市）县

① 燕继荣：《制度、政策与效能：国家治理探源——兼论中国制度优势及效能转化》，《政治学研究》2020 年第 2 期。

续表

五大行动		行动内容	牵头单位	责任单位
背街小巷整治行动	实施背街小巷“乱象”整治计划	推行“街长制”，重点开展违规占道、车辆乱停、违法建设、工地乱象、架空线缆“五整治”，实施环境卫生、商店招牌、街面设施、园林绿化、建筑立面“五提升”，实现背街小巷安全整洁美观。	市城管委	市委社治委、市经信委、市公安局、市财政局、市建委、市规划局、市房管局、市交委、市水务局、市林业园林局、市商务委，各区(市)县
	实施街区街巷“微循环”功能提升计划	以网格化、小尺度道路划分城市空间，开放国有企(事)业单位非公共或半公共通道，按控制性详细规划新建市政街巷通道，推动小街区街巷路网改造提升和加密成网，织密畅通城市“毛细血管”。	市建委	市委社治委、市规划局，各区(市)县
	实施“两拆一增”计划	开展“拆除公共区域的违法建筑、拆除有碍开放空间的围墙、增加城市公共绿地”的“两拆一增”专项行动，扩大城市开放空间，提升城市整体形象。	市规划局	市经信委、市国土局、市建委、市城管委、市交委、市林业园林局、市文广新局、市工商局，各区(市)县
	实施“小游园、微绿地”建设计划	注重绿地布局平衡，充分覆盖社区，达到“300米见绿，500米见园”。	市建委	市规划局、市林业园林局，各区(市)县
特色街区创建行动	实施特色精品街区打造计划	按照“一街一特色”原则，在重点区域和节点，重点打造文化、旅游、商业、酒吧、餐饮等五大特色街区，实现特色化、专业化、差异化发展，优化城市生态，增强城市整体功能。	市建委	市委社治委、市规划局、市城管委、市商务委、市文广新局、市食药监局、市旅游局，各区(市)县
	实施特色小镇创建计划	打破原有行政区划、城镇体系和散乱布局，加快推进街道(乡镇)行政区划调整，依托重点产业功能区、轨道交通枢纽、重要交通功能节点、特色建制镇，改造提升一批具有小城市形态的特色镇。	市建委	市委社治委、市民政局、市规划局、市城管委、市农委、市文广新局、市旅游局，各区(市)县
	实施林盘聚落塑造计划	通过土地综合整理、河流水网重构、交通地理改善、生态功能提升，规划建设一批具有川西特色的林盘聚落示范点，打造独具天府文化和都江堰灌区品牌的旅游景观。	市建委	市委社治委、市规划局、市农委、市旅游局，各区(市)县

续表

五大行动		行动内容	牵头单位	责任单位
社区服务提升行动	实施社区服务设施优化计划	按照每百户居民服务设施面积不低于30平方米建设社区综合服务设施。通过国资划拨、底商返租、区域共建、市场化购买和公建配套等方式,实现社区综合服务设施提档升级。	市委社治委	市委组织部、市教育局、市民政局、市人社局、市建委、市规划局、市城管委、市商务委、市卫计委、市体育局,各区(市)县
	实施社区综合体建设计划	整合社区管理、社区文体、社区医疗、社区养老、社区商业五大功能,示范建设一批社区综合体。	市建委	市委社治委、市民政局、市规划局、市城管委、市商务委、市文广新局、市卫计委,各区(市)县
	实施社区综合服务提升计划	打造网络互联、信息共享、业务协同的统一社区公共服务综合信息平台,规范社区党群服务中心建设,拓展社区公共服务、便民服务、志愿服务功能,实现“一门式”服务。	市委社治委	市委组织部、市经信委、市民政局、市人社局、市商务委、市大数据和电子政务办等市级相关部门,各区(市)县
	实施“互联网+”社区便民服务计划	建设信息服务终端设备和一体化信息服务站,依托商场、超市、便利店叠加政务服务功能,支持“O2O+社区”商业模式,大力发展社区电商、社区金融、物业增值服务,打造一批“互联网+”便民服务示范点。	市商务委	市经信委、市人社局、市新经济委、市大数据和电子政务办(市政府政务服务中心)、市邮政管理局,各区(市)县
	实施社区造血增能计划	整合政府资源,制定社区采用股份制、众筹、资产入股等方式发展生活性服务企业的激励政策和扶持社会企业发展的办法。	市工商局	市委社治委、市民政局、市财政局、市商务委、市国税局、市地税局,各区(市)县
	实施社会组织扶持发展计划	建立多层社会组织服务平台,凝聚一批社会组织专业人才,形成一批品牌社会组织,发展一批居民需求的社区社会组织,培育一批社区自组织,实现社会组织服务更加专业精准。设立市级扶持社会组织发展专项基金,鼓励区市县对社会组织发展进行专项投入。	市民政局	市委组织部、市委社治委、市财政局、市人社局,各区(市)县
	实施政府购买服务方式改进计划	完善政府购买社会组织服务制度,逐步提高政府购买社会组织服务在政府购买服务资金中的比例,搭建政府购买社会组织服务供需对接信息化平台,公共服务提供质量和效率显著提升。	市财政局	市委社治委、市民政局、市公资交易中心等市级相关部门,各区(市)县

续表

五大行动		行动内容	牵头单位	责任单位
平安社区创建行动	实施“一核多元、共治共享”深化计划	全面推行街道、社区兼职委员制度和区域化党建联席会议制度。扩大商务楼宇、各类园区、商圈市场、互联网业等新兴领域和社会组织党建覆盖面，在有条件的业主委员会中成立党的工作小组。健全社区党组织、社区居民委员会、业主委员会和物业服务机构及社会组织多方协调机制。动员驻区单位参与社区建设，推动企业、学校、机关等向居民开放文化、教育、体育等公共设施，实现组织共建、活动共联、资源共享。	市委组织部	市委社治委、市教育局、市民政局、市财政局、市房管局、市城管委、市交委、市文广新局、市体育局，各区（市）县
	实施“大联动·微治理”深化计划	推进社区综治中心建设，实现市、区（市）县、街道（乡镇）、社区（村）、网格五级贯通。推进“雪亮工程”建设，加快社会视频监控资源接入社区、联网入户。实行社区民警实岗制，推行“社区民警”+“辅警、网格员、综治队员”+“楼栋长、单元长、平安志愿者等”的“1+3+N”专群协作联动模式。	市委政法委	市委社治委、市公安局、市城管委，各区（市）县
	实施社区总体营造计划	以公益创投、公服资金、社区基金“撬动”社会资源，大力培育社区自组织，引导其提出社区公共议题、实施营造项目，培养社区居民共同体意识和文明市民意识，形成“向上向善向美”的社区精神。	市民政局	市委组织部、市委宣传部、市委社治委、市财政局、市农委、市文广新局，各区（市）县
	实施社区志愿服务提升计划	培育社区志愿服务组织，整合志愿服务网络平台。将社区志愿服务情况纳入社会信用体系，探索“时间银行”等激励机制。发挥党员志愿者示范带动作用。引导中小学生、机关企业事业单位人员等参与社区志愿服务，鼓励行业主管部门组建专业社区志愿服务队伍。鼓励成立志愿服务基金，建立多渠道、社会化筹资机制。	市委社治委	市委组织部、市文明办、市直机关工委、市教育局、市民政局、市财政局、团市委，各区（市）县

(三)“1+6+N”的政策集成体系与社区治理制度化

成都社区发展治理是战略性改革,是自上而下型的改革。由于社区发展治理的复杂性、系统性和深层性,如何在各层级政府之间、各部门之间形成战略共识,统一实践步伐成为改革需要回答的首要问题。为在体制内形成共识,除了需要理顺以权力结构为主要内容的体制机制之外,更需要充分发挥制度这一工具的强大作用,强调使体制机制得以落实,培育和组织人、财、组织等要素的政策制度。为了形成制度合力,成都在整体谋划基础上强化政策集成创新。以社区发展治理领导小组为牵头,40 余个市级部门围绕社区发展治理的重点领域,相继出台了系列改革配套文件,构建了“1+6+N”政策体系。其中,“1”是纲领性文件,进行顶层设计;“6”是重点改革领域的基础性文件,形成一整套动力机制、运行机制、保障机制和监督评价机制;“N”是一系列配套性文件。

表 4-6　成都“1+6+N”政策体系(部分)

类型	政策文件
1	关于深入推进城乡社区发展治理 建设高品质和谐宜居生活社区的意见
6	关于转变街道(乡镇)职能促进城乡社区发展治理的实施意见
	成都市政府向社会组织购买服务实施意见
	关于进一步深入开展城乡社区可持续总体营造行动的实施意见
	关于全面提升物业服务管理水平建设高品质和谐宜居生活社区的实施意见
	成都市社区专职工作者管理办法
	关于培育社会企业促进社区发展治理的意见

续表

类型	政策文件
N	关于创新城乡社区发展治理经费保障激励机制的意见
	关于深化和完善城镇居民小区治理的意见
	关于加强社会组织党的建设工作的实施意见(试行)
	关于加强商圈楼宇、专业市场和建筑工地党建工作的指导意见
	关于进一步规范全市基层党组织设置的通知
	全市党建引领城乡社区发展治理集中攻坚行动方案
	关于深入开展党建引领城乡社区发展治理集中攻坚 加快示范社区建设的推进方案
	关于建立健全全市各级党代表服务社区制度 助推城乡社区发展治理的通知
	关于优化提升社区党群服务中心的指导意见
	关于进一步加强居民小区党组织建设的指导意见
	关于在社会组织章程和等级评估中进一步强化党建工作要求的通知
	关于进一步加强全市非公经济和社会组织党建工作指导员队伍建设的通知
	关于在全市党群服务中心使用“蓉城先锋 · 党群服务”“红马甲”的通知
	楼宇党建“两个覆盖”质量提升行动方案
	关于推广党建引领社区发展治理“五线工作法”和党建引领居民小区发展治理“五步工作法”的通知
	成都市深化街道职能转变 加快推动党建引领基层治理的措施
	成都市社区发展治理“五大行动”三年计划(2019—2021)
	构建以党组织为核心的新型城乡社区发展治理体系三年行动计划
	关于深化社区“溯源治理”推进高品质和谐宜居生活社区建设的实施意见
	成都市国际化社区建设规划(2018—2022年)
	大力推进政府向社会组织购买服务 提升公共服务水平三年行动计划(2019—2021)
	关于探索建立城乡社区规划师制度的治党意见(实行)
	关于改革公共服务供给体制机制 加快社会企业培育发展的通知

续表

类型	政策文件
N	关于建立平安社区建设长效机制的通知
	成都市深化社区志愿服务的实施方案
	关于优化政府购买社会组织服务的意见
	成都市支持和发展志愿服务组织的实施意见
	成都市村(涉农社区)公共文化精准服务导则
	成都市公安专业力量与群治力量联动联勤办法(试行)
	关于社区居委会下设环境和物业管理委员会的指导意见
	成都市志愿服务激励办法(试行)
	关于建立全市社区专职工作者职业化岗位薪酬体系的指导意见

从本质上看,“1+6+N”政策体系是以党为核心、以项目制为载体,以政策化、制度化方式推动中心任务落实并维系其良性运转的制度机制。相较于零散的、碎片的政策发布,“1+6+N”政策体系具有更强的回应性,针对社区治理的方方面面提供基本遵循和制度保障;具有更强的整合性,围绕中心任务和重点项目统筹各部门的资源和行动;具有更强的穿透性,支持对象由科层内部延伸至社会各领域,以项目形式实现对社会的全面覆盖。这种政策体系将原本内容繁杂、领域广阔的社区发展治理内容标准化和程式化,明确牵头单位、规范化的操作步骤和法定化的资源配给程序,将新任务、新做法迅速变成日常日历的常态化规范。这也是成都社区发展治理的一大特色:治理创新由制度开始,通过创新领导机制、工作机制和政策机制,使用制度化手段改善治理,通过实践回馈制度,最终再指向制度化的制度设计和结构安排。

2019 年 10 月,成都再次发布《成都城乡社区发展治理总体规划(2018—2035 年)》。该规划以“1173”为主要内容,即制定“1”个三步走的规划目标、构建“1”套城乡社区发展治理总体模式、打造社区发展治理服务、文化、生态、空间、产业、共治、智慧“7”大场景、实施定指标、定类别、优区划等“3”项基础工程。这是成都建设全面体现新发展理念城市的总体目标、美丽宜居公园城市战略定位在社区层面的深化落实，是推动城市治理体系和治理能力进一步下沉的重要手段。这一总体规划，也是成都社区发展治理制度化的集大成。

（四）面向人民的精细化治理

精细化治理是秉持精细化理念，通过整体制度设计、行政流程再造、治理思路变革和治理技术创新，实现基层治理从传统的粗放式、一体化、一元化、整体化、结构化、模糊化向内涵式、多元化、差异化、个体化、体验化、智慧化的转变，由被动回应转向主动适应，达成治理的精准、精细和精致目标。成都社区治理不仅是精细化治理，更是面向人民的精细化治理。也就是说，成都精细化治理体现的是使用者思维而不是管理者思维，即站在人民的角度治理城市，追求生活便利、城市品质与服务至上。

其一，以人民为中心、服务为先的治理立场。成都精细化治理首先秉持以人民为中心、服务为先的治理取向，以人们实际需求和生活体验作为出发点。这不仅契合党全心全意为人民服务的根本宗旨和中国特色社会主义的本质特征，而且符合治理的终极价值是服务而非“管控”的现代治理原理。

在具体实践中，总揽社区发展治理工作的社治委立足于回应人民对美好生活的向往而成立，围绕社区发展治理、治安综合治理、矛盾纠纷化解、居民服务供给、共建共治共享开展行动，由市委直接领导，承担政治责任。这样的总体安排凸显了人民日常生活和实际诉求在政府议程中的中心位置，政府履职的重心已经由拉动经济增长转向回应民意改善公共服务，人民生活中各个维度的现实难题汇聚了全市自上而下的政治注意力。社治委出台的纲领性政策文件将“建设高品质和谐宜居生活社区”确立为城乡社区发展治理的终极目标，象征着人民的生活品质正式成为衡量社区治理绩效的标尺。老旧城区改造行动、背街小巷整治行动、特色街区创建行动、社区服务提升行动、平安社区创建行动五大行动，社区发展治理服务、文化、生态、空间、产业、共治、智慧七大场景，这些规划及将它们拆解细化而形成的针对性计划无不是于细微处着眼民生的方方面面，力图为人民创造安全、卫生、美丽、公益、友善的良治社区。

同时，成都凭借体制机制改革和治理技术、工具革新及时捕捉、响应基层群众动态变化的需求和期望，在镇街建设便民服务中心，在社区打造统一社区公共服务综合信息平台，以“便民服务一窗口、一个平台优服务”为重点，做到面向基层、面向群众、面向服务，重心下移、力量下沉、保障下倾，打通便民服务的“最后一公里”，不断提升市民公共服务的客户体验。总之，实现市民的需求成为政策制定和社会治理的出发点和最终归宿。

其二，政党统领、联动协同的治理机制。成都充分发挥党核心领导和统筹协调的功能，构建了一个包括政府间跨部门的协同治理、政府与市场的公私协同治理、政府与社会的政社协同治理的多元主体联动协同治理新体系。城市精细化治理是复杂而艰巨的任务，面对千变万化的管理事务、突发问题与多元多样的服务需求，单靠政府、市场或者居民个体都无法实现治理精细化。必须在整合多元主体力量和资源的基础上，清晰厘定多元主体之间的权责关系，提升治理过程的协同化水平。政党统领、联动协同的治理机制打破了科层单中心、等级化、低效率的治理模式，依托政党的政治引领、组织联结和价值凝聚，促使政府组织、社会组织、市场主体、社会公众等多元主体朝向共同的目标发挥角色优势。

在成都具体实践中，政党统领下的联动协同机制主要体现在两个各有侧重的层级：市级层面政府内部各部门之间以整体性政府为目标而实现功能协同，以及基层政府与市场和社会组织之间的有机协同。首先，在顶层设计中，社治委构建了以党组织为核心，各个有关部门和地区共同参与的治理体系，打破条块分割和部门壁垒，承担社区发展治理统筹指导、资源整合、协调推进、督促落实等职责。五大行动以长期项目的形式常态化了政府数十个部门的协同共治，协调部门目标、汇聚部门资源，不同于暂时性、"雷阵雨式"的运动式治理或集中治理，五大行动制度化地落入各部门日常工作中，可持续提升治理的高效和服务的便捷。其次，在基层落地中，区域化党建处于政策体系的核心基础性和保障性地位。基层党组织联动政府、社会、市场的多元主体，建立了一核多元的治理架构。覆盖到楼宇党建、专业市场党建、建筑工地党建的两新组织党建延展了党组织的广泛影响力；培育社会企业、孵化志愿服务组织不断充实社区治理的有生力量和可用资源，激活更多主体蕴含的治理效能；党群服务中心成为动员群众、链接资源、集合服务的阵地……基层社区治理的协同化有效弥补了行政职能的不足，一方面调动了更多的资源进入城市治理，另一方面集思广益，调动了居民、社会和企业参与社区公共事务的热情。

其三，规范化、稳定化、整合性的政策体系。治理精细化是治理的标准化、制度化和规范化水平迅速提高的过程，这就要求规定社区治理目标、流程、准则和绩效的公共政策体系具有整体性导向、标准化操作与稳定化预期。

整合性的政策创新首先要对关键议题进行系统布局，并充分应用"规划"这一彰显中国特色的治理工具。成都社治委先后发布《成都市城乡社区发展治理总体规划（2018—2035 年）》等纲领性文件，通过高层次的治理规划确定社区治理的发展战略和目标定位，确保了决策的科学性、权威性和稳定性。五大行动的合理布局既有宏观总体也有微观细节，明确了行动的目标、原则、范围和路径，不同部分的行动保持统一又平行运作，互为支撑、相辅相成；“1+6+N”政策的集成创新注重纲领性、基础性、配套性三种不同层次和定位的文件之间的相互配合。整个政策体系构成了秩序井然的有机整体。

其次，规范化、稳定化的城市精细化治理政策创新减少社区治理中的随意性、不确定性与人治化带来的风险。包括五大行动和“1+6+N”政策集成在内的政策体系围绕中心工作和重点任务延伸至社会各领域，将原来内容繁杂、领域广泛的社区治理内容标准化和程式化，明确落实牵头单位的责任，规范“五线工作法、五步工作法”等实践方法论，法定化资源配给流程，科学化绩效考核指标，避免了政策间的零碎、重叠和矛盾，降低了政策的随意性和间断性，优化了政策的执行效率和实施效果。

专栏：成都的党建引领居民小区发展治理“五步工作法”

一、“找党员”抓骨干，激活党的肌体细胞。

二、“建组织”抓覆盖，延伸党的神经末梢。

三、“优机制”抓统筹，搭建共建共享平台。

四、“抓服务”聚合力，以精细化精准化服务拉近党心民心。

五、“植文化”强精神，增强居民凝聚力归属感。

总的来说，以规范化、稳定化、整体性的政策体系为载体，成都社区治理向主动化、常态化和法治化转变，治理体系的开放度和包容性，决策科学性和政策执行力显著提升。

其四，小尺度、微治理、差异化的治理思路。随着城市建设由粗放型扩张向内涵式发展、精细化治理的转变，以往靠行政力量推动的大拆大建式城市更新和大而化之"一刀切"的城市管理逐渐失效，基于城市微观层面和微观机理的小尺度社区改造和社区改革成为城市化进入新阶段的必然产物。小尺度治理以居民个体的生命体验为导向，注重精细化设计，从微小的空间节点和微小的生活问题切入；坚持具体问题具体分析原则，讲求治理的环境适宜性，根据对象、目标、时空采取针对性策略；同时在治理过程中把握包容不同主体的合理需求和公平发展、传承历史文化、鼓励参与合作、积累社区认同、保护绿色生态等创造美好生活的基本策略①，最终呈现出人性化、差异化的城市场景与多样化、个性化的城市风貌。

一是成都在社区治理中奉行"针灸化，精细化"的城市更新策略，整治背街小巷、织密畅通城市道路的"毛细血管"、打造"小游园、微绿地"、实现"一街一特色"、实行小区公共绿地、节点景观"微认领"等具体行动落在居民看得见、摸得着的"家门口"小微空间，赋予居民参与感与获得感，因地制宜、因人而异的精细规划实现了人、自然和城市的和谐统一。地域特色和优势也在这一过程中得到发掘。

二是社区治理贯彻以网格化治理为主线的微治理，以点对点的方式促成政府行政管理和公共服务供给与居民现实状况和个人需求的顺畅衔接。推行社区网格员、社区民警、下沉干部、志愿者等不同主体协作下网格、进楼栋、入单元，细化工作职责，由被动响应走向主动发现。与居民保持常态沟通，了解居民行为习惯和利益偏好，以网

① 陈晓彤、李光耀、谭正仕：《社区微更新研究的进展与展望》，《经济社会体制比较》2019 年第 3 期。

图 4–3　成都社区的微更新

格为单位及时回应网格居民问题；同时借助“雪亮工程”等现代信息技术掌握城市实况动态，将风险因素遏止在源头。

其五，数字化、智能化、平台化的治理技术。精细化治理离不开新兴技术的驱动。随着互联网技术的普及，“总体—支配型”社会逐步过渡为“制度—技术型”社会，互联网技术的创新、应用与升级嵌入到城市治理实践中，实现了社区精细化治理的数字化、智能化和平台化。数字化治理能够收集和处理海量信息，实时掌握城市动向，科学评估治理绩效，有助于提高治理的全面性、系统性和精准性。成都"雪亮工程"的建设通过社会视频监控资源接入社区、联网入户为居民营造了更安全的社区家园和更透明的公共空间；智能化治理能更好地对城市治理中的关键问题进行精确诊断与定位，从而找到最快捷、成本最小的处理方法，同时也能精确人们个性化的服务需求；平台化治理整合数字信息与智能定位，"一站式"输送公共服务，为居民提供便捷畅达的生活体验。在此过程中，成都探索出志愿服务网络平台、社区公共服务综合信息平台、"O2O+社区"商业模式等便民平台，让居民真切享受到信息共享、业务协同的一体化技术红利。

三、有烟火气的繁荣：社区融合发展与生活

人是城市活力的来源，是城市发展的资源，也是城市竞争的焦点所在。城市中的人具有多重属性：其一，人作为劳动力；其二，人作为资本；其三，人作为交往和情感的共同体。随着经济社会的发展，人民追求的多重性愈发凸显。因此，为了实现对人的竞争进而实现城市的发展，城市必然在发展与生活上同时着力，真正构建以创新创业环境优势、人才可获取优势、生活成本竞争优势、城市宜居宜业优势为核心竞争力的城市结构。与此同时，从人本的角度来说，还需要把建设美丽城市、创造美好生活作为城市的价值追求，推动城市发展从工业逻辑回归人本逻辑、从生产导向转向生活导向。这一逻辑同样适用于社区治理。因此，成都的理念是，让社区繁荣又具有烟火气，让发展和生活高度融合，在创造美好生活中挖掘内蕴的经济增长点，这才是人民城市和社区善治的发展走向。

(一)前提:社区减负增能

传统以来,社区两委受制于自上而下的权力结构和资源依赖关系,受制于大量行政任务约束,悬浮于居民日常社会生活①,缺失“国家(基层政府)和社会(人民)双重代理人”②中社会的面向。成都实践的关键一步是为社区减负提能增效,让社区回归服务本位。

“上面千条线,下面一根针”生动地道出了条块分割体制下社区繁重的治理压力。在政府项目与工作的实际落地上,往往面临条的力量如何到块的整合难题,即“科层制的纵向关系与网络化的横向关系之间冲突”③。一方面,在组织上,政府各职能部门维护本部门利益的本能可能会使其优先考量条条利益而忽视区域整体福祉,条与条之间,条与块之间都可能存在治理职责与政策举措的竞争和冲突。另一方面,在结构上,城市社区作为城市的末梢,以块的形式向上对接着政府各个条线的任务。各部门在对接社区时有着自己的专门职责,但在面对错综复杂、形势多变的现实问题时,相对固定的职责分工之间不可避免地会出现职责真空或职责重叠等“不适应症”,这将导致治理失效和责任推诿现象。”如何使“条条”部门的行动真正保障区域利益,“条条”部门的行动如何在“块块”上进行整合与实操,是有效社区治理需要回应的重大问题。

为此,社治委牵头各相关单位联合开展社区减负增能行动。一方面推行减负,制定社区自治事项清单和负面事项清单,对社区协助

---

① 黄建:《城市社区治理体制的运行困境与创新之道——基于党建统合的分析视角》,《探索》2018 年第 6 期。

② 何艳玲、蔡禾:《中国城市基层自治组织的“内卷化”及其成因》,《中山大学学报》(社会科学版)2005 年第 5 期。

③ 金太军、鹿斌:《社会治理创新:结构视角》,《中国行政管理》2019 年第 12 期。

行政事项设立严格审批程序；精简台账、报表、数据、文件、会议等形式的痕迹管理；清理违规挂牌以及重复冗余的评比活动、多头考核，革除繁文缛节，并配套了监察和督导制度。另一方面向社区注入更多治理资源，提振社区治理活力。党组织整合不同条线部门的力量下沉社区，并且赋予社区对下沉干部服务绩效进行逆向考核的权力；扶持社区企业和农村集体企业，充实社区治理有生力量；针对社区服务项目设置专项资金保障和资金奖励；在加强社区干部技能培训的同时注重干部关爱和帮扶，兼顾公共服务能力的提升与公共服务动机的培育。这些举措重新确立了社区的主体性，为社区回归本位，做好主业，探索社区生活提质、社区发展升级提供了可能。

表 4–7　成都为社区减负提能增效采取的有关举措

具体任务	牵头单位	责任单位
制定城乡社区自治事项清单、协助行政事项清单和负面事项清单	市委社治委	市委组织部、市民政局
未列入协助事项清单但有充分理据需社区协助办理的，由所在区（市）县委常委会研究批准后，报市委社治委备案	市委社治委	各区（市）县
严格控制村（社区）主要负责人参会时间和次数	市委社治委	市级相关部门，各区（市）县
统筹开展村（社区）“两委”干部培训	市委组织部、市委社治委、市民政局	各区（市）县
取消无市级及以上规范性文件依据且要求城乡社区填报的台账报表，精简报送数据和文字材料	市委社治委	市级相关部门，各区（市）县
分级评估清理在城乡社区设置的政务类应用系统和信息化服务终端	市委社治委、市网络理政办	市级相关部门，各区（市）县
适时开展社区工作过度“留痕”清理	市委社治委	市级相关部门，各区（市）县
评估清理以城乡社区为对象的各种示范创建和评选评比活动	市委组织部、市委社治委、市民政局	市级相关部门，各区（市）县

续表

具体任务	牵头单位	责任单位
对城乡社区办公和服务用房开展专项清理	市委组织部、市委社治委、市民政局	各区(市)县
规范城乡社区办公和服务用房对外挂牌和内部标识标牌	市委组织部、市委社治委、市民政局	各区(市)县
规范城乡社区宣传标语口号	市委宣传部	各区(市)县
鼓励农村集体经济组织依法规范组建公司制企业和农民专业合作社	市农业农村局	市委社治委、市市场监管局，各区(市)县
建立集体经营性建设用地使用权出让、租赁制度	市规划与自然资源局	市财政局，各区(市)县
建立农村集体经济发展专项奖补资金	市农业农村局	市财政局
制定出台扶持社区社会企业发展政策和监督管理办法	市委社治委	市市场监管局，各区(市)县
探索村(社区)"两委"成员担任社区社会企业法定代表人制度;探索社区社会企业职业经理人制度	市委组织部、市委社治委、市民政局	各区(市)县
对培育发展社区社会企业和社区社会组织成效明显的区(市)县给予奖励	市委社治委	市财政局，各区(市)县
探索社区社会企业发展创收奖励机制	各区(市)县	——
探索农村集体经济组织发展创收奖励机制	各区(市)县	——
探索城乡社区服务用房和公共空间委托专业机构运营与自主运营并行机制	市委社治委	市委组织部，各区(市)县
建立城乡社区服务用房租金减免机制	各区(市)县	——
规范城乡社区办公和服务用房的水电气费用	市发改委	各区(市)县
实行村(居)民委员会定期向村(社区)党组织报告制度、村(居)民议事会议题会前党组织讨论把关制度	市委组织部、市民政局	市委社治委，各区(市)县

续表

具体任务	牵头单位	责任单位
加强村(社区)党组织对农村集体经济组织重大经营决策和居民委员会相关经营管理活动监督管理	市委组织部	市委社治委、市农业农村局,各区(市)县
由村(社区)党组织统一领导、考核各类下沉城乡社区工作力量	市委组织部、市委社治委	市级相关部门,各区(市)县
建立区(市)县组织、社治部门共同考核工作机制	各区(市)县	——
落实优秀村(社区)党组织书记选拔进入镇(街道)领导班子和兼职党(工)委委员考核绩效办法	市委组织部	市财政局、市人社局,各区(市)县
探索优秀在职村(社区)党组织书记考核绩效政策	市委组织部、市委社治委、市人社局	市财政局,各区(市)县
探索招聘优秀村(社区)党组织书记为事业单位工作人员	市委组织部、市委编办、市委社治委、市人社局	各区(市)县
建立村(社区)党组织书记兼任村(居)民委员会主任岗位补贴制度	各区(市)县	——
建立村(社区)干部定期体检和休息休假、加班补休制度	各区(市)县	——
制定并落实村(社区)干部关爱帮扶措施和离任村(社区)干部关心关爱措施	市委社治委	各区(市)县
制定社区工作者领取劳务报酬的具体办法	各区(市)县	——
保障村(社区)"两委"办公经费,优化调整社区保障资金标准	市委社治委、市财政局	市民政局
规范城乡社区资金管理使用	市委组织部、市委社治委、市财政局、市民政局	各区(市)县
建立城乡社区工作综合考评体系	各区(市)县	——
建立城乡社区工作考评办法	各区(市)县	——
建立城乡社区工作考核绩效制度	各区(市)县	——
建立城乡社区评议部门和镇(街道)工作制度	各区(市)县	——

续表

具体任务	牵头单位	责任单位
建立城乡社区减负落实情况跟踪监测制度和投诉制度	市委社治委	各区(市)县
开展城乡社区减负落实情况联合督导	市委组织部、市委社治委、市民政局	各区(市)县

(二)再造社区商业和社区消费

在传统空间布局与城市规划上,规划者往往追求严格划分城市活动的不同区域,将城市划分为住宅区、商业零售空间、办公区间、娱乐区、政府单位和仪式空间。但正如雅各布斯所警告的,与规划者严格的设计相反,混合功能的街区才是真正精密复杂、弹性极大且符合使用者需求的秩序。① 而从以人为本和空间正义的角度出发,空间的使用价值才是空间利用应追求的对象与目标。社区空间作为人们生活居住的空间更应如此。为满足居民日益丰富的美好生活需求,未来的社区功能应更加具备服务性和综合性,社区空间应进一步提升对于居民而言的使用价值。② 为实现这一目标,成都开展了社区商业提质转型试点工作。

以便民利民为基础,一体化、一站式满足居民对美好生活的多维需求,是成都社区商业的服务逻辑。社区商业的产生源自居民的日常生活需求,是兼具公共服务和市场服务双重特性的社区服务,既保障着社区基本公共服务,又能带来社区生活品质的提升。"当设计

① [美]詹姆斯·C.斯科特:《六论自发性》,袁子奇译,社会科学文献出版社2019年版,第75—84页。

② 黄晓星:《"上下分合轨迹":社区空间的生产——关于南苑肿瘤医院的抗争故事》,《社会学研究》2012年第1期。

图 4-4　成都社区商业节

和管理得当时，充满浓厚社交氛围的社区商业街道能够使社区更加宜居并帮助培养人们的社群意识。当把社区商业街道作为公共空间系统的一部分进行规划时，社区商业街道便成为人们感受城市性的城市空间——与陌生人相遇和获取新体验的地方。”①由此而言，成都对社区商业的重视也是呈现城市人民性的一种操作化方式。

锦江区喜树路社区的社区商业项目被形容为“就像社区服务中心设在了商业综合体中”。该社区创新“社区+公司”运营管理机制，成立“喜树之家”社区公司承接社区商业管理。首先通过 3 轮入户调查和万份问卷发放形成了居民十大需求清单，围绕居民反馈的民生需求引入了相应商家入驻，在综合体建立了卫生服务中心、托育服务中心、居家智慧养老服务中心、社区食堂、汇聚了大量文创企业的城市创客中心以及集缝纫、理发、家政等服务于一体的喜邻生活服务

① ［美］维卡斯·梅赫塔:《街道:社会公共空间的典范》,金琼兰译,电子工业出版社 2016 年版,第 203 页。

驿站。同时,“社区商业反哺公益”,引导入驻商家向社会企业转化是喜树路社区商业运营的主旨,以商业项目利润反哺公益项目,公益项目聚集的人气又可以助力商业项目。总之,服务性是社区商业的第一性,只有夯实为社区居民服务的基础功能,把社区商业建立在回应民生、优化服务的基础上,才能进一步寻求社区商业的效益提升。

图 4-5 成都喜树路社区商业综合体

以产业社区为提升,是成都社区商业的建设逻辑。根据不同类型社区的不同情况,社区商业的发展方向和优化空间有所差异。针对老旧街区、新建城区、农村社区等三类社区的不同特点,成都遵循政府引导、市场主体、商业化逻辑的思路,借鉴新加坡“邻里中心”、台湾地区和日本便利店等场景模式,力求突出不同区域的特色优势、补齐短板,打造可复制、可推广的社区商业新场景。其中,产业社区正是社区商业后期发展的成果,是社区商业在规模化、集约化过程中的转型提升。将社区商业发展与产业社区建设相结合，能够更好满足人民的美好生活需要。

以场景营造为支点，是成都社区商业的发展逻辑。许多社区基于自身资源禀赋、历史传承或产业规划大量汇聚了特定类型或风格的商业服务，形成规模化的集聚效应，构成了一个个主题鲜明、各有特色的消费场景。也即，社区商业发展不止推动了社区消费的再造，在无数小支点的撬动作用下，城市的经济发展活力同时得到激发。在成都实践中，社区商业场景作为城市发展的新生产要素，充分融入到了公园社区的建设过程中，并有针对性地提出特色街巷生活消费场景、社区绿道生活消费场景、川西林盘生活消费场景、TOD社区消费场景等项目回应。以社区商业为新场景切入点，整合公园社区的商业市场潜力和发展机遇，发挥社区商业和产业社区的规模化集成效应，成都也因此对全国各地的优秀企业形成了吸引力。

表4-8　成都公园社区的100个新场景

类型	具体场景
特色街巷生活消费场景	成都融创文旅程滨湖酒吧街、北山宜居水岸工程、天府水城“三江夜游”国际旅游度假区、房竹岭旅游运动观光休闲田园综合体社区公共空间营造项目、养马夜市特色街区、铁像寺水街、凤凰里·水街、猛追湾望平滨河街/猛追湾居民休闲区、339无人服务示范街区——智能无人服务游客中心、童话城堡、大千文化长廊小吃街、东门市井项目、新悦广场、战旗村商业特色街、三国蜀汉城、正因特色步行街区、洛带客家乡情园·环保材料艺术再生利用、三瓦窑社区公园式示范街区、中港CC PARK—艺文街区、灌口雪山下的古街特色街区、三郎国际旅游度假区梅驿广场。
社区绿道生活消费场景	铁佛公园、九里春晓公园产业招商及后期运营、猕猴桃国际公园、锦城公园、黄风湿国际森林康养基地绿色步道及特色景区、东安湖商圈、沙河城市公园南区潮趣体验区、金泉运动公园、金沙遗址千年文脉历史传承暨绿道消费场景、5G智慧绿道项目示范段、鳌山公园文旅体商综合体项目、沸腾里、“公园里的家”、都江堰仰天窝广场、芳华微马公园。

续表

类型	具体场景
川西林盘生活消费场景	邹家斑竹园林盘保护修复项目、栖肆桃源生活、都江堰猪圈咖啡、蔚崃林盘建设项目、中国橘乡、铁牛郊野公园“塘坞”配套项目、拾里庭院、大邑县庙湾村林盘、大邑稻香渔歌艺术中心林盘区、天府良仓·粟村智萃林盘项目、“心田青景”田园综合体项目、芦霞镇“富美仁里”特色川西林盘、马家祠运动主题社区建设。
TOD 社区消费场景	安西镇新平二期·智慧社区、骡马市 TOD 金融乐活场景、高铁站 TOD 特色商业街、TOD 文博之家、468 蜀峰、二江寺 TOD 项目—新派美食汇聚的公园式开放商业特色街区。

(三)文化嵌入社区是生活也是经济

芒福德认为，城市的深层本质是文化，文化是城市的生命①。文化影响着人们对于城市的感知。史蒂文森在《文化城市：全球视野的探究与未来》中写道：

> 每个城市具有独特的历史、景观和文化形式，所有这些独特又反过来塑造个人和集体的记忆、意义和想象力。因此，重点是要考察特定的城市和作为在此生活和体验的城市空间，而不是试图确定总体上(和所谓称之为的普遍)的结构和模式。②

在当下，城市文化更是成为城市发展的新动力。特定城市文化本身的不可替代性和稀缺性使其具有了商业价值，塑造着城市独特的产业形态。后工业时代，创意产业成为最主要的产业之一，各城市转型的重要目标即是将创意产业引入城市。创意产业的兴起不仅将城市塑造成为网红城市，还创造了新的就业形态，也带来了新的人才需求。

---

① [美]刘易斯·芒福德：《城市文化》，宋俊岭等译，中国建筑工业出版社 2009 年版，第 4 页。

② [美]黛博拉·史蒂文森：《文化城市：全球视野的探究与未来》，董亚平、何立民译，上海财经大学出版社 2018 年版，第 16—17 页。

作为创意经济的引擎，城市文化成为包容多样性和吸引人才的磁石①。创意人才的出现使得城市文化、城市生活方式本身成为激发产业兴起的重要力量。尤其是近年来，随着网红城市在中国的崛起，文化元素对城市吸引力和创新的重要作用越发凸显。在《中国潮经济·2021网红城市百强榜》排名中，成都、西安、长沙、南京、重庆等城市的胜出，除了城市本身的经济体量优势，也与城市独具特色且历史悠久的文化传统和文化景观相关。作为连续十余年荣登“中国最具幸福感城市”榜首的休闲之都，成都一直具备着“巴适安逸和美”“休闲”的文化基因与特质。在这些独具特色的城市文化背景下，城市文化蕴涵也更加丰富，将文化嵌入社区成为发展治理过程中的重要手段。

文化不是出自个性，而是创自群性，且需要特定的载体和展现形式。因此，将文化嵌入社区，要打破社区原子化的局面，创造社区的“群性”，并为文化寻找适当的载体真正将其嵌入。成都首先以受到大众欢迎的社区公共文化娱乐活动为载体，增进居民之间的相识、沟通、理解和友谊，为社区文化提供基础。一方面，通过开展“天府文化进社区”活动，在社区开展内容丰富、形式多样的文化活动，加强居民的互动交流和情感联系，营造和谐而有活力的社区文化氛围。另一方面，通过资源整合、多方联动，将社区文化融入社区发展治理工作，在日常生活和管理活动中融入文化元素。比如，各社区根据自身特点开展年度社区文化节，包括“商居联动邻里文化节”“社区体育文化节”等。这些互动性的文化活动能够由外而内地唤醒居民的文化基因和人文情怀，让社区文化真正成为社区生活方式水乳交融的一部分。

文化也是吸引力和创新的重要基础。文化嵌入社区，不仅是生

① Mayor of London，2012. World Cities Culture Report.p.17.

图 4-6 居民参与社区文化活动

活的，更是经济的，要充分挖掘文化的经济价值，以此带动社区商业和社区消费的转型发展，真正实现发展和治理在社区的融合。一方面，提升社区环境和街道建设的文化品位，以带动招商引资。在成都实践中，部分社区邀请社区规划师、专业画师等专业人员进行指导，与居民共同参与建设社区文化空间，比如街道社区文化街、社区主题文化墙、社区公益集市等。在独特的文化氛围下，成都社区吸引了更多游客和入驻商家，产生了带动社区发展的经济活力。

表 4-9 成都社区文化节(2017.12—2021.4)

时间	活动名称	活动内容
2017.12	桃蹊路街道桃源社区首届社区邻里文化节	活动中，居民们竞相登台，带来了大合唱、民族舞以及模特走秀等精彩的节目。活动现场，还表彰了一批优秀社区志愿者。
2019.12	石牛堰社区体育文化节	设置了羽毛球发球赛、乒乓球颠不停、活力跳绳、五彩飞镖、篮球跳跳跳、呼啦圈转转转等6个关卡。

续表

时间	活动名称	活动内容
2019. 12	跳蹬河街道锦绣社区第三届社区邻里文化节	通过汉文化节目表演，让社区居民们感受到了中国礼仪之邦、以礼治家、以礼自治的优秀传统。社区还设置了贴近居民生活的有趣、有益、易参与的项目。
2020. 11	弯湾民俗文化节暨首届慈善庙会	通过多种维度促进群众主体参与以及获取更多社会资源振兴产业活力，促进"融合化"发展，推进"特色化"建设，开发"精致化"旅游的乡村振兴路。
2020. 8	成都高新区肖家河街道新盛社区举办"爱成都，迎大运"体育文化节暨社区导游征集仪式	现场活动中，结合参与人群年龄段需求为体育文化节设置了"幸福运动签""运动飞镖盘""长辈运动机""大运小足球""迷你高尔夫""电棒接力""桌上保龄球""儿童运动园""疯狂的小鸟"等老、青、幼三代体验项目。老年体验区项目以安全、益智、趣味为主，倡导"长辈运动"以更健康的生活方式迎接大运。青年体验区项目以时尚、运动为主，搭建了社区年轻人沟通交流的平台。儿童体验区项目以欢乐、安全、童趣的运动项目为主。
2021. 4	玉林街道玉林东路社区举行"玉东商居联动邻里文化节"	包含辖区店主故事会、旧物交换集市、院落美食邻里文化节、川菜课程、美食品尝等多个活动内容。

专栏：以文化人　以产兴业　营造开放型国际化公园社区新场景

1. 背景起因

成都金牛区沙河源街道新桥社区位于成都市西北部，在本轮社区体制机制改革前，辖区面积 1.62 平方公里，常住人口 3.1 万人，辖区自然资源、文化资源和艺术资源丰富，是原文化部命名的"中国民间摄影艺术之乡"。但在 2012 年"北改"之前，社区汇聚了金府钢材城等多个传统批发市场，人员构成复杂、社会治安混乱、矛盾纠纷突出，社区发展治理面临诸多问题。

2. 工作举措

一是坚持片区谋划找准发展方向。坚持“片区谋划、片区开发、片区建设”理念，规划“一圈”（15分钟社区生活服务圈）、“一园”（府河摄影公园）、“一街”（摄影文创特色街区）、“一馆”（成都当代影像馆）、“一社”（社区党群服务中心）的社区发展整体构架，借“北改”东风推进市场调迁，以建设国际化示范社区为契机，提升社区整体品质。

二是坚持党建引领做优社区治理。以区域化党建为主轴，链接电子科大九里校区、成都四十四中、成都漳州商会、金牛摄影协会等13家辖区党组织，实现组织共建、资源共享、党员共育、活动共办。以服务居民为取向，亲民化打造1200余平方米的社区党群服务中心和11个党群服务站，让居民身边的党群服务触手可及。

三是坚持传承文脉增强社区认同。收集居民老照片，打造“乡音乡影乡愁”记忆墙，建成府河摄影公园、“成都当代影像馆”，承接国际摄影大师展、风筝艺术节等大型文化活动；积极开展邻里共融活动，创立“七邻工作法”，让“爱在邻里间”的社区文化根植于居民心中。

四是坚持增绿筑景提升社区价值。以锦江公园建设为契机，将府河摄影公园与成都欢乐谷、沙河源公园等周边7大公园串联成网，形成社区连片贯通的公园体系。持续开展“增花添彩”“美丽阳台”“两拆一增”等行动，显著提升公园社区品质。引入咖啡、西餐、艺术馆等国际时尚消费元素营造类海外生活场景，引流聚势促进生态价值创新转化。

五是坚持引商兴业做活社区经济。依托社区近3.5万平方米产业载体，引进“特想集团”西南区总部、萨尔加多全球首个艺术中心、国家非遗“林窑·雅烧”等优质项目，构建摄影上下游产业链条；依托成都当代影像馆先后举办艺术展览10余场、公益活动80余场，接待观众4万多人，社区+产业+生态+文旅的发展模式初显成效。

六是坚持多元参与丰富社区服务。坚持以居民需求为导向，在社区党群服务中心常态化开展活动，月均服务社区居民6000余人次。顺应居民需求开办《心馨月报》，挖掘具有特长的“社区达人”46名，为居民提供免费咨询和低偿辅导。孵化培育府河影社、女子摄影队等11个社区社会组织，滋养社区雏鹰、环保志愿、党员先锋等8支居民志愿服务队伍茁壮成长。

3. 治理成效

一是回归人本逻辑留住乡愁记忆。新桥社区将传承摄影文化的人文特质作为社区发展治理的独特优势，创新打造以摄影为主题的生态公园、生活家园，既保留了社区文化记忆，又为社区发展注入了新的活力。

二是发展公园经济实现生态价值转化。新桥社区将培育创生“公园经济”新业态作为社区发展治理的关键举措，依托相映成片的公园体系、独具一格的特色街区，积极打造摄影产业高地，培育发展公园经济，实现了生态价值的高效转化。

三是引入多元参与持续提升治理效能。新桥社区将创新党建引领、多元参与的制度化渠道作为社区发展治理的重要途径，聚焦党建、商居、商家“三个联盟”，不断创新服务供给、提升服务品质，构建起“人人有责、人人尽责、人人享有”的新型商居关系。

4. 经验启示

从低端市场区到国际化公园社区,新桥社区的实践证明:在基层治理中,必须坚持党建引领、多元参与,才能汇聚共建合力和治理效能;必须深挖自身资源价值,才能提供持续的内生活力和外源动能;必须坚持以人为本、增强文化认同,才能铺就深厚的文化底蕴和群众基础;必须坚持生态优先、绿色发展,才能标定精准的形态基底和价值取向。

四、小区治理:城市社区治理的基石

随着市场经济发展、城市化进程加速、劳动力自由流动和住房商品化,中国社区正在经历着一场快速而复杂的社区风貌转变——基于地缘、血缘的传统共同体逐渐消解,取而代之的是不断变换的陌生人群体,社区从原有的熟人社会和相对醇厚的人际氛围,代之以陌生人社会下相对紧张、对立而又界限分明的人际交往方式。在城市住宅小区中,这一点体现更为明显。作为住房货币化改革后城市人民居住和生活的基本单元,住宅小区如同一个个自成一体的"堡垒"林立于城市之中。毫无疑问,小区治理是城市社区治理的基石,小区是各项改革举措能否真正落实的"最后一百米",也是直接应对城市社会人际冲突的最重要一环。

(一)住宅小区兴起与物权冲突频发

随着市场化、城市化、全球化的"三化共时态"发展,社会结构、生活方式、价值取向等发生了前所未有的变化。越来越多的人口进入城市，为之提供住宅的房地产开发高速推进，住宅小区在中国大多数城市从无到有并逐渐形成城市居民最重要的聚集地。原有高度依赖村集体、单位的居住模式逐渐成为历史，住宅小区成为人们的主要居住单元。住宅小区，通常是指达到一定规模的、以住宅为主，并有相应配套公用设施及非住宅房屋的居住区。从自然属性上看，可将其定义为由城市道路或自然界线划分并不为交通干道所越的完整居住地段；从法律属性上看，其大致等同于“物业管理区域”，即具有相对独立性、订立有统一业主公约的物业。住宅小区通常有专门的物业服务和门禁措施，并构成相对封闭区域。

从单位到住宅小区，一个关键变化是人们从无产到有产，即住宅从计划经济时代的国家财产变为私有财产。居住在住宅小区中的人们，主要通过物权尤其是共有物权建立互动。共有物权是住宅小区全部或部分业主依照法律规定或相关约定，对小区共用财产所享有和行使的占有、使用、收益和处分的权利。共有权客体即小区的公共建筑或设施作为建筑物配套而存在，由于建筑物在物理上不可分割，这就决定了各共有人之间形成不可分割的共有关系。共有物权的这一属性，意味着从小区业主养狗到共有建筑重建等诸多过程中，围绕物权发生冲突的可能性大大增加。特别是，当业主共同委托物业服务企业提供物业服务的时候，第三方的介入使得住宅小区内行为主体错综复杂；再加上开发商可能遗留的问题，这使得住宅小区各种利益纠葛缠绕，很难捋顺。而另一方面，物权的出现也使得人们的财产意识、主体意识大大增强，这意味着在日常互动中，基于物权的各种纠纷发生率也会大大提高。

随着住宅小区的发展，规模庞大的住宅小区公共事务开始涌现，各种纠纷和冲突夹杂其中，形成物权冲突乃至上升为社会冲突。一个规模庞大的新阶层——“住房阶级”随着城市商品房住宅小区的迅速扩展,并形成所谓"房权政治"。① 渐渐地,房产质量、物业服务、公共空间等方面纠纷引发的业主维权运动愈演愈烈。业主在居住空间的日常生活中直观地感受到城市化带来的阵痛,他们因利益受损而发起的维权行动,向城市基层社区治理转型发出了预警信号。在这种情况下,住宅小区该如何管理,物业冲突如何治理,政府在其中应该起到什么作用,成为迫在眉睫需要回应和解决的问题。事实上,在成都等地,居民的纠纷和冲突越来越集中地发生在小区范围内,这些物权冲突主要包括物业服务质量、公共部位使用和经营、业委会选举、物业收费、维修资金使用、物业服务企业选聘,等等。

表 4-10　小区物权冲突主要类型

物权类型	冲突内容	具体表现形式
专有部分所有权	房地产开发	1. 预售期虚假宣传与承诺; 2. 房屋质量问题、货不对板; 3. 配套设施不齐全; 4. 延期交房; 5. 房产证办理问题; 6. 违规改建。
	物业服务质量	1. 小区安保问题; 2. 环境绿化; 3. 物业维修和养护; 4. 物业费涨价。
共有部分所有权	公共空间	1. 共有产权法律关系认知不清,如人防车位、地面车位等; 2. 占用业主共有产权(如共用绿地、走火通道等)进行的停车位经营、广告经营收入及其开支过程缺乏信息发布; 3. 公共空间收益分配不共享不透明; 4. 公共空间(绿地)维护。
	维修资金使用	1. 申请启用维修资金程序繁琐、使用不透明; 2. 使用用途业主间存在分歧。

① 吴晓林:《房权政治:中国城市社区业主维权》,中央编译出版社 2016 年版,第 1 页。

续表

物权类型	冲突内容	具体表现形式
成员权	业委会运作	1. 业委会选举不透明，部分业委会成员存在牟利动机； 2. 日常财务收支不透明； 3. 公共收益分配及使用争议； 4. 政府监管缺位。
	物业服务企业选聘	1. 前期物权冲突； 2. 行政强制干预； 3. 选聘物业面临人身安全。

面对这些问题，社区层面的治理日益捉襟见肘。其一，城市社区体量普遍偏大，万人社区比比皆是，数万人社区也屡见不鲜，最大的社（小）区人口超过50万人。成都万人社区已达500多个，而社区两委及其他工作人员往往只有十几、二十人，在治理任务过载而治理资源稀缺的情况下，社区管理往往超负荷运行。其二，社区内部异质化加剧。老旧小区、商品房小区、保障房小区、单位小区、安置小区等各种小区人口异质性强、利益多元、问题多样，将治理重心止于社区无法很好应对差异较大的小区治理情境。

（二）信托制与重建居民物业关系

为了回应上述各种小区治理问题，全国都在推动物业管理全覆盖工作。小区物业服务承担了小区围墙之内社会管理和居民生活服务等准公共产品职能，是事关群众安居乐业，打通服务"最后一百米"的关键节点。但在此过程中，物业管理纠纷也不断增多。居民与物业企业围绕服务与收费这一核心问题争论不断，同时还涉及业委会、共同收益分配和公共道德等各种话题。这不但影响了小区内部和谐建设，也导致社区治理难度进一步增大。2017年6月，中共中央、国务院在《关于加强和完善城乡社区治理的意见中》中指出，小区物业管理是社区治理的短板。小区物业管理不仅是住建、房管部门的行政管理范围，也要纳入党委、基层政府、业主共同的治理范围。

究其根本，小区物业矛盾纠纷频发的原因在于强物业—弱业主关系与现行管理制度不完全匹配。在强物业—弱业主关系中，小区业主数量大、身份杂、协调难、专业性不足，难以完成小区管理工作；物业企业有着专业管理优势和组织协调力度，更适合成为小区管理的"管家"；而业主委员会的组织结构松散、成员专业素质不强，难以发挥相应的监督管理功能。在这种企业主导的物业服务模式下，传统包干制、酬金制遵循节约利己、多花利己的利益最大化原则，难以满足业主需求。因此，减少物业矛盾纠纷，通过物业服务模式的制度化创新探索破解小区治理难题势在必行。据此，成都武侯区首先将信托理念引入物业服务领域，成为重建小区物业和业主关系的一条路径。根据《中华人民共和国信托法》第二条："信托，是指委托人基于对受托人的信任，将其财产权委托给受托人，由受托人按委托人的意愿以自己的名义，为受益人的利益或者特定目的，进行管理或者处分的行为。"在小区物业管理中，与包干制和酬金制相区别，信托制是指业主基于信任通过共同决定将小区集体共有财产托付给物业企业，企业回报忠诚专业服务给业主，并将此信任义务关系制度化。也即，信托是基于信任与忠诚互相效力的财产管理。简单而言，就是将小区物业费、小区公共收益等设立为小区共有基金，以信托方式授权给物业企业用于小区管理服务，通过透明机制实现业主权益和公共利益最大化。

表 4-11　成都党建引领信托制物业服务模式

举措	具体做法	
多方共治	小区党组织	构建市、区(市)县、镇(街道)、社区、住宅小区五级联动的党组织体系
	居民自治组织	成立业主委员会、议事会、院落管委会等自治组织
	社会组织	由社会工作者协同小区邻里关系营造,激活志愿者团队参与小区公共事务
	社会企业	物业社会企业以解决社会问题为宗旨,提供社会服务并获取有尊严报酬
资金管理	业主共有资金	将物业费及小区公共收益作为业主共有资金设立为信托财产,托付给物业服务人
	开放式预算	确保每位业主清楚了解小区共有资金使用用途,任何业主都有权全程参与
	对公双密码账户	共有资金设置取款和查询密码,查询密码向全体业主公开
	利润协定制度	由物业服务人与全体业主共同协商确定的利润比例
信义监督	监察人制度	将社区、小区党组织确定为小区监察人,写入信托物业合同
	物业信息平台	通过信息平台随时向全体业主披露财务预算与执行情况
	明确权责关系	业主之间基于共有财产连接成为利益共同体

信托理念下的业主和物业关系,不再是基于市场的简单买卖关系,而是基于长期互信互惠的信义关系,这种信义关系以一系列防范委托代理问题的治理机制为制度保证。① 在“信任—忠诚”的双向效力下,小区物业管理基于多方共赢的美好未来预期,而非基于某一方

① 陈剑军:《走向共同体治理(一)——通过信托制将小区物业管理纳入社会治理》,《住宅与房地产》2020 年第 1 期。

的利益得失,建立制度化、稳定化、长效化的信托制物业服务模式。与包干制、酬金制相比,信托制具有三大变化:一是关系之变,由“弱势业主、强势物业”变为以信义为基础的“小区主人、忠诚管家”;二是权属之变,物业费等资金所有权由物业公司所有转变为全体业主共有;三是监督之变,由业主委员会“专权”和业主“形式上有权而实质上无权”转变为业主和多方主体监察人“人人有权”。在此基础上,信托制成为小区物业服务模式的新方法,并有可能大幅化解业主、物管、社区与政府之间利益冲突,营造小区和谐共治的新局面。

(三)小区分类治理与院落自治

习近平总书记指出,城市管理应该像绣花一样精细,要持续用力、不断深化。在人民内部矛盾多发于基层小区的新形势下,深化城市精细治理就是要向城市治理末梢延展,诊疗城市治理的微观细胞,优化小区治理机制。成都在2020年5月出台了《关于深化和完善城镇居民小区治理的意见》,这是系统部署小区治理的攻坚之举,其重点举措是小区分类治理与党建引领院落自治。

成都实际管理人口两千多万,辖区内有建成商品房小区、老旧院落、拆迁安置小区、保障房小区等治理结构和生活形态各异的居民小区近2万个。这些在产权归属、形塑动力、涉及主体等维度上明显属于不同类型的社区存在着不同的治理问题和主要矛盾,同一套模板化的治理模式也不能适应不同小区。由此,成都强调深化小区分类治理,这本质上是在小区层面因地制宜、因材施治,实施针对性、差异化的治理策略。比如,武侯区探索在老旧小区打造邻里型小区、在商品房小区打造品质型小区、在拆迁安置小区打造和谐型小区、在保障型小区打造温馨型小区、在混合型小区打造包容型小区。金牛区在不同类型小区的治理困境上各有侧重地发力，在老旧院落探索集群式多院落联合治理方式，解决单个小区体量小、服务差、造血能力弱等问题；在商品住宅小区，探索信托制物业新模式，努力用机制创新寻求住宅小区矛盾频发、纠纷难解的破题之路；在集中安置小区，探索分片区赶超管理模式，将大体量安置小区细分为不同区域，划小工作单元，以比学赶超、激励奖惩为手段，助推有序治理。

图 4-7　“我的空间我做主”的社区议事

成都多年来坚持打造院落自治，意图建立院落事务大家评、院落管理大家议、院落决策大家定的治理共同体。在社会力量基础尚显薄弱，内生动力有待激活的治理转型期，国家倡导的社会自治往往需要通过政党以自上而下的方式来创制社会伙伴①，也就是党组织引

---

① 吴晓林、谢伊云：《国家主导下的社会创制：城市基层治理转型的“凭借机制”——以成都市武侯区社区治理改革为例》，《中国行政管理》2020 年第 5 期。

领或党支部牵头，从而撬动与政党组织逻辑，国家治理秩序融洽的社会参与。成都院落共治的基本路径是党组织链接资源、服务回应居民需求，提高居民参与小区治理的积极性；进而在党组织引领的轨道上组建小区自治组织，搭建协商议事平台，实现还权于民，赋能居民自治；同时嵌入物业等市场企业、孵化草根社会组织，激活小区的协同治理效能和社会资本。以此为基础，不同类型的小区在实践中根据自身特征创新出了多种多样的具体自治形式。以武侯区为例，在住宅小区，党组织在小区成立党支部或号召党员亮身份，协助调节小区内部物业纠纷，在小区稳定的契机下，小区党支部将维权导向的业委会引导转向自治导向。党组织领导居民组成小区议事会，定期共同议事、协商，并将协商共识提交业主大会表决，再整合多方力量解决居民问题；在无物业老旧小区，则由小区党支部组织小区民主选举，成立 3 人左右的小区自治管理小组，在党支部的指导与监督下召集并主持小区议事会，持续开展居民自治。在成华区的返迁安置小区，社区以社区微更新项目为契机建立了社区合伙人制度，小区党支部牵头实施院落生活服务社商共创计划，社区居民参与整治、规范社区商家秩序。

与此同时，成都在小区自治组织推行成员履职承诺、履职评议和信息公示制度；倡导居民集资购买房屋共同部位、共同设施维修险，动用小区维修资金时还需通过智慧物业平台进行线上投票表决。一些小区逐渐转型为有序管理、自负盈亏的小区，甚至在年终有了资金结余，居民可以从中分红。可以看到，在居民发挥主体作用、参与城市治理、共建美好家园的第一线，随着小区治理结构的转型与重塑，人民民主管理城市价值的积极性已初见端倪。

（四）小区创熟与居民信任的形成

十九大报告强调：“加强社区治理体系建设，推动社会治理重心向基层下移,发挥社会组织作用,实现政府治理和社会调节、居民自治良性互动。”这意味着在社区层面,要将零散的、碎片化的、流动性强、异质化程度高的居民整合起来、组织起来,重建人与人之间的连接,形成新的社会资本。

托克维尔在解读民主与公民美德时指出,积极的、有公共精神的市民,信任与合作的社会网络意义重大。① 帕特南针对意大利的研究也表明,拥有富有生机的公民关系的网络和规范的地区在制度绩效和整体治理表现上更为优异,他将这种人与人之间的关系称作“社会资本”,“社会资本也是生产性的,它使得某些目标的实现成为可能,而在缺乏这些社会资本的情况下,上述目标就无法实现。”②规范、信任和互惠是社会资本的三大主要要素,也是人与人之间连接发挥正向作用的主要机制。其中,规范是成员行为的原则基础,决定集体成员是否做出某种行动;信任是成员间的相互信赖,相信彼此不会做出伤害行为;互惠是成员间的交换互助,相互依赖。中国长久以来都具备着建设社会资本的公共生活遗产。一方面,党组织作为核心,具有丰富的、在地的党员资源,能够作为“领头羊”“排头雁”;党在精神与价值上也为社会资本与共同体的形成提供了滕尼斯所谓的“自然形成的共同理解”。城市的异质性、流动性、开放性使得居住于同一个小区中的人们在价值、观念、生活方式上千差万别,但组织化能够促使人们达成共同理解和行为。在成都实践中,基层党建是小区治理的重要一环,基层党组织也是小区治理的灵魂。针对个人原子化、社会碎片化问题,成都把党建引领贯穿居民小区治理全过程,推动党的组织向小区院落拓展覆盖,以党建为链接充分动员居民群众、

① 参见[法]托克维尔:《论美国的民主》,董果良译,商务印书馆 1988 年版。

② [美]罗伯特·D.帕特南:《使民主运转起来》,王列、赖海榕译,江西人民出版社 2001 年版,第 196 页。

物业企业、社会组织等多元力量共同参与到小区治理过程中。

另一方面,不同于西方的个人主义传统,“中国社会有一种特有的秉性,那就是绝对的个人主义自始至终都没有成为社会的根基。”①尽管商品化、流动化逐渐瓦解了基于地缘的关联纽带,但社区作为介于公共和私人空间的交界,生活于其中的人们实际上具有较多面对面接触的可能,具备一定的共同利益,也能够因生活在相同空间内感受到社会规范形成的约束压力,是建设社会资本的适宜空间。成都从和谐邻里关系营造和小区矛盾冲突防范正反两方面入手,重塑邻里信任和依赖。一方面,动员多元主体,系统推进和谐邻里关系营造行动。通过加强小区、社会组织、物业机构联动协作,营造出互助友爱的居民自组织、自律自治的共识规约、和睦友善的邻里关系、信任合作的集体行动。另一方面,尽早、尽小地从源头上预防和化解小区矛盾冲突。拓展协商形式,丰富居民参与小区事务的渠道和议题;广泛开展邻里协商,引导居民在协商中凝聚共识。通过和谐邻里关系营造,小区在人们的感知中逐渐成为温暖又舒适的家园,人们之间相互熟识、互为支撑,既能在交往过程中形成感情连接,满足个体居民的社会生活需求,也为小区事务的自我解决提供了可能。

基层党建与邻里营造在社区内形成了信任、互惠的规范与公民参与的网络,为集体行动提供了“软”方案,进而“合作性共同体使理性的个人能够超越集体行动的悖论”②,小区成员不再疏离,而是相互信赖、相互帮助、共同参与小区事务,成都在小区创熟的实践中,既将居民需求放在第一位,也将居民力量放在第一位。首先,坚持问题导向,把服务居民、造福居民作为工作的出发点和落脚点,解决最直

---

① 刘建军:《社区中国》,天津人民出版社 2020 年版,第 39 页。

② [美]罗伯特·D.帕特南:《使民主运转起来》,王列、赖海榕译,江西人民出版社 2001 年版,第 195 页。

接、最现实的民生突出问题，如开展小区环境综合整治，探索小区违法建设、不文明养犬、生活垃圾分类等日常生活问题的解决方案。其次，激活社区力量，发挥社会组织、社会企业、居民自组织、志愿者团队和其他社会力量的专业优势，助力小区治理，为小区开展法律援助、纠纷调处等服务。同时，通过实施社工服务项目、设置社工岗位、引进社工人才或与社工机构合作等方式，提高物业服务社会工作专业化水平。

五、本章总结

从以人为中心的角度来看，城市的核心是人，城市的尺度是社区。一方面，社区是家庭生活的核心，家庭生活在社区中得以开展，家庭关系在社区中不断变得亲密，家庭对每一个人来说都很重要，因而社区对每个人来说也变得重要。另一方面，社区是实现城市精明增长的关键，是人民直接可感知的空间。社区有变化，人民才能感受到城市的发展。为此，精准高效的城市治理必定会聚焦在社区这一居民生存生活的共同体，必定会着眼于社区这一人群聚集的最小敏感单元，必定会聚焦于每个独具个性的社区居民，将发展和治理建立在可感知的空间的基础上，从人民身边的改造做起，从人民肉眼可见的变化开始，让人民对城市发展和政府的努力看得见、摸得着。

在中国体制和语境之中，社区同时承载着自然属性、社会属性和管理属性，是适度的土地和空间，人民之间交往与互动的合适载体与党和政府联系人民的“最后一公里”。改革开放以来，随着经济社会的发展和生活观念的转变，居民需求体现出对美好生活的高品质向往，同时，也呈现出个性化、多样化与差异化的特征。在这种背景下，精细化治理是最好的回应方式，社区成为城市精细化治理最适宜的治理空间。

为了在最靠近人民的场域开展精细化治理，成都于2017年设立城乡社区发展治理委员会（即社治委），首次在党委组织体系中确定一个综合部门承担回应人民群众美好生活向往的政治责任，将社区治理上升至全新的战略高度。成都的社区治理之路，实现了两方面突破：一方面，提供人民逻辑的实践方案。社治委将社会、社区问题纳入城市顶层规划，社区治理空前集中了政治注意力。总的来说，成都社区的精细化治理立基于以人为本、服务为先的治理立场，以政党统领、联动协同为上下同构的核心治理机制，设计了规范化、稳定化、整合性的政策体系保证治理行动的主动化、常态化和制度化。同时在新技术的助力下将小尺度、微治理、差异化的治理思路尽量落实。另一方面，启发政党引领社会治理的理论新生。西方社会有着深厚宗教传统、自治传统、公民社会传统，源于这一情景的理论也因此呈现出国家—社会两分的理论导向。成都在党委统筹下面向人民的社区精细化治理，为构建基于中国场景的本土化治理理论以及国家—社会关系新范式提供了实践参考。

人民城市的治理讲求人本逻辑下发展与生活高度融合，作为大城治理基本单元，社区同样遵循这一信念。“当把社区商业街道作为公共空间系统的一部分进行规划时，社区商业街道便成为人们感受城市性的城市空间——与陌生人相遇和获取新体验的地方。”[①]在成都，社区的繁荣是有烟火气的繁荣，社区治理在创造美好生活的基础上挖掘经济增长点，以居民需求为导向再造社区商业，便民利民，进而打造消费场景；将文化嵌入社区，熏染积极的价值观念，增强居民的情感联结，进而唤醒各个社区的特色文化底蕴，拉动文化消费，

① ［美］维卡斯·梅赫塔：《街道：社会公共空间的典范》，金琼兰译，电子工业出版社2016年版，第203页。

促进居住生活空间、消费空间与休闲游憩空间的有机融合。

改革开放后，相对封闭的陌生人小区成为城市居民生活的第一场所，滋生出因共有物权衍生出的种种纠纷，因而对于社区治理而言，离人民最近的小区治理尤为关键。成都将精细化治理策略向城市治理的末梢延展，依据小区特质开展小区分类治理。本质上，多样分异的具体治理形式脱胎于基本的治理路径，即在基层党组织的引领下，激活居民公共参与，创制小区自治组织，搭建协商议事平台，调集社会力量，实现有组织、有秩序、有效能的院落自治。在社会力量薄弱的治理转型期经由党组织之手还权于民，赋能自治，能够重塑小区治理结构并重植社会资本。此外，鉴于业主与物业之间的关系集中了小区生活中最多、最突出的矛盾和冲突，成都探索的信托制将信义治理引入小区、院落以解决物业服务中的“信任赤字”，以此希望塑造公共良知，营造普遍信任的公共生活。

漫长的人类发展史中，公共生活的起起落落，并与私人生活时而交织、时而对立几乎贯穿全过程。进入现代社会，公共生活不再是强制性的仪式安排，人们有了更多的自由选择空间，类似像“瓦尔登湖畔的索居”终究只是少数个体短暂缓解社会生活张力的偶发性选择。在2016年第三次联合国人居大会上提出的《基多宣言》(Quito Declaration)中，通过“向所有居民开放、安全、可达、绿色和高质量的公共空间和街道网络”等理念来促进城市公共生活的规划设计成为主流，也就是说人类共存的大前提下，是否需要公共生活是不争的议题，而公共生活的适度嵌入与美好建构才是需要深究的①。成都通过社区商业对社区公共生活场景的营造是非常有生命力的借鉴和启示。

① 闵学勤：《社区营造：通往公共美好生活的可能及可为》，《江苏行政学院学报》2018年第6期。

第五章 基于人民需求优化城市治理体系

十九届五中全会强调,要“完善共建共治共享的社会治理制度,扎实推动共同富裕,不断增强人民群众获得感、幸福感、安全感,促进人的全面发展和社会全面进步”。如第一章所述,多元主体协作治理为“谁来治理”提供了新的答案。在党与国家建设高度有机统一、社会和社会组织发育不成熟的情况下,“共建共治共享的社会治理制度”必将指向党的领导、党组织的发动与政府行政的深入参与。这意味着,以政府行政为轴心的城市治理体系是城市制度建设中最核心的部分之一,是城市治理制度的基石。城市治理体系能否深度践行“人民城市人民建,人民城市为人民”的发展理念,能否以人民思维、生活思维、治理思维回应人民需求,能否高效率、高效能运行,直接且深刻地影响着治理结果。在这方面成都做了许多探索性的尝试,从部门改革、体制调适和机制创新入手理顺城市治理的体制机制,构建以人民需求为导向的城市治理体系。本章即着眼于城市治理体系优化这一命题,呈现成都城市治理的组织逻辑。

一、美好生活项目突破部门困境

十九届五中全会将以人民为中心的城市治理体系提升到共建共治共享的社会治理制度建设的高度,其要解决的一个主要问题是如何形成各部门之间通力合作、协同高效的治理模式,这既是构建高效能服务型政府的迫切需要,也是人民城市为人民理念在城市治理领域贯彻落实的必然要求。这要求在两个层面上回应部门分割的现实阻碍:一是解决专业化职能分工带来的部门间隔难题,实现部门间协同;二是解决政府前台与中后台同人民距离不一导致的部门运行逻辑差异,在各部门内贯彻人民思维。

(一)多头管理与城市治理的分工悖论

早在20世纪初,“行政国家”一词的出现即昭示着不同于传统经济、政治理论中所描绘的“守夜人”形象,政府与行政的触角已经渗透到了社会的方方面面。随着市场化、全球化、互联网化的发展,以及疫情等危机带来的社会经济风险与不确定性的大幅上升,政府的核心作用越来越不局限在道路、交通等公共基础设施或教育、医疗、养老等社会福利的传统职能范围。与日益扩展的责任和职能相对应的是政府规模的扩张。2019年成都进行机构改革,推行“大科室”制。在改革精简后,为保障日常履职与运行,仍然设有党政机构55个,包括党委机构15个,政府工作部门40个。其中,与中央和省级机构基本对应,设置24个机构;围绕国家中心城市建设,因地制宜设置和调整城乡社区发展治理委员会、东部新城发展委员会办公室、公园城市建设管理局、新经济发展委员会、政务服务管理和网络理政办公室等11个机构。

由此，科层体系内部的管理悖论成为政府组织不可回避的难题，即分工太细或过分专业化将导致组织发展走向反面，出现职能交叉、机构重叠、重复劳动、效率不高等现象。政府是典型的科层制组织，其职能范围之广、涉及事项之多要求它必须采取专业化、分工化的方式，按照业务分类，对各种具体工作进行分工，以获得韦伯所说的精确、迅速、明晰、档案知识、连续性、酌处权、统一性、严格的隶属关系、减少摩擦、降低物力人力成本的组织优点①。但是这种专业分工在提升各部门自身业务效率的同时，也极易导致组织整体出现职能交叉、协调困难、效率低下的困境。需要指出的是，韦伯式专业分工、各司其职的传统科层制政府形式所指导的是 19 世纪工业化初期的有限政府，随着发展议题与治理议题愈发复杂和多样，加之互联网塑造的新型复杂性，治理的“牵一发而动全身”越来越成为常态，“在其位、谋其政、尽其责”的分工式政府治理是否能够应对？细化的分工是否能够再次在体制或实际运作中整合？

同时，科层组织基于对秩序的渴望，会继续将科层关系理性化和结构化，高度理性且具压制性的原则会使科层体系成为铁笼，组织结构难以变革。这种循环导致组织行为被科层的理性化过程所吸纳，并越来越被它束缚，科层体系调适变得极为困难，灵活的、因事制宜的跨部门协同也日趋减弱。科层制的理性化进一步与中国特有的总体性体制耦合，使得政府部门呈现出更多分割、隔离和繁琐的特征，跨部门协同面临着更强大阻力，即所谓“部门代表性竞争”。具体而言，在总体性体制中，政治与行政呈现出合一的特征，行政体系同时作为政治竞争和行政竞争的共同场所，行政体系中

① ［德］马克斯·韦伯：《经济与社会（第二卷）》，阎克文译，上海人民出版社 2010 年版，第 1112—1113 页。

的官僚同时作为政治领导和行政官员，部门的行政过程同时也是政治过程。由于没有另外的政治过程，代表性只能通过部门来实现，这就体现为部门的代表性竞争。换言之，部门行政绩效的获得也就是政治代表性的获得。在此意义上，部门不仅是履行公共职能的单位，也是政治代表性竞争的单位和场域；部门运作过程也不仅是公共服务输出的过程，还是更复杂的利益博弈过程。部门代表性竞争导致了政府碎片化治理的两大维度：一是部门主义。在部门界定问题、制定政策和执行政策的过程中，局限于部门视角，缺乏整体意志。二是部门协调失灵。包括部门之间沟通无效、协调效率低①。即使存在单一部门无法解决的问题，部门之间一般也不愿协作。

分工悖论与多头管理的部门困境在城市治理这一领域尤为凸显。尽管都指向建设更好的治理城市这一整体目标，但城市治理却分散为不同的板块，如平安建设、文明创建、食品安全、综合管理等，由不同部门牵头实施。以成都为例，从牵头单位来看，目前至少包括九类城市治理实践：1. 由政法委牵头主抓的平安城市建设；2. 由党委组织部牵头融合党建与社会治理的行动；3. 由党委宣传部门（文明办）牵头的文明城市创建活动；4. 由爱国卫生运动委员会（卫健委）牵头的卫生城市建设；5. 由民政部门牵头的社区治理；6. 由住建部门牵头的智慧城市建设和小区治理；7. 由住建部门推动的园林城市（节水城市）建设；8. 由城市管理综合执法部门牵头的城市综合管理；9. 由食品安全办牵头的食品安全示范城市建设。具体到一个城市，与市域社会治理相关的部门超过 40 个之多，涉及政法委、组织

① 曾凡军：《政府组织功能碎片化与整体性治理》，《武汉理工大学学报》（社会科学版）2013 年第 2 期。

部、宣传部、统战部、国土、规划、市场监督、住建，等等。① 由于理念上缺乏统一共识、体制上缺乏统筹管理且部门间存在横向竞争，职责交叉、重复工作、边界不清、相互推诿、政策冲突等难题不可避免地出现在城市治理实践中。

（二）美好生活项目推动的部门协同

为应对超大型科层组织所面临的分工悖论，一方面，政府在寻求组织层面的变革，尝试通过重新分配部门权力与资源，推动政府组织结构从“以职能为中心”向为“以公众为中心”“以回应为中心”转变，以化解条块冲突、打破职责同构、明确权责边界、推动部门协同。自2008年以来，大部制改革启动，国务院的部门从2008年的66个缩减到2018年的26个（国务院办公厅除外）。而在理论界，无缝隙政府、整体型政府、协作性公共管理、网络化治理等新型组织或协同方式也一直是被讨论的热门话题。② 另一方面，党在国家发展与治理中的领导核心作用、政府的总体性体制也为政府协同提供了特有的资源。③ 回顾改革历程，中国治理已经形成一种特有的纵向协同形式，即由党委或高层级政府提出特定时间段内的核心任务并将其界定为中心工作，而后进行各方资源的配套，如通过领导小组提供注意力资源、通过政治动员调动各部门人力物资、通过加强目标考核使

① 吴晓林：《城市性与市域社会治理现代化》，《天津社会科学》2020年第3期。

② 赖静萍、刘晖：《制度化与有效性的平衡——领导小组与政府部门协调机制研究》，《中国行政管理》2011年第8期；曾维和：《后新公共管理时代的跨部门协同——评希克斯的整体政府理论》，《社会科学》2012年第5期。

③ 周雪光：《运动型治理机制：中国国家治理的制度逻辑再思考》，《开放时代》2012年第9期；周志忍、蒋敏娟：《中国政府跨部门协同机制探析——一个叙事与诊断框架》，《公共行政评论》2013年第1期。

得政府工作向中心任务倾斜,保障特定任务及目标在规定时间内的实现。[①] 这种以权威为依托的纵向协同在治理过程中极为重要,充分发挥了集中力量办大事的制度优势,并先后在经济发展、安全生产、环境治理等诸多领域都显示出强大力量。但是这种部门协同方式在某种程度上也意味着对原有科层体制或常规运作机制的替代、突破或整治,带来"行政权力集中,科室间边界不清晰,分工程度低,闲置资源居多"[②]等新的组织问题。

相对于简单和线性思维,协同是一个更复合(compound)的概念,其意指"两个或多个元素在不同维度上的有机组合和多重互构"。政府内部的协同是政府组织形式以及治理工具的多元差异性组合,表现为:一是既强调通过顶层设计定方向、划底线、调关系,又强调组织、政策、资源、技术、干部等机制在实现社会需求与政府责任对接中的作用。二是在政府内面临多重选择、职能重叠,任务模棱两可甚至不兼容时,灵活采用机构合并、权力下放,有效混合国家、市场和社会的多重力量,调整地方理性、决策规则和目标关注度与组织的松紧耦合程度。三是不仅以法律和稀缺资源稳定底线预期,也更为重视协商和技术理性的重要性,让协商、谈判和功能划分等社会和政治现代性因素借助另一种话语体系得以发展。面对新时代异常复杂的社会,政府部门的协同既离不开组织层面和治理工具的变革,非常

① 相关讨论参见周雪光:《运动型治理机制:中国国家治理的制度逻辑再思考》,《开放时代》2012 年第 9 期;冯仕政:《中国国家运动的形成与变异:基于政体的整体性解释》,《开放时代》2011 年第 1 期;杨雪冬:《近 30 年中国地方政府的改革与变化:治理的视角》,《社会科学》2018 年第 12 期;王汉生、王一鸽:《目标管理责任制:农村基层政权的实践逻辑》,《社会学研究》2009 年第 2 期;负杰:《中国地方政府绩效评估:研究与应用》,《政治学研究》2015 年第 6 期;黄晗、燕继荣:《从政治指标到约束性指标:指标治理的变迁与问题》,《天津行政学院学报》2018 年第 6 期。

② 周雪光:《中国国家治理的制度逻辑:一个组织学研究》,生活·读书·新知三联书店 2017 年版,第 37 页。

规式、运动式的治理难以从根本上解决部门协调的难题；同时，部门协同需要系统化、制度化与可持续化，以适当的方式充分发挥政党权威、中央或上级权威在破除部门壁垒上的作用①。从 2017 年成立市委社治委到 2021 年成立美好生活办，成都都在探索如何用整体性理念克服体制缝隙和协同困境，建构具有中国特质的制度化部门协同方式：以实现人民美好生活的社区发展治理这一中心工作为抓手，由党委承担政治责任，引领战略规划，传导清晰的政治信号和政治压力，统筹各相关部门围绕共同目标分工重组，一致行动。同时，这次跨部门行动也非临时性行动，而是依托长远的任务规划、明确的资源安排和组织结构，将中心工作嵌入各部门的长期工作、日常考核和行政理念之中，确保部门协同的常态化运行与稳定化预期。

首先，成都制度化部门协同的基石是整体性领导，同时构建专门的协同部门作为部门协同的核心与抓手。2017 年 13 号文发布后，成都随即召开了城乡社区发展治理大会，成立了党委领导下的各级社治委，作为统筹指导、资源整合、协调推进、督促落实社区发展治理部门。社治委的成立，以统筹推进城乡社区发展治理改革为主要工作任务，作为牵头单位把握总体方向并负责指挥分配，在具体业务上链接其余政府部门。党委的领导、明确的牵头单位、规范化的操作步骤和法定化的资源配给程序，保障了围绕着城市治理，各类部门资源能够随时调取使用。

其次，成都制度化部门协同的关键是项目驱动。社区发展治理被拆解为直接与各部门日常工作相关的可实施任务，下级部门则围绕社区发展治理这一中心工作承担相应任务、及时实现部门目标或

① 许耀桐：《新时代推进行政体制改革的重大举措》，《党政论坛》2019 年第 2 期。

者阶段目标,最终推动中心工作的完成。例如,从五大行动到美好生活十大工程(包括居民收入水平提升工程、生活成本竞争力提升工程、高品质公共服务倍增工程、城市通勤效率提升工程、城市更新和老旧小区改造提升工程、稳定公平可及营商环境建设工程、青年创新创业就业筑梦工程、生态惠民示范工程、智慧韧性安全城市建设工程、全龄友好包容社会营建工程),始终聚焦人民真正关心、在意的城市痛点问题,体现了前所未有的改革决心。“城市政治既关乎人们能否、如何在城市中展现自我,又关乎人们能否成功赢得他们需要和想要的资源。”①从这一点来说,成都治理的出发点也是城市政治的关键。五大行动主要解决城市发展的历史遗留问题,涉及 57 项具体任务、62 个牵头部门;而十大工程主要解决人们对美好生活的需要问题,涉及 38 项具体任务、所有部门参与协同。部门协同为整体行动开展奠定了体制基础,也是治理有成效的主要原因所在。

基于此,成都建立了以社区发展治理和美好生活项目为目标的履责共同体,通过内结与外联,织成一张囊括对应政府主体、相关职能部门的组织行动网络②,其中,社治委作为专门的协同部门是部门协同的核心板块,其他职能部门作为资源要素的提供者是部门协同的扩张板块。通过这一共同体,既充分运用了政党权威动员这一长期用于突破科层分割困境的治理方式,又避开了“雷声大、雨点小”“治标不治本”,仪式化、内卷化的运动式治理怪圈,并可能通过组织制度上的深层变革实现部门协同的可持续运转。

---

① ［英］史蒂夫·派尔、［英］克里斯托弗·布鲁克、［英］格里·穆尼编著:《无法统驭的城市:秩序与失序》,张赫、杨春译,华中科技大学出版社 2016 年版,第 142 页。

② 周望:《履责共同体:中国国家治理实践中的一种特定组织模式》,《学习论坛》2019 年第 1 期。

(三)职能部门的人民思维转向

行政体制改革伴随着中国改革全程。按照2008年政府工作报告的提法,行政体制改革包括转变政府职能、深化政府机构改革、完善行政监督制度以及加强廉政建设等多方面内容。在实践中,职能转变和机构改革通常成为行政体制改革的重点。整体而言,中国行政体制改革虽然线索众多,但其演进基本与市场化进程吻合,并随着市场化进程的深入而呈现出适应市场(高效政府)、稳定社会(服务型政府)与人民满意(人民满意的服务型政府)的基本逻辑和价值取向变迁。如果将行政体制改革看成连续的时间轴,那么在改革的上半程,市场化所塑造的社会差异性(群体之间的差异、城乡之间的差异、区域之间的差异)无疑是架构行政体制改革的主要变量;而在改革的下半程,由市场化、全球化、信息化共同塑造的社会多元性(多元的利益诉求、多元的行为认知、多元的价值取向等)则成为架构行政体制改革的主要变量。

2015年十八届五中全会通过的《中共中央关于制定国民经济和社会发展第十三个五年规划的建议》,强调"必须坚持以人民为中心的发展思想,把增进人民福祉、促进人的全面发展作为发展的出发点和落脚点"。2018年十九大报告再次正式提出"必须坚持以人民为中心的发展思想,不断促进人的全面发展、全体人民共同富裕"。从"适应市场""稳定社会"到"人民满意",从"人民满意"到"以人民为中心",这是中国行政体制改革逻辑的最新迭代,也是行政体制改革价值取向的突破。

以人民为中心的提出,为新阶段政府职能转变提供了指引。这表明,城市政府不能再单纯为了发展只关注市场问题,而应基于人民日益增长的美好生活需要,关注并解决社区生活、城市氛围、医疗服务、通勤效率以及文化设施等人民最关心、最在意的痛点难点问题。自此,中心工作开始从以市场为主导向以人民为中心转变,从重视经济增长向注重生活质量转变,提高人民的获得感、幸福感、安全感成为治理的出发点和落脚点。职能转型实质上是不断调整和平衡政府、市场、社会三者边界的过程。西方国家政府职能转变经历了"自由竞争—政府规制—放松规制—再规制"的否定之否定过程①。中国政府职能转变的逻辑与此不同,先是经历了计划经济时期的权力高度集中的行政体制,随后伴随着改革开放后的经济体制改革,政府职能转变从行政分权、财政分权转向政府职能的回归与重构②。十八大以来提出的"建设职能科学、结构优化、廉洁高效、人民满意的服务型政府"是政府职能转变的价值导向和目标。在这一价值导向下,成都持续多次进行机构改革部署,推进服务型政府建设。第一,关注人民的美好生活需要,紧扣推动高质量发展、创造高品质生活、实现高效能治理,实现对政府部门的有机整合。第二,以改善民生为重点,将改革重点放在卫生计生、食品药品、新闻出版等社会民生领域,注重对社会管理和公共服务部门的整合。第三,适应经济社会发展的需要,通过简政放权、宏观调控等手段监督管理好市场经济工作,为社会发展创造一个良好的行政和经济环境。

以人民为中心表现在人民主体、人民主权、人民利益等具有现代国家规范意义的概念正在实质性地融入行政体制改革进程,透明度、参与和协作等民治要素以及"让人民满意""提高人民的获得感"等

① 薛澜、李宇环:《走向国家治理现代化的政府职能转变:系统思维与改革取向》,《政治学研究》2014 年第 5 期。

② 赵成福:《政府职能转变:从管理向服务理念的改变——以成都市政府职能转变为例》,《行政论坛》2015 年第 1 期。

民享要素将成为使“以人民为中心”更具有操作性和可感知性的关键。对于具体职能部门来说，这首先意味着以人民思维进行组织层面的机构设置，即以更好、更快满足人民需求而不是更多、更大追逐部门利益为原则，依据地方实情因地制宜地明晰职能部门的边界和权责，化解政府部门的条块冲突与职责失灵。

条块关系是中央与地方关系中的重要内容，而在中央和地方利益相冲突的情况下，垂直的“条条”关系和横向的“块块”关系也存在着某种程度的冲突碰撞。社区作为超大城市治理的末梢环节，通常是以“块”的形式对接上级政府的“条条”治理，造成“上面千根线，下面一根针”的困难局面。成都成立社治委，作为城乡社区发展治理工作的统筹部门，解决了过去工作中的“九龙治水”困境，实现了基层社会治理的工作有序、高效活力。职责同构则是指不同层级的政府在纵向间职能、职责和机构设置上的高度一致。[①] 在这种政府管理模式下，每一级政府都管理大体相同的事情，相应地在机构设置上表现为“上下对口，左右对齐”。[②] 这在一定程度上使政府间职责边界不清，增加政府的行政运行成本，容易造成全能政府和无为政府的极端情况出现。为此，在政府机构改革过程中，需要打破职责同构，合理调整纵向政府间的职责配置，使行政机构改革、政府职能转变和理顺政府间关系得以同步实现。在最新一轮的全市机构改革工作中，成都秉持有序和活力的理念，在纵向政府间的主要机构和职能设置上保持基本对应、上下贯通、执行有力，在横向部门间的设置和配置上遵循因地制宜原则，在体制空间内组建具有地方特色

① 朱光磊、张志红：《“职责同构”批判》，《北京大学学报》（哲学社会科学版）2005 年第 1 期。

② 李风华：《纵向分权与中国成就：一个多级所有的解释》，《政治学研究》2019 年第 4 期。

的职能机构。如青白江区组建国际贸易和现代物流发展局、投资促进和经济合作局,双流区组建航空经济局,崇州市组建大数据局,新津县组建公园城市建设局,蒲江县组建商务和物流局等。

在实际运行中,人民思维在很大程度上体现在政府治理时的专业水平,即能否通过专业化的管理操作,真正将人民思维、城市思维、社区思维引入各职能部门中。在体制变革之外,随着城乡社区发展治理被确立为中心工作,成都利用社治委的统筹,逐渐将"城市思维""社区思维"内化为各部门创新机制、联动治理的行动指南和工作准则。比如,在经济上,以商务局为牵头单位,协调社治委等相关部门,将社区商业发展与产业社区建设相结合,同时发布成都社区商业机会清单,从传统、产业、新型、区县 4 大维度,梳理 27 个生活圈,涵盖 201 个社区商业项目。在文化上,以文化广电旅游局为牵头单位,联合宣传部、社治委共同开展行动,在挖掘本土传统文化资源的同时,建成多方联动的工作机制,推动形成有关部门各负其责、全社会共同参与的工作格局。在交通上,以交通运输局为牵头单位,将城市通勤效率提升和社区场景营造行动相结合,持续营造"回家的路""上班的路""旅游的路""上学的路"等生活场景、消费场景。将社区思维融入多部门的核心工作,这既满足了人们对美好生活的刚需,也体现了超大城市治理的治理智慧。

人民思维更体现在干部的认知水平、专业水平上。一方面,将政治能力提升贯穿优秀年轻干部培养,坚持"系统学习新思想、分类研究新思想、对表贯彻新思想"。推进领导干部上讲台,讲授相关政策理论和实践经验,切实提升干部抓落实的能力。另一方面,强化专业能力培训,确保部门的人民思维可操作、可落实。一是紧扣市委中心工作"一线学"。组织干部赴张江高科技园区、陆家嘴金融城、苏州工业园区等先发地区项目一线,系统学习产业功能区建设、长三角一体化发展等方面的先进经验和典型案例。二是打破固有思维"创新学"。邀请头部企业高管,上海、苏州等地领导干部和知名高校专家学者做专题授课,提升干部运用创新思维推动工作的能力。三是突出实践历练"调研学"。以破解实际问题为导向,紧扣成都当前发展的热点难点,组织干部赴产业功能区、成都天府新区、成都东部新区等经济发展主战场开展实践调研,形成高质量调研报告,供市委决策参考。

表 5-1　成都领导干部上讲台制度

主要做法	具体措施
加强顶层设计长效化"管"	出台《关于建立领导干部上讲台制度的实施意见》,建立和完善工作运行、组织管理、需求调研和考核评价等机制,对范围方式、授课内容、授课质量等进行规范,推动市、区(市)县、镇(街道)全覆盖。
坚持需求导向启发式"学"	紧扣成渝地区双城经济圈建设、产业功能区建设、城乡社区发展治理等中央和省委、市委重大战略部署,聚焦学员关心的重点、难点、热点问题确定授课主题,推动领导干部启发式、互动式、案例式授课。
搭建信息平台全流程"督"	开发"领导干部上讲台综合管理平台",根据年初各单位研究提出的领导干部上讲台计划,对实际推进情况进行动态督办。

二、新部门回应新需求与传统部门的新运作

政府职能的缺位通常是指政府部门未能履行应尽的职责,或者没有管理好本部门事务,造成"该管不去管"的失权问题。随着经济社会的发展和信息科技的进步,城市政府在应对层出不穷的新问题、新领域时,往往受限于组织结构的固化而难以灵活创新解决问题,新

时代的城市发展治理工作遭遇管理缺位掣肘。应对这一难题,既需变更传统部门的运作手法回应新问题,也需合理地成立新部门回应新需求,以保证该管的事能够管得好、管到位。

(一)新部门回应新需求

一方面,市场化迈向深入的过程中,政府不能是单纯的守夜人,也不能是简单的市场干预者,而是要越来越多地通过公共企业、生产要素、财富直接投资,既激活市场活力,又更深刻地参与到人民日常权利、财富和风险的分配中去。另一方面,互联网让更大数量、更广范围、更多类型的个体或群体有了联动的可能;群体之间、阶层之间、区域之间逐步缩小的数字鸿沟强化了公民意识、自由意识和平等意识,并推动了具有全新内涵的开放概念的出现。互联网和其他众多新技术有可能对权力、职能、责任和控制进行实质性分配①,并提供“从根本上重新设计政府组织和机构的机制”②,也因此让真正的结构调整变得可能。就此而言,政府需要更强大的适应能力来面对高速变化的现代世界,要用更柔性的制度结构来回应极速变动的市场与社会。

十九届三中全会指出:“地方在保证党中央令行禁止前提下管理好本地区事务,合理设置和配置各层级机构及其职能。”面对层出不穷的新问题、新领域,政府往往会受限于组织结构的固化而难以灵活创新解决问题。成立新部门,是城市在治理上对人民问题的精准识别,

① Al-Jamal, M., & Abu-Shanab, E. (2016). The influence of open government on e-government website: the case of Jordan. *International Journal of Electronic Governance*, 8(2), 159-179. West, D.M. (2004). E-government and the transformation of service delivery and citizen attitudes. *Public Administration Review*, 64(1), 15-27.

② Bretschneider, S. (2003). Information technology, e-government, and institutional change.

在发展上对美好生活需要的灵活回应，在管理上对缺失部门职能的及时补充。政府可以通过成立新部门，弥补部门在新领域的职能空缺。在总体一致、上下贯通、因地制宜的地方机构改革原则指引下，在体制空间可以调整的范围内，根据地方的人口、经济发展水平与人民需求合理再设计成立新部门，以充分领会践行中央和上级要求与任务的实现对中心工作的“再学习”“再创造”①，从组织层面长期、持续地应对市场与社会的高速变化。成都既成立社治委作为社会领域的“发改委”回应新时代社会治理需求，还成立了新经济发展委员会（以下简称“新经济委”）回应新时代的经济发展需求，成立了公园城市建设管理局，打造生产、生活、生态一体共荣的美好城市。

随着互联网的蓬勃发展，以数字技术为原动力的新经济成为世界各城市竞相发展的热点。1996年美国商业周刊首提“新经济”，之后便迅速席卷全球，对世界经济结构、国家竞争格局形成极大冲击。从全球来看，多个先发国家已经成为新经济的策源地活跃区，并且发展出特色鲜明的新经济发展模式，诸如美国的“原创产业”、德国的“智能制造”、以色列的“创新创业”、新加坡的“政府主导”等。而从国内来看，新经济的发展势头迅猛，形成了以北上广深杭等城市为引领、部分区域中心城市相互竞争的新经济发展格局，北京的创业模式、上海的“四新”模式、深圳的产业模式、杭州的“互联网+”模式等成为颇具代表性的地方新经济发展引领模式。与此同时，随着新经济发展实践的不断深化，理论界先后形成了四种主流的新经济理论范式，包括主张重视科技和知识力量的“新经济增长理论”、主张新经济形态使经济波动性逐渐平缓的“新经济周期理论”、主张新经济

① 任敏、李玄：《合法利用与有效探索：机构改革中的地方新部门如何实现真正整合？——基于F市自然资源和规划局的案例研究》，《北京行政学院学报》2019年第5期。

打破旧经济准则的“新经济增长源泉论”、主张新动能发展新经济引领新常态的“S曲线理论”。由此可见，新经济不仅仅是一种经济现象，也不完全是一种技术现象，而是一种由技术到经济的演进范式、虚拟经济到实体经济的生成连接、资本与技术深度黏合、科技创新与制度创新相互作用的经济形态。

新经济业态不断涌现，是一个不断打破旧格局，让新规则不断迸发的过程。新经济的不断涌现，不但涉及更复杂的利益分配，更带来了管理责任划分问题，还会对政府的监管带来挑战。不成立新部门，新经济仍然会发展，但是会面临管理缺位的掣肘。面对新经济发展带来的新难题，成都新经济委应运而生。2017年成都新经济委开始组建，2019年，随着机构改革的全面启动，成都新经济委正式挂牌成立，创新制定出台并实施包括人才、投融资、破解应用场景瓶颈难题等在内的一系列政策措施，为全市新经济发展提供了强劲动能。成都认为，发展新经济、培育新动能，是成都构筑未来战略竞争优势、冲刺世界城市的关键之举。这是适应新技术变革带来的产业结构性巨变需要，也是夯实人民美好生活的发展基础的体制保障。尤其是当前，数字经济已经深度改变人们的生产生活方式，对城市建设和社会发展都有着深刻而持续的影响。成都新经济委的成立是地方体制空间的合理再设计，是在精确识别新时代经济变化和回应发展治理需求的基础上，对人民美好生活需要和超大城市发展治理的切实关切。作为统筹城市新经济发展的全新部门，新经济委的职能定位主要为“顶层设计、指导发展、统筹协调、宏观调控、平台支持、部门协作”，为新经济发展提供更多人才、融资、场景等支持性政策和措施，为新经济发展提供强劲动能，保障人民美好生活的发展基础。

表 5-2　成都市新经济发展委员会职能

处室	职能
综合处	1. 负责机关日常运转； 2. 组织协调人大、政协提案建议办理； 3. 承担委机关和所属单位的财务内部审计、国有资产管理工作； 4. 负责机构编制、人事管理和离退休人员管理服务工作。
政策法规处	1. 负责贯彻落实国家、省经济发展政策与规划，开展经济新兴形态的分析研判，会同相关部门起草全市新经济领域有关政策法规； 2. 负责衔接协调相关发展规划，制定全市新经济发展战略规划，编制年度计划并组织实施； 3. 统筹推进全市新经济领域综合改革，研究全市新经济发展重大问题，负责新经济课题研究工作，牵头起草新经济有关重要文稿； 4. 负责新经济统计、监测、考核评估体系建设，及时发布预测预警和信息引导； 5. 承担有关规范性文件的合法性审查和备案工作。
产业促进处	1. 负责落实国家、省新经济领域产业发展相关政策； 2. 负责提出全市新经济领域产业发展重点方向、优先领域和发展目标，拟订全市新经济领域产业发展政策措施； 3. 会同有关部门开展全市新经济产业功能区和新经济特色小镇的规划建设指导工作； 4. 统筹推进全市新经济应用场景供给，会同相关部门实施新经济应用场景构建； 5. 负责全市新经济项目的统筹推进和监督考核； 6. 会同相关部门推动“清洁能源+”“供应链+”等为核心的高技术含量、高附加值开放型产业体系建设。
企业服务处	1. 负责新经济市场主体培育，开展新经济企业认定与监测； 2. 负责构建新经济服务体系，建立跨部门、跨区域企业服务推进机制，打造服务信息化平台，实施新经济企业梯度培育计划和“双百”工程； 3. 会同有关部门开展新经济领域重大项目投资促进工作。
大数据处	1. 负责推进大数据产业发展和行业管理； 2. 研究拟订大数据产业发展战略规划和政策措施并组织实施； 3. 负责研究拟订大数据产业相关标准规范； 4. 承担大数据产业统计监测、企业培育和人才培养工作； 5. 会同相关部门推动数据资源的开发应用，开展应用示范试点； 6. 指导大数据行业联盟（协会）开展工作； 7. 负责推进全市共享经济发展，会同相关部门推进“5G+”“人工智能+”“区块链”等产业发展。

续表

处室	职能
平台合作处	1. 负责推进全市新经济对外交流合作,制定对外合作交流计划并组织实施; 2. 开展跨区域新经济经贸合作,牵头承办新经济重大交流活动; 3. 负责新经济平台的建设和管理; 4. 会同相关部门推进创新创业服务工作; 5. 会同相关部门开展校院企地融合发展工作; 6. 负责新经济天使投资基金的管理运营,会同相关部门营造新经济企业全周期投融资环境。

在新发展理念的指导下,生产、生活、生态是系统性城市建设的三大目标。2018 年 2 月,习近平总书记对成都新时代城市建设做出指示,“要突出公园城市的特点,把生态价值考虑进去,努力打造新的增长极,建设内陆开放经济高地”。基于此,除了统筹社会治理的社治委和培育经济动能的新经济委,成都又整合成立了公园城市建设管理局。所谓公园城市,不只是在城市中建公园,而是将城市视作生态系统,秉持美丽宜居理念,融合公园形态与城市空间、公共空间与城市环境,以人民城市、发展城市、生态城市一体化为目标,形成在建设中发展、在发展中生活、在生活中保护的可持续发展道路。

成都公园城市建设管理局旨在从整体上整合在新兴领域尚且分散的政府职能,以回应新领域的新发展新要求,指导系统性城市建设行动的开展。一方面,在新发展理念指导下,聚焦人们对美好生活的需要,明确从公园城市“首提地”到建设践行新发展理念的公园城市示范区这一新的战略定位。在此基础上,加强政府组织领导,组建市区两级公园城市建设管理机构,加强宏观层面和中观层面的总体设计和组织领导,实现绿色与发展之间的价值转换。另一方面,作为不同部门分散职能的再整合、再强化,成都公园城市建设管理局的前身是林业和园林管理局，同时整合了国土资源局、城乡建设委员会、龙泉山公园管理委员会等多个部门对风景名胜区、自然遗产等地域的管理职责。在顺应公园城市发展战略大局背景下，多部门的分散职能得到重新分配和界定，这体现了城市治理的协同性和整体性，也为公园城市的更好建设提供体制保障。新部门的成立既是对城市发展重点工作的回应，也是政府体制在应对城市建设、人民生活等多线关系中的不断调适，体现了创新性、科学性和灵活性。

新部门引入新方法，公园城市建设管理局运用精细化治理思维，从微观社区切入，将公园城市建设进一步落实到更加具体的公园社区，在公园社区建设中实现社区多功能的复合。公园社区通过细化“社区—街区—地块—建筑”空间尺度管控策略，打造满足各类人群行为方式和价值选择的社区场景。在此基础上，成都形成了按照人本逻辑的社区分类，即绿色社区、美丽社区、共享社区、人文社区、活力社区、生活社区六种公园社区建设模式。绿色社区强调社区的生态性，美丽社区侧重社区的环境美学，共享社区以公共性为核心特质，人文社区着力于社区的历史传承和文脉开发，活力社区专注科创产业，生活社区以人民享受公共服务的可达度为先。这些各具特色的社区呈现了成都公园建设管理局对新时代城市治理中生态保护、公共性培育、文化弘扬、产业升级等棘手问题的积极回应。

表 5-3　成都六大公园社区建设模式

建设模式	建设重点
绿色社区	园中建城、城中有园、城园相融、人城和谐
美丽社区	形成清新明亮、绿意盎然的宜人环境
共享社区	落实推广街区制的要求，体现“公共开放、尺度适宜、窄路密网”的设计理念

续表

建设模式	建设重点
人文社区	结合历史文化遗产、历史街巷、建筑遗址、古驿道等历史文化资源
活力社区	构建资源节约、环境友好、循环高效的社区
生活社区	坚持"设施嵌入、功能融入、场景代入"理念

图 5-1　成都公园城市建设

此外，不只是市级政府在进行部门创制，成都的区、县政府同样在自上而下的号召和引导下针对性地探索建立新部门。2019 年 1 月 11 日，成都召开了机构改革动员部署大会，围绕建设全面体现新发展理念城市要求，因地制宜设置政府机构，要求各区（市）县在全面落实"规定动作"的同时，因地制宜做好"自选动作"，组建具地方特色的机构。

(二)传统部门运作的新方法

除了新设部门,一些传统部门的职能在成都治理变革过程中也发生了变化。民政职能是一项特殊的政府职能,是国家与社会关系的表征和晴雨表。一则表现为服务性部门,能够敏锐地感知社会状况和回应社会需求;二则表现为保障性部门,从基础上支撑着经济持续增长和政治稳定发展。1949 年以来,民政职能不断增删调整,这既反映了我国治国理政理念的历史性变化,也是持续回应社会变迁和社会需求变化的时代结果。

从管理走向治理、从治理走向服务、从服务走向建设,展现了社会权力由弱变强的发展历程,展现了政府职能由全能型向服务型转变的历史趋势。当行政从一元化模式发展为多元协同共治,当政府从统治型管理发展为服务型治理,当善治的理念成为政府职能转变的重要目标时,民政的社会管理和公共服务职能将会得到进一步发展。具体来说,从相对传统的救灾赈济、扶残助孤、婚姻丧葬到新增的基层自治、社区建设、民生保障和社会组织管理等职能,这正是民政部门回应社会需求而逐步发展起来的新功能。① 进入新时代之后,民生职能更为清晰化和核心化,为人民服务、为社会服务的发展趋向越来越突出。习近平总书记在第十四次全国民政工作会议上指出,民政工作关系民生、连着民心,是社会建设的兜底性、基础性工作,要更好履行基本民生保障、基层社会治理、基本社会服务等职责。一方面,新时代的民政工作始终坚持以人民为中心,从“上为政府分忧、下为百姓解愁”到“以民为本、为民解困、为民服务”,彰显的是全

① 杨荣、刘喜堂:《新中国民政职能的历史变迁与路径依赖》,《华中师范大学学报》(人文社会科学版)2015 年第 4 期。

心全意为人民服务的政治本色。另一方面,新时代的民政工作要求回应社会多元需求,“贯彻落实城乡基层群众自治建设和社区治理政策,指导全市城乡社区治理体系和治理能力建设”,在社区发展治理过程中不断补齐民生领域的短板,坚持在发展治理过程中保障和改善民生。

与传统民政职能不同,成都的民政职能在不断回应社会需求过程中有了新的内涵,不但提供民生领域的服务保障,同时重视基层社区的发展治理。作为城市治理的神经末梢,社区向上连接着政府服务群众的“最后一公里”,向下回应居民提出的各种需求。而面对人民日益增长的美好生活需要,政府和市场完全难以满足个性化、小众化、零散化、多样化的需求,这时往往需要居民之间通过社会化联结形成自助互助体系,通过协商达成具有共识的契约和规则,依靠社区的力量来满足。对于社区的公共议题,通过将各个利益方聚集在一起,理性沟通、协商讨论,形成各方都能接受的最优意见和方案,继而形成相应的管理规约和自组织,实施常态管理、进行自主治理、取得共同收益。这个过程,就是社区营造,是成都民政基于发展基层社区治理的新职能构想的新策略。

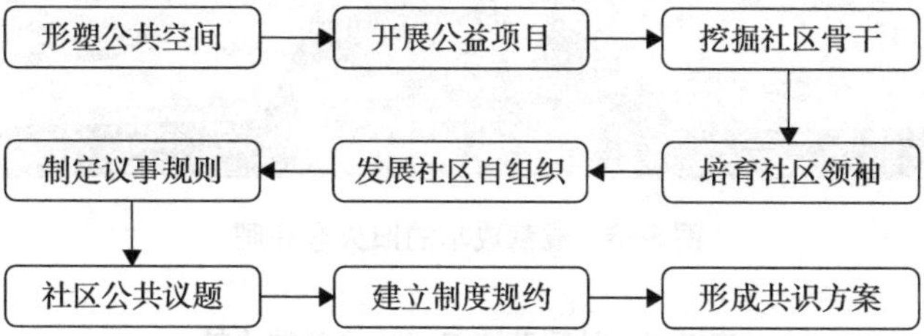

图 5-2 社区可持续总体营造路径

自 2016 年起,成都民政局牵头开展城乡社区可持续总体营造行动,创新提出了全域整体推动社区营造的实践路径。城乡社区可持续总体营造行动是以居民需求为导向,以社区空间微改造和社区草根公益组织孵化为契机，以社区居民为主体的集体行动，是对基层治理机制和三社联动社区发展机制的进一步深化与完善。社区营造关注的还是民生问题，比如社区福利、社区环境、社区文化、儿童友好社区等，但是由于发展治理的理念转变，民政职能从民生保障部门向民生运营部门转变，其推出的社区营造不止步于直接供应民生领域的各种服务，同时结合社区发展治理的中心工作，在解决问题过程中推动社区治理结构重塑，在人人参与、人人尽力、人人享有的治理共同体中推动社区全面协调发展，形成回应和解决当地社会民生问题的长效机制，具有制度创新和价值启蒙的内涵。

图 5-3　成都成华的旧火车餐吧

表 5-4　社区营造与三社联动的比较

	社区营造	传统社区发展机制
居民角色	创造者、提供者	被动接受者
参与主体	本土居民、专业组织	外来组织、社区工作者
行动方案	持续的总体营造	一次性公益项目

续表

	社区营造	传统社区发展机制
实施时间	3年以上	1年
组织资源	社区营造	政府购买服务
关键核心	以社区为本的自组织发起的营造行动	以居委会为主体的自我管理、自我教育、自我服务
局限性	本地资源有限、本地利益相关者解决本地问题	政府投入有限、外来组织不稳定

表5-5　成都社区营造三大类型和七大场景

类型	特征	七大场景
城镇社区	位于城镇开发边界内，以居住为主导功能，基本公共服务设施较为完善，人口密度较大；主要包括老旧社区、新兴社区等典型社区类型	1. 全民友好、精准服务的服务场景 2. 天府魅力、闲适安逸的文化场景 3. 推门见绿、低碳生活的生态场景 4. 秀丽温婉、舒畅宜居的空间场景 5. 体验消费、创新创意的产业场景 6. 整体联动、互联互动的共治场景 7. 云端集成、智慧生活的智慧场景
产业社区	位于产业功能区内，以制造业和服务业等功能为主导，集聚大量中青年就业人口；主要包括楼宇型社区、园区型社区等典型社区类型	1. 时尚潮流、活力共享的服务场景 2. 开放包容、友善公益的文化场景 3. 透风见绿、环境友好的生态场景 4. 集约高效、品质宜人的空间场景 5. 创业孵化、技能升级的产业场景 6. 社企联动、融合治理的共治场景 7. 科技引领、虚拟家园的智慧场景
乡村社区	位于城镇开发边界以外，农业生产和农村生活紧密融合，劳动力外流，留守老年人及儿童较多，主要包括农村新型社区和自然村落等典型社区类型	1. 扶老携幼、共建共享的服务场景 2. 天府农耕、勤劳尚美的文化场景 3. 青山绿水、美田弥望的生态场景 4. 蜀风雅韵、茂林修竹的空间场景 5. 生活富裕、多业融合的产业场景 6. 社集联动、村民自治的共治场景 7. 智慧生产、智能互联的智慧场景

三、为人民而花钱：财政资源再配置

财政作为政府行政活动的基础，直接决定政府实现其职能的能力。财政资源的配置，对政府工作方向具有决定性意义，也是政府调节其与其他主体关系的重要杠杆。在财政层面，以人民为中心的发展思想表明，得财为民是财政资源运用的根本价值取向，即城市财政目标是促进人民得利和公共利益的实现。这在实践中意味着更开放的财政体系，需要多元主体尤其是人民自身的参与，在协商决策中形成价值共识；同时调动多方优势资源，实现资源整合，提升财政资源配置的效率。

（一）社区公共财政制度的建立

从财政的定义和范畴来看，财政是政府包括财政收入和财政支出两部分的运营活动。财政作为行动的资金基础，具备的不仅仅是保障功能，更有着规划与治理的作用。财政兼有微观和宏观两方面的治理特征。在微观上，财政能够反映和监督公共资源的分配、保全、消耗、绩效、评价等全部流转过程。从宏观上，财政是对地方发展活动的映射，反映了地区发展的生机与活力。在中国行政制度运作和地方经济模式的特定背景下，公共财政不只是保障守夜人政府的最低限度开支，相反公共财政及其所资助的公共经济活动在经济社会运行中扮演着举足轻重的作用，对其他主体的行为和地区发展有着重要影响。

随着越来越多的公共政策和公共服务通过经济手段而非计划和行政手段实施，财政已变成一项对外实现政策目标，以市场机制改善公共问题的治理工具和手段。由于传统一级政府内行政管理流程相对固化，难以形成面向居民个体的开放性系统，而财政在此层面提供了一个有效突破口，即以资金管理带动多元主体的协同与居民的直接参与，突破传统行政黑箱运作与微观个体能力资源不足的阻力，实现参与式治理的落地。为此，成都在全国范围内首创社区公共财政制度，充分发挥财政制度的治理功能。2012 年，民政局、财政局联合出台成都市城市社区公共服务和社会管理专项资金管理办法，以每百户不低于 3000 元的标准定额补贴社区居民自治经费。按照管理办法，专项资金实行属地化管理，各区（市）县财政负责所属区域内专项经费的预算安排，并实行定额预算，标准按每百户不低于 3000 元核定，可根据当地实际情况适当提高补助标准。同时，成都市财政将按每百户不低于 3000 元的标准给予不同比例的补助，具体补助比例为一圈层 40%，二圈层 50%，三圈层 60%，高新区全额自行承担。

在社区治理层面，城乡社区公共财政制度为居民参与、“一事一议”等自治行为提供了有力的资金保障，构建起逐年递增的长效机制。城市社区公共服务资金主要用于培育发展社区社会组织、志愿服务、公共设施维护和维修、文体公益活动、社区教育和环境治理等社区公共需求。以“民事民议、策由民定、责由民担”为原则，资金的使用和评价权全部归于居民，通过居民自治的方式促进资源有效配置，实现公共服务和居民需求的有效对接，并鼓励社区以社区自治组织为主体申请公共服务资金，将其作为自筹资金不足的配套资金解决社区问题，使居民由被动接受服务逐步转为主动参与、自我服务。

社区公共财政制度切实解决了公众合理需求和社区矛盾，还极大地调动了居民参与社区事务的积极性。社区财政体制改革为资源整合提供了制度保障，成都鼓励市场、社会、居民发挥各自的优势参与社区治理，以发挥多元主体的资源优势。成都还建立社区保障激励专项资金，每年为各城乡社区平均拨付 35 万元，并统筹配备 2800

名中级职称以上专业社工,2018 年全市财政投入社区公共服务与社会管理专项资金及社区营造资金总额达到 15 亿元。

(二)社区公共服务资金的开放性

成都社区公共财政制度呈现出开放性的特征。这种开放性体现在两个方面。首先,体现在资金收支上的多源开流,统筹支出。政府掌握着公共的财政资源。社会公众和企业为政府提供必要的资源,政府作为受托方进行公共产品或服务的生产,从而提供人民满意的治理活动。为实现从城市治理到人民满意的过程,成都在财政收支上不仅仅限制于资产价值增值的计算,更扩展到了多源开流,统筹支出。多源开流体现了通过资金统合各多元主体资源的开放系统特点,即“协同”发展中的“协”。统筹支出则是凝聚原本制度性的分割力量,尤其是原本互相割据的政府部门与外部组织,形成地区发展的统合力量,即为“协同”发展中的“同”。

2018 年社治委牵头启动了社区专项资金改革,建立了城乡社区发展治理专项保障资金(以下简称“社区保障资金”)、城乡社区发展治理专项激励资金(以下简称“社区激励资金”)双轨并行的社区经费保障激励机制。一方面,以党组织权威为支撑,由区(市)县财政统筹支持,不需要下级组织自筹资金或者自负盈亏,同时比一般项目制中的专项财政更具有稳定性,更能以强激励引导社会参与其项目过程。另一方面,以政治属性提供参与的稳定预期,此类项目本身具有一定的政治属性,下级组织的参与或退出权受到限制,开展项目成为下级组织必须参与的硬性要求;同时,项目经费本身与下级组织的工作目标相兼容,因而更能调动下级组织开展项目的主动性,达到超过预期的项目效果。由此,通过多源开流,统筹支出,成都实现了社区公共服务资金的统筹与协同。

开放性还体现在成都社区公共资金的使用不仅强调成本控制、收支平衡，还强调培育功能。财政的目标不仅在节约项目经费的成本价值，更在于真正促进地区发展的动能培育，在治理层面，即指其他治理主体的培育。为发挥财政的培育功能，财政开支就不能简单地解决特定治理问题，而是要体现战略投资的属性，在资金运用的过程中为其他主体参与治理留下空间与途径，以财促协同。

成都颁布城市社区公共服务和社会管理专项资金管理办法，为协同共治的社区公共服务资金使用提供指导。管理办法明确，专项资金是专项自治经费，这笔钱如何用，完全取决于社区居民。作为专项经费纳入街道办财务统一管理，设专用账户，统一核算，但究竟用于哪些项目，街道办不会干涉。同时，规定了专项资金的使用范围，包括社区民主管理、社区教育培训、社区设施维护和维修、社区文体公益活动、社区社会组织培育发展、社区环境治理、社区志愿服务等。按照使用程序，每年年初由社区居委会发动居民代表、社区议事会成员及院落议事小组成员，到居民院落发放调查问卷，梳理居民最关心的问题，经过院落议事会讨论后，形成项目提交社区议事会或居民代表会讨论。议定的项目再召开社区事务听证会征求居民意见。听证会同意率低于60%的项目不列入最终实施项目。重大项目还需经80%以上社区居民代表同意。

在社区公共服务资金使用实践中，成都还按照清单化管理、项目化推进原则制定了程序清单和禁止项目清单，进一步明确社区居民使用资金的程序。一方面，坚持“村财村管、居财居管”“民事民议、民事民定”，制定“五步十三条”程序清单，通过意见收集、民主议决、全程监督、评议整改、民主监督等五个步骤，确保居民全过程、深层次有效参与。另一方面，分别制定城市社区、农村社区“禁止项目清单”，将股本投资等经营类项目、安全生产监管等属于政府职责的项目、物管费等居民私域项目列入禁止清单，防止“政府责任、社区买单”“私人事务、社区出钱”，有效杜绝社区专项资金滥用、乱用，确保资金专款专用。

(三)城市新经济、新场景与新机会

前述，成都于2019年1月率先成立专门负责新经济发展工作的新经济委。在此带动下，目前成都新经济已经形成三种表现形式，直接或间接为城市财政供给公共服务开源、补位，成为充实财政收入，赋能成都社会治理的新动力。目前，成都已经形成较为完备的“1234567”新经济发展路径。截至2020年3月，成都已孵化独角兽企业6家，培育新经济企业36万家，获得风险投资520亿元，新经济营业收入超过4000亿元，新经济活力指数、新职业人群规模均居全国第三。

表5-6 成都新经济“1234567”发展路径

一个定义	新经济是一种经济现象，也是一种技术现象，更是一种经济形态
二维世界	线下物理世界和线上虚拟世界深度融合
三个转变	从“政府配菜”向“企业点菜”转变、从“给优惠”向“给机会”转变、从“个别服务”向“生态营造”转变
四个特征	聚合共享、跨界融合、快速迭代、高速增长
五条路径	研发新技术、培育新组织、发展新产业、创造新业态、探索新模式
六大形态	数字经济、智能经济、绿色经济、创意经济、流量经济、共享经济
七大应用场景	提升服务实体经济能力、推进智慧城市建设、推进科技创新创业、推进人力资本协同、推进消费提档升级、推进绿色低碳发展、推进现代供应链创新应用

图 5-4　成都新经济活力区

为鼓励、引导新经济的发展，成都也做出了持续性的政策探索。首先，出台指导性政策为新经济发展保驾护航。2020 年，新经济委出台《关于供场景给机会加快新经济发展的若干政策措施》，明确提出支持硬核技术攻关催生新场景、加快布局新型基础设施支撑新场景、汇聚关键数据赋能新场景、支持应用场景市场验证、发布城市机会清单落地应用场景等九条指导性规则，并要求市级相关部门制定提出具体政策实施细则。

其次，在全国率先提出应用场景理论，着力构建与新经济发展高度契合的七大应用场景。通过场景供给培育新技术、新模式落地的应用市场，为新经济企业提供入口机会，为居民提供情景体验。城市机会是应用场景的源泉和基础，应用场景则是城市机会在生产生活、城市治理等领域的具体化表现。

最后，发布城市机会清单。为厚植新经济发展的市场沃土，推动产业扶持、企业发展从“给优惠”向“给机会”转变，让城市机会具象成为可感知、可视化、可参与的应用场景，成都在全国首创性提出城市机会清单——通过应用场景项目化、指标化、清单化的表达形式，向社会集中定期发布供需信息，将新经济与城市发展需求有机链接，为市场主体提供公共资源、要素资源的接入端口，促进新经济和实体经济深度融合，激发新经济企业创新活力和内生动力。城市机会清单是以行业发展、生产生活需求为导向，提供以创新驱动的新技术、新产品应用试验场和以消费驱动的市场机会的场景供给途径。根据2020年成都发布的第一批城市机会清单显示，城市机会清单包括消费提档升级需求清单、智慧城市建设需求清单、城市机会清单供给表(含公共服务平台名录、商标许可名录、双创载体名录、招商服务平台名录)、服务实体经济需求清单、公园城市需求清单、科技创新创业需求清单、绿色低碳城市需求清单、人力资源协同需求清单、三城三都需求清单、现代供应链创新应用需求清单、乡村振兴需求清单等11项清单，在为企业提供经济新机遇的同时也为公共服务拓宽供给轨道，实现了以人民为中心，立足社会效益的新发展观。

2020年，在疫情防控和经济建设双重要求下，倒逼和催生了新的市场、新的消费、新的场景，各类新需求被激活并呈现爆发式增长，给城市生产、生活和治理带来新发展、新机遇。成都推动城市场景转变为场景城市、“给优惠”转变为“给机会”，提出场景营城、产品赋能的要求，以“城市场景化、场景机会化、机会项目化、项目清单化、发布集中化”为原则，把举办“双千”(1000个新场景，1000个新产品)系列发布会当作落实防疫与经济发展、抢抓机遇的先手棋，培育多元化新经济应用场景。当年成都连续十场“双千”发布会共发布1050个新场景和1193个新产品，释放出6400亿元的城市场景建设项目投资，也吸引了1700余家企业参与和872.3亿元社会力量资本。

四、重构街居制强化体制适应性

街道是连接政府、社会与居民的桥梁，处在政府行政与居民自治的交结点。一方面，街道是政府正式权力的末梢，城市行政管理的基层单位，并运用上级政府赋予的行政权威管理、协调和控制辖区秩序；与此同时，街道工作直接面向基层社区，在人民及其他社会力量的认可下动员社会资源，整合、服务和发展社区利益。① 街居结构作为城市基层治理的支撑性正式制度安排，保障了政权力量与社会力量的有序交汇、互动。因此，要以"绣花"功夫提升城市治理水平，创建基于人民需求的城市治理体系，就必须推动城市治理重心下移和职能下沉，将街道打造为基层社会管理和公共服务中心。

（一）基于分类社区的街道体制重构

街道作为城市治理的基层载体，是上级治理任务的承担者，也是城市治理需求的回应方。实现以街道为中心的城市基层治理现代化是国家治理现代化的重要基础，对此，需要更新三点关键性认识：第一，街道是城市治理的重要主体和载体。随着计划经济体制向市场经济体制转型，单位制逐渐瓦解，其社会管理和公共服务职能也得到释放，作为承接方的街道功能开始急剧扩展。尤其是在十六届六中全会后，服务型政府的建设理念被正式提出。城市街道在城市基层治理中的地位、功能和作用越发重要。第二，街道职能转变是新时代城市治理创新的枢纽。单位制瓦解以后，如何重新组织社会、连接人

---

① 周平：《街道办事处的定位：城市社区政治的一个根本问题》，《政治学研究》2001 年第 2 期。

民，成为街道面临的重要任务。第三，街道体制改革是解决基层治理难题的突破口。近年来，街道功能的凸显带来了一系列的管理问题。比如，职能定位不清，有些街道过于抓经济职能而弱化了社会职能；权责体系失衡，复杂任务和有限资源的冲突限制了街道的实际工作能力；管理服务粗放，缺乏对群众需求的精准识别、精准供给；等等。这些问题的存在，直接影响了国家政策在“最后一公里”的落地实施，政府、社会、居民之间的良性互动关系也难以被建构。

同时，街道是组织社会、连接人民的重要桥梁和枢纽。其中，街道办事处作为政府行政管理与社区居民自治之间的关键纽带，起到承上启下的衔接作用。① 通过街道体制改革，能够提高体制效能、激发社会活力、实现人民连接，更好地构建新时代基层治理共同体。在这个过程中，街道办事处既是基层党建的实施者、城市治理的执行者、基层服务的组织者，也是社区共治的引领者。② 为保证能够承担这四大责任，街道办事处不可能被建设为一级政府，避免增加运行成本和社会负担；也不能简单建设为理想化的社会自治单元，以致于管理无法面向居民而精细化。新时代的街道体制改革，要以建立职能清晰、权责一致、保障有力、高效运转的街道办事处为中心，推动政府治理和社会调节、居民自治的良性互动，最终促成共建共治共享的城市治理格局的形成。

近年来成都已意识到街道在城市治理中的重要作用。原有街道体制存在街道数量多规模小、公共资源供给不足、服务效能低下、街道机构设置和管理体系不合理等问题，为此成都着手实施专业化管

---

① 陆军、杨浩天：《城市基层治理中的街道改革模式——基于北京、成都、南京的比较》，《治理研究》2019 年第 4 期。

② 容志、刘伟：《街道体制改革与基层治理创新：历史逻辑和改革方略的思考》，《南京社会科学》2019 年第 12 期。

理,以产业功能区为基本单位,推动以街道整合或撤镇设街道为主要方式的街道体制改革。其中,产业功能区管委会主责产业发展,街道社区主责公共服务和社会管理,区(市)县部门负责综合执法。这一改革在一定程度上打破了原有的基层行政壁垒,实现了资源要素的空间集聚、基层治理的活力激活和城市能级的大幅跃升。

考虑到超大城市的复杂现实情况,成都提出三大原则来引导推进街道体制改革。第一,坚持党建引领的原则。2017 年 6 月,中共中央、国务院出台的《关于加强和完善城乡社区治理的意见》明确提出:"推动街道(乡镇)党(工)委把工作重心转移到基层党组织建设上来,转移到做好公共服务、公共管理、公共安全工作上来,转移到为经济社会发展提供良好公共环境上来。"基层党组织建设是成都推进城乡社区发展治理的主要抓手。第二,实施分类管理的原则。深化街道体制改革首先要回答的问题是在什么情况下可以设置街道办事处,这涉及考虑人口、地域规模、城镇化率等变量,其中人口又是最重要的变量。① 成都区分街道与乡镇、城市街道与涉农街道、一般乡镇与经济发达镇的不同发展阶段和产业特点,通过分类指导、精准施策满足街道建设发展需要和居民多层次多样化多方面需求。第三,突出工作重点的原则。街道办事处不是大而全的一级政府,而是要保证基层治理和社会治理的精细化、精准化,切实解决群众关心的基层难题。

在党建引领、分类管理、突出工作重点三大原则的指引下,成都开展乡镇(街道)行政区划调整和体制机制改革,以实现全方位提升城市能级、全方位变革发展方式、全方位完善治理体系、全方位提升

① 容志、刘伟:《街道体制改革与基层治理创新:历史逻辑和改革方略的思考》,《南京社会科学》2019 年第 12 期。

生活品质。此次改革统筹了空间、规模、产业，坚持以产业功能区为载体，推进行政区划调整和体制机制改革，加快构建专业化的经济组织方式和现代化的城市工作方式塑造城市面向未来的战略能力和持久竞争优势。经过改革调整，成都的街道（乡镇）数量有所减少，空间布局一定程度上得到改善，并形成了产业功能区、特色镇、城市街道三种组织形态格局。

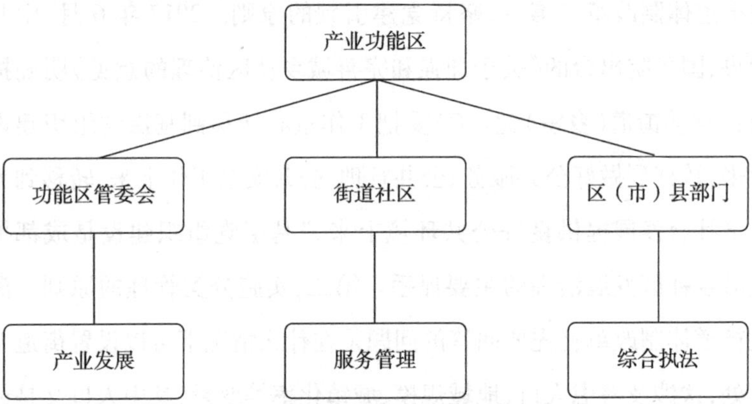

图 5-5　成都撤乡并镇街道体制改革

（二）公共服务供给的街居制

2019 年 11 月，习近平总书记在上海考察时指出，“要推动城市治理的重心和配套资源向街道社区下沉，聚焦基层党建、城市管理、社区治理和公共服务等主责主业，整合审批、服务、执法等方面力量，面向区域内群众开展服务”①。这一论述为新时代的社会治理和街道体制改革提供了思想指导和路径遵循。

---

① 《深入学习贯彻党的十九届四中全会精神提高社会主义现代化国际大都市治理能力和水平》，《新华每日电讯》2019 年 11 月 4 日。

表 5-7　成都街道职能改革相关政策

政策文件	发文字号	主要内容
中共成都市委、成都市人民政府关于推进乡镇（街道）行政区划调整和体制机制改革的实施意见	成委发〔2019〕	着眼解决行政壁垒制约要素空间集聚和城市能级跃升，原有乡镇（街道）数量多规模小，稀释公共资源，降低服务效能，乡镇（街道）机构设置和管理体系不适应新发展阶段要求等问题，推进乡镇（街道）整合和撤镇设街道，深化行政管理体制改革，促进产业向重点优势区域集聚、人口向重点优势区域转移、资源向重点优势区域流动，构建以功能布局为引导的新型城镇体系，强化城乡基层治理基础。
中共成都市委办公厅、成都市人民政府办公厅关于转变街道（乡镇）职能 促进城乡社区发展治理的实施意见	成委办〔2017〕	到 2020 年，城乡社区发展治理体系更加完善，统一领导、上下联动、各负其责、协调有序的城乡社区发展治理工作格局初步形成，街道（乡镇）社区发展治理和公共服务水平显著提升，基本形成职能科学、运转有序、服务高效、人民满意的城乡社区发展治理体制机制，为建设全面体现新发展理念国家中心城市奠定坚实基础。
中共成都市委办公厅、成都市人民政府办公厅关于做好镇（街道）行政区划调整和村（社区）体制机制改革“后半篇”文章的实施意见	成委办〔2020〕	到 2020 年底，镇（街道）、村（社区）体制机制改革后的职责体系基本理顺、工作运行有序，全市城乡公共服务水平和基层治理能力进一步提升，城市高质量发展的基层基础更加坚实。到 2022 年，基本形成适应城市发展战略的城市工作体系和现代治理体系，全市城乡公共服务和基层治理水平持续提升，形成高质量发展、高效能治理与高品质生活高效协同的良好态势。
成都市深化街道职能转变加快推动党建引领基层治理的措施	成机编办〔2019〕	为使各项改革任务落地落实，提出强化街道党组织政治功能、转变街道经济发展职能、赋予街道统筹管理权限、建立街道权责统一制度、严格街道机构限额管理等一系列举措，制定成都市深化街道职能转变工作重点任务分工方案。

续表

政策文件	发文字号	主要内容
中共成都市委机构编制委员会办公室关于开展创新镇(街道)现代治理体制机制试点工作的通知	成机编办〔2020〕	鼓励支持各地结合实际,在推进镇(街道)职能管理精细化、管理体制扁平化、基层治理智能化、审批服务便民化等重点领域和关键环节大胆探索、先行先试,为探索具有中国特色、成都特点的城市现代治理之路走在前列、作出示范。

第一,推动街道职能转变,探索将街道办事处工作中心转到公共服务、社会管理上来。一是深入推进"三个转变",促进街道职能归位。紧扣社区发展治理转职能,推动街道向统筹社区发展、组织公共服务、实施综合管理、优化营商环境和维护社区平安"五大职责"转变;紧扣优化营商环境转方式,剥离街道经济职能,推动街道承担的招商引资、协税护税工作任务向职能部门或产业园区转移;紧扣经济组织方式转重心,取消街道经济考核指标,把街道重心转向更好地为社区、企业和居民提供精细化的公共服务。二是统筹推进"五权下放",激发街道动力活力。着眼理顺条块关系,赋予街道对部门派驻机构负责人的考核权和任免建议权;着眼整合基层资源,赋予街道对派驻执法机构的统一指挥调度权;着眼强化公共服务,赋予街道对城市规划制定实施中涉及街道相关内容的参与权;着眼改善保障民生,赋予街道对辖区内事关群众利益重大决策和重大事项的建议权;着眼强化基层治理,赋予街道对涉及多部门协同解决的综合性事项的统筹协调权。

第二,建立街道权责统一制度,强化准入制度刚性落实。配套跟进"四项制度",强化政策保障支撑。着眼依法依规履职,制定街道"三定"规定,确保街道履职有法可依、有据可查;着眼规范事权运行,制定职责任务、便民服务、执法监管"三张清单",实现任务明晰化、事权规范化；着眼基层减负增效，制定事权下放操作规程，完善动态调整机制，做到事权下放规范有序、非准禁入；着眼创新考评机制，完善事权财权相匹配的考评体系，建立以街道职责任务清单为主的考评办法，促进街道依清单履职、照清单办事。

第三，聚焦服务群众、简约高效、优化协同“三大目标”重塑街道组织架构，实现街道工作重心从主抓经济发展向加强社会管理和提供优质公共服务转变。一是做精内部运转机构，紧扣街道承担的基层党建、社区发展、社区治理、公共管理、公共服务、公共安全等主要职责板块，坚持“5+X”模式设置街道党政办事机构；二是要做强便民服务机构，整合街道窗口类、平台类、活动类事业机构职能，实现“一个机构抓服务”，最大限度实现群众“就近办、自助办、一次办”；三是做优综合执法机构，进一步整合部门派驻街道各类站所、中队执法力量和资源，组建街道综合执法机构，强化街道对执法资源和执法力量的指挥调度和日常管理，提升矛盾和问题在一线解决的效率效能，逐步实现一支队伍管执法。

为适应新时代治理的需要，城市必须加快顶层设计和总体架构，对街道办事处的职能定位、权责关系和机构设置等重要内容进行指导和规范。遵循这一指导，2019 年成都市委编办联合市委组织部印发了《深化街道职能转变加快推动党建引领基层治理的措施》，提出以党建引领、职能转变、基层治理为导向，以抓党建、抓治理、抓服务为重点，以赋权增效、组织重构、资源下沉为抓手，做强街道、做优社区、做细服务、做精治理，加快构建具有超大城市特色的基层管理体制。总的来说，这一改革呈现出归位公共服务职能、制度化理清权责、整合部门力量等几大特征，也反映了基层治理体制从经济发展导向转为人民生活导向，从科层分割转向整体治理的变化。

（三）城市生活半径与治理半径的嵌套优化

在城市规划历史上，一些城市研究者比如雅各布斯都反对在城市建设之前以机械思维和技术工具进行人为性、蓝图性的规划，认为那是一种空有外部整齐划一、宏伟形象的无效规划，没有考虑到城市中居民生活的日常细节以及对原有家园的依恋情愫，最终必然会形成一种庸俗而笨拙的空想社会的状态。相反，雅各布斯提倡一种围绕城市居民日常生活，强调城市内部功能的人本主义规划，即城市建设的各种细节，如人的社会行为、经济行为，街道的布局、社区的建筑等经由试错、反馈、校正的自发调节过程，保持渐进式和多样性，最终形成"人们对公共身份的一种感觉，一张公共尊重和信任的网络"①。这些反思意味着，城市是复杂的，应按照人的需求、感受、尺度以及社会关系来组织、建设和治理。无论是城市还是农村，社区都是居民生活的基本单元，社区也是城市治理的最后一公里，人民生活与城市治理在社区内相交。因此，要以社区为中心，科学合理确定服务人口规模和服务保障半径，科学研判人口结构、消费习惯、生活特性，确保基本公共服务步行可达，在社区内实现生活半径与治理半径的叠套。

为此，成都参考国际城市经验，引入"生活圈"的概念。这一概念起源于日本，最早出现在1965年日本第二次全国综合开发计划中提出的"广域生活圈"，并作为合理安排基础设施和公共服务设施、促进地区均衡发展的规划策略。② 直到20世纪90年代初"生活圈"概念引入国内并展开了多种理论研究和规划实践。北京、上海、杭州

① Jacobs J., 1961. *The Death and Life of Great American Cities*. New York: Random House.

② 和泉润、王郁：《日本区域开发政策的变迁》，《国外城市规划》2004年第3期。

和成都等城市相继构建了以解决居民基本需求为出发点的15分钟社区生活圈，并作为城市社区规划建设工作的重要目标。生活圈的规划建设具有三个特点：一是人民为本，基于居民的行为规律，解决其在不同领域、不同层次的生活需求；二是服务为先，以服务设施为核心，注重各类设施建设的系统性和协调性；三是治理为辅，强调广泛的公众参与，自下而上地识别并回应多元化的基层治理需求。

2017年开始，成都启动中心城区基本公共服务设施“三年攻坚”行动，首次提出要打造15分钟社区生活圈，让市民享受到15分钟搞定生活的便利。15分钟社区生活圈，是居民从居住地到日常生活所需地（包括政务服务、基本的商业服务，以及其他生活服务需求等）步行15分钟的区域，是相对独立、互补共享的小型城市生活圈。15分钟社区生活圈，也是人们日常生活的行动半径，在这里人的尺度和体验将作为重新认识社区、改造社区和重塑社区的重要参考，一方面有助于完善城市基本公共服务设施布局，另一方面有利于实现高效能的社区治理，使人民群众真正感受到生活有变化、服务更贴心。

作为城市治理的基层权力枢纽，在街道内，城市的治理半径与人民的生活半径相嵌套。成都通过街道体制改革与15分钟社区生活圈建设，将人民美好生活和街道行政规划结合起来，有利于基层治理对象和主体之间关系的理顺。首先，坚持以便民利民为导向，基于街道人口数量和行动规律，合理测算交通、市政、公共服务、政权设施等建设需求，确保原有设施继续保留、新增投资项目合理布局，切实保障基础设施和公共服务有效供给。其次，注重以共识宣传为手段，街道的行政体制规划与人民生活息息相关，群众和干部的共识思想在于持续的宣传动员，包括召开动员会、座谈会、个别谈话等多种方式，以保证及时了解居民真实想法和改革政策的有效落地。最后，强调以功能优化为保障，面向群众、企业量大面广的政务服务需求，在人

图 5-6　成都龙泉人家 15 分钟社区生活圈建设

民生活半径内推进便民服务中心建设，整合街道窗口类、平台类、活动类事业机构和职能，推进政务信息数据共享，打通便民服务“最后一公里”。通过街道体制改革，成都尝试性地将人们生活圈的打造与街道的治理体制调适相结合，既回应了以人民为中心的服务导向，又使街道职能回归社会服务的本位，有利于推动基层治理现代化和国家治理现代化。

五、本章总结

对于专业化、分工化的科层式政府来说，分工太细或过分专业化导致组织发展走向反面，出现职能交叉、机构重叠、重复劳动、效率不高以及部门之间难以协调等现象是无法避免的管理悖论。愈发复杂的现实问题难以嵌套进科层体系的细碎划分，世界范围内碎片化治理难题日益加剧，政府设置与现实问题的间隔愈远。新时代以人民为中心的发展理念提出后，回应人民多元、多样的差异化需求，解决涉及多个部门职责和利益的抗解问题更是对深陷于部门代表性的现有体制提出了高要求。

中国城市治理及空间格局的形成不仅来自城市之间的时空连通，也是国家建构的结果。基于国家治理目标和体制的制度安排使得城市成为国家治理的空间延伸。以行政等级来划分城市序列的制度惯性决定了城市在资源分配中是否处于优势地位，还决定了城市政府的权限以及城市规模。即使是人口规模大、公共服务需求多的城市空间也会因发展位序转移、管理边界调整、事责下移、财政资源有限而被边缘化。行政层级的约束成为引发城市公共服务配置不均衡的体制诱因。因此，如何在一个城市范围内尽最大可能优化体制，改善公共服务质量和资源配置效率，提高自身治理能力，在本质上就变得非常重要。

为了化解部门协同困境，形成有关部门之间通力合作、协同高效的治理模式，成都兼蓄无缝隙政府等西方理论中的组织变革范式与党政动员等中国特色的治理工具之长，以党的整体性领导为基石，以项目驱动为关键自上而下地撬动各职能部门的分工重组与一致行动，创制社治委、新经济委等专门的核心协同部门，在常态化、制度化、系统化的政策体系之下稳定、长效地调动各种组织要素，形成了多个以美好生活的不同侧面为目标的履责共同体。

一方面，回应新时代城市治理的新需求，成都不仅成立了社治委、新经济委、公园城市建设管理局这些整合性的新部门专攻重点模块工作，一些传统部门的职能也适应现实变化发生了变革。比如民政部门不止于提供民生领域的服务保障，更着力于基层社区的发展治理，创新社区营造的治理策略。另一方面，财政是政府治理能力的物质保证,财政资源的配置机制映射政府的治理取向。以人民为中心呼唤更加开放的、民治、民享的公共财政体系,为此成都建立了多元主体协同开源、居民参与式管理资金的社区公共财政制度。此外,成都还重点扶植新经济,引导新产业成为充实公共财政收入,赋能社会服务供给的新渠道。

街道是城市政府管理的基层单位,街居制是支撑中国城市行政权威与基层社会自治互动秩序的正式制度安排。成都从重构街居制入手,让街道回归公共服务职能,将街道打造为整合治理力量与服务资源的基层治理中心。并且以 15 分钟社区生活圈为载体实现了街道和社区内城市治理半径与人民生活半径的嵌套。

总而言之,成都以人民美好生活向往引领城市治理方向,在不同层级、不同领域展开政府部门的体制重塑和政府机制创新,优化城市治理体系,成功构建了在职能上更加面向民生需求、面向公共服务、面向社会治理,在组织上突破部门分割困境,实现制度化动员、协同,在绩效上追求人民获得感与满意度的整体性政府。

第六章　党建引领激活基层治理网络

伴随全球化、市场化和城市化的快速推进，公共事务的复杂性急剧增加。为了应对社会问题的复杂化，城市特别是基层越来越需要依靠多元主体协同的网络力量来应对复杂公共事务，地方管理者必须更高效地动员社区资源——公共的、私人的和社区群体——来解决社区层面的问题。在复杂公共事务面前，社会能否协调发展越来越“取决于核心主体的力量以及各社会主体间的协同能力”①。正如第一章所分析的，中国场景与政党角色的差异带来了治理模式的多样性。如果治理网络是回应复杂问题的重要机制，那么在中国城市基层社会中，治理网络何以形成？又依靠哪种机制来发动与维持？通过对成都治理的剖析，本章所讨论的重点是，党建引领何以以及如何创建、发动和激活了基层网络。

一、谁来建设治理网络

面对公共事务的复杂化，各国普遍意识到政府或市场单一力量

① 范如国：《复杂网络结构范型下的社会治理协同创新》，《中国社会科学》2014 年第 4 期。

的局限性，尝试纳入市场、社会的不同力量合力应对，基于“治理网络”的网络治理(Network Governance)因其协同多元主体的优势而逐渐成为各国公共治理中超越科层机制和市场机制的“第三种机制”。

(一)网络作为应对复杂公共事务的最佳模式

网络是涉及多个组织或组织的某些部分间相互依赖的结构关系，具有结构性的稳定，能够建立超出正式关系或者法定政策关系的相互链接①，是一种广泛存在的社会协调方式，从网络视角出发，治理就是包含不同行动者的网络的运行过程。据此，罗茨甚至认为，“治理就是管理网络”②。在网络治理的背景下，“地方层面的公私分离被打破了，现在的关键词是相互依赖——一种强调合作解决问题的途径。城市管理者必须确定战略伙伴，并学习建立联盟和共担风险”③。网络治理倡导在由不同行动者组成的组织网络中实施合作治理、互动治理，这种治理路径有赖于信任机制的黏合与协调机制的整合④，有利于解决一系列复杂、动态与相互依赖的公共难题。

---

① O'Toole Jr, L.J.1997.Treating networks seriously: Practical and research-based agendas in public administration. *Public Administration Review*, 45-52.

② 关于治理理论中的网络一词，不同时代的著作有不同含义。在计算机互联网兴起之前的时代，网络是和科层机制相对应的术语。网络意味着非政府的、非层级的平级合作组织。因此，这种语境下的网络是不包括政府在内的，特指民间组织合作的治理网络。网络一词强调的是地位平等、不相隶属的关系。而在计算机互联网兴起以后，随着大众对于网络的想象的变化，网络一词中广泛联系的意义超过了平等关系的意义，网络被用于描述不同主体的合作和联合。因此，在这种语境下的网络治理包括政府等官僚组织结构的机构在内。在阅读治理文献中，可以发现这种词义的发展与变化。Rhodes, R.A.W.(1996).The new governance: governing without government. *Political Studies*, *44*(4), 652-667.

③ 戴维・R.摩根：《城市管理学：美国视角》，杨宏山、陈建国译，中国人民大学出版社2011年版，第300页。

④ 鄞益奋：《网络治理：公共管理的新框架》，《公共管理学报》2007年第1期。

表 6-1　市场制、科层机制与网络制的比较

维度	市场制	科层机制	网络制
规范基础	契约、产权	雇佣关系	能力互补
交流手段	价格	文书主义	交互性
冲突解决方法	讨价还价、诉诸法庭	行政许可、监督	互惠、信誉
灵活度	高	低	中
成员间的忠诚度	低	中	高
基调或氛围	精确和(或)怀疑	正式化	开放、互惠
行动者偏好或选择	独立	依赖	相互依赖

资料来源:Powell, W. W. 1991, Neither market nor hierarchy: Network forms of organization. ThFr91,265-276。

网络治理理念在中国传播的原因有三:一是改革开放和市场化的发展逐渐打破了总体性社会下国家支配政治、经济和社会的格局,相对独立的市场体系和社会结构开始在国家之外不断发展壮大。中国社会组织网的数据显示,以社会组织为例,截至 2021 年 1 月 20 日,社会组织累计登记数量已达 900914 家。与 2015 年相比,总体规模增加了近 40%。二是伴随市场化改革的推进,社会不公平、不信任和不稳定的三大社会难题出现,诸如贫富分化、社会矛盾、社会治安等棘手问题频发,治理面临着发展与安全等诸多两难问题。三是政府改革不断向纵深方向发展,职能转变、简政放权等系列改革旨在打造高效能的服务型政府,为市场、社会的发展及多元主体网络的培育创造良好的外部环境。于是,一方面,复杂社会问题迫切需要新的治理机制予以解决和回应;另一方面,市场与社会的组织程度上升,参与国家和社会治理的需求和能力日渐增强。在两股力量双向挤压下,以政府或市场为主的一元治理已不能满足新时代高质量发展需求,网络治理模式呼之欲出。

事实上,多年来各个领域的实践探索多蕴含网络治理的理念。

例如,在公共服务领域,提出加快推进面向社会购买服务,支持参与社会扶贫的各类主体通过公开竞争的方式,积极参加政府面向社会购买服务工作;在环境治理领域,各个地方政府均提出加强联防联控,各市(区)协同治理;在应急治理中,探索建立营利组织、非营利组织、社会公众、媒体相互合作的应急管理多元协作格局。可以认为,中国在各个方面的实践探索形成的要求都隐含了网络治理的本质与内涵,成都治理实践同样如此。

(二)社会低组织性背景下的网络治理难题

网络治理最早出现在西方治理实践中,但如前述,后发国家既要应对国内环境的薄弱,又要应对国际环境的竞争,其发展是在条件不足下的“压缩式”发展,这种时间上的紧迫与压缩、社会经济文化环境上的差异也带来了网络治理的不同,塑造了不同的网络治理形态。西方国家社会发展起步较早、社会资源相对充裕且权力高度分化,因而大量社会组织拥有独立发展所需的自治资源和行动自主性,网络往往由各个资源相互依赖的组织自发形成;另一方面,西方联邦制结构下,地方行政官员享有广泛的自由裁量权和财政、法律资源,因而在网络因其内部冲突和权力失衡而失灵的情况下,能够通过“元治理”对网络进行调节和规制。[①] 简而言之,即各个主体具备自主发展所需的资源和相互依赖的资源结构,能够自发连结形成平行关系网络,行政组织在网络失灵时发挥关键的协调作用。而在中国,一方面,因长期以来以经济增长为中心的发展策略,社会发展被裹挟在市场化进程中并且高度依附于市场,尽管社会力量得到一定程度的提

① Agranoff, R., McGuire, M. 2001. Big questions in public network management research. *Journal of Public Administration Research and Theory*, 11(3), 295-326。

升，但仍不具备独立发展的资源和自主性；另一方面，“条块”体制下的社会资源往往是经由体制主动赋予，各类社会团体和民间组织多是先在体制内孕育再逐步从体制内分化出来①，这有效降低了社会组织之于国家治理的风险，但也导致组织自身缺乏必要的行动资源和能力，各类零散的组织并不足以自发形成横向网络。

中国多科层制度环境以及社会发展的独特逻辑塑造了网络治理的特有逻辑，其治理结构并不同于西方的横向组织间网络关系，而是一个横向组织网络与纵向层级相互交织的立体化体系，即治理体系。例如，十九届四中全会提出，要“完善党委领导、政府负责、民主协商、社会协同、公众参与、法治保障、科技支撑的社会治理体系”，习近平总书记也在不同场合多次强调“加强和创新社会治理，完善中国特色社会主义社会治理体系”“发挥社会组织作用，实现政府治理和社会调节、居民自治良性互动”。这均表明中国的网络结构是一个纵向层级与横向网络相互交织的立体化体系。这一体系既包括从中央到省、市（县）、镇（街道）及村（社区）的各个层级，也包括党委领导、政府负责、社会协同、公众参与的社会协同网络②。在这一体系中，诸如社会治理职能被零散分布在政法、民政、公安、司法、信访、教育、卫健等多个专业化行政部门内部，由各部门单独承担各自职权范围内的职能。但是，专业分工在提升各部门内部工作效率的同时，也带来跨部门协调的困难③。而且，越到基层，科层组织“任务—资源”结构的张力就愈加凸显，表现在权力向上集聚而资源逐级递减。因此，在条块

① 孙立平、晋军等：《动员与参与》，浙江人民出版社 1999 年版，第 293 页。

② 范如国：《复杂网络结构范型下的社会治理协同创新》，《中国社会科学》2014 年第 4 期。

③ Perri 6. 2004. Joined-up government in the Western World in comparative perspective: A preliminary literature review and exploration. *Journal of Public Administration Research and Theory*: 103-138.

分离的部门体制以及任务与资源分离的制度环境下，单纯的政府行政机构缺乏西方预设下管理网络的跨部门协调能力和必要资源，仅靠地方各级政府及其职能部门并不足以管理复杂的网络关系。

社会低组织性与立体化体系二者交织在一起，带来了中国网络治理的核心难题——"网络何以建立"。一方面，各级政府、社会组织构成立体化体系的重要组成部分，网络已经初具雏形；另一方面，科层组织的条块分割导致各个组织之间是松散关联而非紧密结合的组织形态，而社会低组织性又使其难以自我形成网络。但以成都为代表的地方治理实践表明，党组织因其在治理体系中的结构性位置能够弥合组织和体制缝隙，并在网络形成和维持过程中起到关键作用。

（三）党组织在网络中的主体性角色

首先，党是国家治理的领导核心，党的领导保证了治理任务在纵向层级间的传递，塑造了治理体系中的纵轴。政党中心主义认为，政党具有治理功能，主导政策制定和执行，政党"处于现代政府的中心，并扮演着决定性和创造性的角色"①。在中国，党的领导是包括社会治理在内的各项工作的出发点，党组织在推进改革、规划发展、协调资源方面具有绝对的合法性地位。党能够发挥统领与协调的作用，超越条块或行政区隔，将分割的组织体系融贯在一起，形成治理合力②。

其次，党作为超越市场和行政的权威中心，构成了社会动员的合

---

① 郭定平：《政党中心的国家治理：中国的经验》，《政治学研究》2019 年第 3 期。

② 陈红太：《从党政关系的历史变迁看中国政治体制变革的阶段特征》，《浙江学刊》2003 年第 6 期；赵聚军、王智睿：《社会整合与"条块"整合：新时代城市社区党建的双重逻辑》，《政治学研究》2020 年第 4 期；周雪光等：《党政关系：一个人事制度视角与经验证据》，《社会》2020 年第 2 期。

法性和权威基础①，建构治理体系中的横向网络。党是国家现代化的领导者和推动者，是“政党造国家，国家造社会”的核心力量。党与社会的关系既不是单向的控制关系②，也不是简单的国家权力撤出、社会自主发展的逻辑，而是以政党的绝对合法性引领社会发展，实现政党能力与社会发展的双向提升，即在确保核心领导的前提下，通过党的权威凝聚、整合和调配资源，回应和服务社会。③ 同时，党组织衔接了多元治理模式中的不同机制。政府、市场、社会机制各有自我的运行逻辑，难免暗含相互抵牾的诉求而相互排斥④，党组织作为超越行政机制和社会机制之上的整合力量，能够使得暗含矛盾与张力的不同机制在同一系统框架下和谐共生、协同促进。

成都作为探索超大城市治理经验的前沿阵地，各级党组织实质上承担着辖区内治理体系——纵向的领导体系和横向的治理网络的构建和管理工作。比如，成都多次强调：“创新‘党委统筹、双线融合’领导体制，构建‘一核三治、共建共享’新型基层治理机制，打造党建引领、民主协商、社会协同、公众参与的基层治理体系”“加快推进社会治理体系现代化，核心是在党的领导下，充分发挥政府、市场、社会和群众各方面积极作用，发扬民主、厉行法治，确保社会既充满活力又和谐有序”。就此而言，新时代城市治理特别是城市基层治理的任务，很大程度上便是以党建推动治理体系的完善，并通过管理、激活和发展网络来有效回应人民需求。城市治理体系中关于整

① 林尚立：《集权与分权：党、国家与社会权力关系及其变化》，《复旦政治学评论》2002 年第 00 期。

② 渠敬东、周飞舟、应星：《从总体支配到技术治理：基于中国 30 年改革经验的社会学分析》，《中国社会科学》2009 年第 6 期。

③ 田先红：《政党如何引领社会？——后单位时代的基层党组织与社会之间关系分析》，《开放时代》2020 年第 2 期。

④ 李友梅：《中国社会治理的新内涵与新作为》，《社会学研究》2017 年第 6 期。

体性政府建设的内容在上一章已作详述，本章将侧重于呈现党如何广泛联结市场、社会等多元主体，建构行动协同、资源整合的基层治理网络。可以认为，成都治理创新实践本质上构成了对党组织如何构建治理网络这一问题的直接回应。

二、后单位时期的城市社会松散化与基层再组织

人民既是治理网络的服务对象，也是治理网络的参与主体；与人民的连接是治理网络的基石，既决定了治理网络对治理需求与目标的识别，也影响着治理网络的运行方式和最终成效。然而，后单位制时代，个体通过单位与国家相连的链条不复存在，个体的流动、个体与个体间的差异进一步加剧了城市社会的碎片化，亟待重建人民与党的连接、人民间的连接，实现基层的再组织。

（一）碎片化城市及其对城市治理带来的挑战

伴随由总体性社会向后总体性社会转变，城市社会发生了两个重要的制度转变，一是单位中国的逐步瓦解，二是户籍制度的逐步松动，这两大制度在短时间内的转变从根源上导致城市的碎片化，带来城市治理的再组织化难题。

单位制的解体瓦解了原有国家与社会的制度化联结，国家与社会呈现松散状态。在计划经济时代，单位是具有国家所有或全民所有制性质的各种类型的社会、经济和政治组织，每个人都工作、生活在单位之中，个人和单位的关系由于资源主要由单位垄断性分配的机制而变得异常紧密，进而个人与国家的联结也异常紧密。单位实际上承担着社会管理的任务。其一，单位隐藏了个体利益的差异。在单位制下，通过“国家—单位—个体”这一链条，经济生活、社会生活都被整合在单位中。单位内部严格的人事管理制度将成员圈定在

单位内部,非经领导和上级的批准以及繁复的人事调动程序,成员无法在不同单位间流动。在缺乏社会流动的情况下,人们之间不是没有利益差异,而是这种差异被置换成了“单位差异”并成为常态;同时,单位的利益实现能力与成员个体并无实质性关联,而主要取决于单位在整个国家体系中的地位与作用。其二,单位吸纳了其他社会组织。在单位制中,所有的组织都可能是单位,无论是行政单位、事业单位还是企业单位,都隶属于单位的上级部门。单位的行动逻辑,很多时候并非其专业属性,而是上级指示。与此同时,虽然在国家体系中也设置有工会、妇联、青年团等众多利益调节组织,但这些组织都被赋予了行政等级成为“类行政机构”并以此而获得资源,其功能和边界都变得模糊,难以成为有效的利益调节渠道。

可以说,单位是一种“完全型”组织,它打破了现代城市生活中的组织分工,以政治整合的方式实现人们对工作、衣食住行、文化娱乐休闲的需要。在后单位制时代,这一结构发生了重大变化。单位制的解体瓦解了原有国家联结社会的制度纽带,总体性社会中的“国家—单位—个体”的关系链逐渐转变为“国家—市场—个体”的关系链。一方面,市场化改革后的个体丧失了单位这一与国家相联系的制度化方式;另一方面,由于没有组织使市场化改革之后高度异质性和流动的个体产生持续交往,市场经济中的陌生人社会很难形成互惠交换的规范,社会个体原子化,相互间信任稀薄。尽管在单位制解体后,居委会接载了单位制的部分社会管理职能,但其对个体却没有相应的约束力,在资源配置和组织管理方面只停留在“低治理权”①。同时,户籍制度的松动和调整加速了社会群体在不同空间、不同区域之间的流

① 陈家建、赵阳:《“低治理权”与基层购买公共服务困境研究》,《社会学研究》2019年第1期。

动,同一宗亲或世代为邻的熟人社会分崩离析。群体、组织、空间等有形的边界日益模糊,组织和整合社会生活和社会秩序的主导权力来源和机制逐渐被弱化[1],城市呈现碎片化。

以上变化意味着,城市治理面临两个方面的挑战:一则,碎片化城市带来基层社会原子化,居民的培育和再组织化成为重要命题。在原有的熟人共同体中,非正式规则约束(家族、宗族、道德、面子等)是人们之间的行为准则。但当熟人社会逐渐向陌生人转向时,人们开始越来越多地依靠市场机制获取资源。市场意识和利益意识都在逐渐增强,集体化社会日渐萎缩,个体化社会不断兴起。[2] 居民更加注重个体利益而非关系情感,受理性驱动的利益关联逐步瓦解了原有社会内个人和组织的联合形式,法理契约和经济利益对共同体的共识性产生冲击。[3] 利益各不相同的群体、阶层如何在同一社区空间中参与公共事务,如何使推动城市社区生活中逐渐原子化的居民重新紧密联结,是当前城市治理需要解决的现实难题。

二则,伴随传统社会动员的组织基础瓦解,党组织必须寻求新的机制建立与社会的组织纽带;流动社会冲击原有的社会秩序并弱化对政党动员的认同,重塑社会对治理目标的内化认同和服从成为迫切需要。伴随市场化进程的推进以及党政分开改革下的主动赋权,社会的自主意识和权利意识生发出来,社会自主性逐渐增强。在此情景下,尽管党组织从未从基层"退场",但由其在基层治理中的实

---

① 李友梅:《当代中国社会治理转型的经验逻辑》,《中国社会科学》2018 年第 11 期。

② 郑杭生、黄家亮:《论我国社区治理的双重困境与创新之维——基于北京市社区管理体制改革实践的分析》,《东岳论丛》2012 年第 1 期。

③ 周延东、曹蕗蕗:《从居住共同体走向新生活共同体——社区安全治理的反思》,《湘潭大学学报》(哲学社会科学版)2015 年第 6 期。

质性作用确实出现了不同程度的“悬浮”和弱化①。与此同时,社会内部生长出抵制国家介入、要求共享社会资源的因素,国家提取社会资源的能力不断受到挑战②。由此,新时代的城市治理,既要在整合分化社会基础上贯彻国家意志,又需要在制度层面回应多样化、差异化的社会诉求,还需要重新强化社会对党的认可、服从和支持③。

(二)党群服务中心作为基层再组织的载体

联结人民、组织基层、架起国家与个体关联的通道,既是对城市松散社会背景下社会治理挑战的回应,更是社会主义体制对于人民的承诺,以实现对每个个体的保护。前述,行政组织难以直接面对广泛、异质且分散的人民,单位制解体后承接其部分社会管理职能的居委会也缺乏相应的组织资源。相较来说,党在再组织方面具有优势。一方面,作为权威中心,党组织本身具有整合与组织社会的合法性与权威基础;另一方面,党组织在社区的生活场所和企业、事业单位等工作场所几乎全覆盖,为再组织提供了组织载体与人力资源。而在基层,党群服务中心则充当了再组织的空间载体。

2019 年 5 月,中共中央办公厅印发《关于加强和改进城市基层党的建设工作的意见》,指出要“建设覆盖广泛、集约高效的党群服务中心。综合区位特点、人群特征、服务半径等因素,整合党建、政务和社会服务等各种资源,统筹建设布局合理、功能完备、互联互通的

① 陈亮、李元:《去“悬浮化”与有效治理:新时期党建引领基层社会治理的创新逻辑与类型学分析》,《探索》2018 年第 6 期。

② 王邦佐、谢岳:《政党推动:中国政治体制改革的演展逻辑》,《政治与法律》2001 年第 3 期。

③ Wang X.,2016,Requests for Environmental Information Disclosure in China:an understanding from legal mobilization and citizen activism,*The Journal of Contemporary China*,25(98),pp.233-247.

党群服务中心，打造党员和群众的共同园地”，提出党群服务中心既是党领导城市治理的坚强阵地，也是服务党员群众的温馨家园，具有双重角色。由党自上而下推动建设的党群服务中心作为一种城市空间设施，由此承担着政治和服务两大功能，即以党建为中心实现社会再组织和服务居民需求，既能够发展和维护党的执政基础，又能在群众生活的区域内提供服务。①

为了充分发挥基层党组织的作用，成都围绕党群服务中心建设出台了一系列政策文件，推动党群服务中心的全覆盖。按照加强基层服务型党组织建设的工作部署，各辖区党工委进一步创新组织设置、搭建交流平台、丰富活动载体、强化资源保障。商圈楼宇、专业市场和建筑工地是非公有制经济组织和社会组织以及党员群众的集聚区，加强这些领域的党建工作，是完善基层社会治理体系、推动区域经济快速发展的需要，是扩大党的群众基础、夯实党的执政根基的需要。2017 年，成都出台《关于加强楼宇商圈、专业市场和建筑工地党建工作的指导意见》，各区（市）县委组织部和乡镇（街道）党（工）委分层进行动员部署、全面摸底、逐渐集中和督促检查，切实扩大商圈楼宇、专业市场和建筑工地等领域的党的组织覆盖。随着党组织覆盖范围的不断扩大，党群服务中心作为党组织的空间载体也逐渐从日臻成熟的社区党群服务中心打造扩散向小区、商圈、楼宇、工地、市场党群服务中心建设。成都涌现出了天府新区天投集团建筑工地党群服务中心、中国太保成都党群服务中心等一系列扎根各类场所的党建样板工程。

---

① 刘伟、尹露：《治理与生活一体化：城市党群服务中心空间生产逻辑研究——以苏州 W 街道党群服务中心为例》，《城市观察》2020 年第 2 期。

表 6-2 成都商圈楼宇、专业市场和建筑工地党组织设置

组织设置	具体内容
组织建设	·成立党的基层委员会、党的总支部委员会和党的支部； ·建筑工地可根据情况成立临时党组织； ·设立联合党组织、综合党委。
隶属关系	·属地管理：党委、党总支、党支部可由乡镇（街道）、村（社区）或行业主管部门的党组织领导和管理； ·双重管理：社会贡献度、影响力大的商圈楼宇、专业市场和加护工地党组织由市县两级非公有制经济组织和社会组织工作委员会直接领导。
班子成员	·商圈党组织：班子成员从社区党组织、属地行业协会和商会以及非公有制经济组织和社会组织党组织负责人中产生； ·楼宇党组织：班子成员从楼宇工作者、物业管理方以及入驻单位党组织负责人中产生； ·专业市场党组织：班子成员从主管部门、行业协会、市场管理机构以及非公有制经济组织和社会组织党组织负责人产生； ·建筑工地党组织：班子成员以施工企业为主体，依托工会、行业主管部门或乡镇（街道）党（工）委按需配备。

2018 年，成都在全市范围内推进了去形式化、去办公化和改进服务的党群服务中心亲民化改造，《关于优化社区党群服务中心的意见》指出，要“确保 2018 年底，全市 13 个全域示范街道和 117 个示范社区全面完成改造，新投用的社区用房、社区综合体均体现出亲民便民理念，逐步推动全市党群服务中心优化提升，切实把社区党群服务中心打造成为社区居民‘易进入、可参与、能共享’的邻里中心和温馨家园”。一般而言，党群服务中心入口处为社区服务大厅，集合了劳动保障、医疗保险、老龄服务、计划生育、民政残疾等便民服务事项的办事窗口。接下来会设有多种多样的功能区域，如包括电影放映、文化书吧、传统文化体验、咖啡馆或茶艺室等项目的文化休闲空间，包括健身房、舞蹈室、器乐房、职业技能培训等项目的文体活动空间，包含党员服务台、心理咨询室、志愿者之家的群团志愿服务空间，包括法律援助、调解室等项目的法律维权空间，诸如四点半课堂、亲

子成长乐园、养老服务、助残中心等项目的扶老助幼亲善空间，等等。党群服务中心根据地区特色及目标群体特征来按需配给不同类型的功能区，因地制宜回应群众的生活需求。比如在商业楼宇中，党群服务中心开办白领交友联谊沙龙，建立创业者俱乐部、企业家微信群等，定期举办法律、管理、营销等多个类别的职业课程培训及文化讲座；在老年人口集中的公租房、安置房社区更多地提供医养服务、开设养老公寓；在国外移民聚居的社区，营造国际友谊共享馆、沉浸式中外文化体验场景等。

成都锦江区汇泉路社区党群服务中心是代表性工程，六层小楼内每层分别以“汇邻、汇德、汇艺、汇创、汇美、汇文”为中心打造便民服务区和居民议事厅、家风家训馆和成都历史展厅、公益音乐艺术学院、金融科技产业孵化园和外籍人才服务中心、社区数字美术馆和汇泉读书会等主体空间；文创产业繁荣的武侯区倪家桥社区则和成都

图 6-1　成都汇泉路社区党群服务中心

小酒馆联袂将党群服务中心打造为全天候互动式家园和院子文化创意园，以成都特色的院子文化和原创音乐为特色，为社区居民增添了生活情趣和交往契机。党群服务中心实际上成为统合各类组织，提供组团式服务的平台，更多的实体空间被用于营造更便捷的服务触达与更丰富的生活形态。总体而言，“天府之家”社区综合体、社区党群服务中心、居民小区和商务楼宇党群服务站构成的“3+X”服务载体丰富了居民生活服务形式，盘活了闲置公共资源。

表 6-3　成都党群服务中心相关制度文件

政策文件	相关内容
构建以党组织为核心的新型城乡社区发展治理体系三年行动计划	实施党群服务中心提升行动。针对阵地功能不优不全的问题，以党群服务引领社区综合服务，构建以街道（乡镇）、社区和园区（商圈、楼宇）党群服务中心（站）为支撑的15分钟社区生活服务圈。
关于深入开展党建引领城乡社区发展治理集中攻坚加快示范社区建设的推进方案	完善线上线下合一、前台后台联动的社区综合服务模式，开展亲民化改造，拓展党群服务中心公共服务、便民服务、志愿服务功能。
关于加强新时代互联网业党的建设工作促进互联网业健康发展的指导意见（试行）	推进活动阵地“双向开放、集约共享”，已建成的区域性党群服务中心要向互联网业党组织开放，促进活动联办、阵地联用、事务联商。
关于优化提升社区党群服务中心的指导意见	加快推进社区（含涉农社区、建制村）亲民化改造提升，扎实推进社区党群服务中心去行政化、去形式化、去办公化和改进服务“三去一改”，切实把社区党群服务中心打造成为社区居民“易进入、可参与、能共享”的邻里中心和温馨家园。
楼宇党建“两个覆盖”质量提升行动方案	推行“1+N”模式。按照“一个楼宇党群服务中心+若干个楼宇党群服务站”的“1+N”模式，统筹社区“邻里中心”，分区域构建富有成都特色、名称标识统一、资源联动共享的党群服务阵地体系。

续表

政策文件	相关内容
关于推广党建引领社区发展治理"五线工作法"和党建引领居民小区发展治理"五步工作法"的通知	由街道社区党组织牵头，按照"布局体系化、功能综合化、服务亲民化"的思路，开展党群服务中心优化提升，构建街道、社区、小区和其他领域"3+X"党群服务中心体系，建成居民群众"易进入、可参与、能共享"的邻里中心和温馨家园。

成都党群服务中心的基本功能有二：一是政治功能，即承担着党建、社会再组织和社会教化的政治角色，从而巩固执政党对先进思想的代表权和对社会发展的领导权。党群服务中心是党组织在社区、楼宇、工地等各类社会空间的前沿阵地，是党组织发起和实施组织覆盖、人事嵌入、活动嵌入乃至服务引领等治理活动的基础设施。[①] 党群服务中心需要打造"政治信仰空间"，让党员和群众在门口就能找到组织。二是服务功能，即依托正式的组织场所，促进利益协商、生活服务与集体互动，从而回应复杂的社会治理问题，兑现为人民服务的承诺。党群服务中心的服务化、生活化行动，让政治与治理贴近生活、融入生活、组织服务，既是党的使命依归，也是在居民需求日益复杂的现代城市社会中吸引群众走进来的现实需要。

更进一步，党群服务中心的政治功能与服务功能相互交融，双向嵌入。成都打造党群服务中心走的是把思想政治融入生活服务，在生活服务里发掘思想政治，推动抽象的思想政治与生活服务相融合的路径。首先，党群服务中心通过聚合各种公共性、交互性的生活服务，塑造了一种比私人生活、家庭生活更大范围的面对面的公共集体

① 彭勃：《国家权力与城市空间：当代中国城市基层社会治理变革》，《社会科学》2006 年第 9 期。

生活形态，将原子化的个体拉入党建构起来的公共集体生活①，为政治引领与政治统合奠定群众基础。其次，在党群服务中心提供的生活体验活动中，手工课程、培训讲座等生活休闲活动与党史学习、政策讲解等活动结合在一起，达到春风化雨的效果。相比于以政治功能为主的正式组织，党群服务中心以更加柔性的方式重新将非户籍人口和新兴社会组织重新织入网络中，从而将高度分化的社会整合成一个有机整体，凝聚在党组织的周围。在此基础上，党群服务中心借助日常互动的形式实现了对居民潜移默化地再组织化和政治濡化，将党建工作的日常化及服务群众的日常生活结为一体②，党组织成为串联基层社会各类群体与日常生活方方面面的纽带。

专栏：锦江区党建搭建参与平台探索超大城市核心商圈治理

1. 背景起因

从治理角度看，商圈具备以下共性特点：一是商圈治理参与的主体主要以年轻化、高学历、高收入的职业人群为主，对治理的标准要求高；二是主要目标为追求经济效益，社区归属感、认同感较低；三是“弱政治参与”倾向突出，党组织和党员作用发挥不明显。基于此，锦江区积极推动城市社区治理向商圈延伸，探索建立基于社区治理导向的商圈治理路径。

① 刘伟、尹露：《治理与生活一体化：城市党群服务中心空间生产逻辑研究——以苏州 W 街道党群服务中心为例》，《城市观察》2020 年第 2 期。

② 唐亚林、刘伟：《党建引领：新时代基层公共文化建设的政治逻辑、实现机制与新型空间》，《毛泽东邓小平理论研究》2018 年第 6 期。

2. 工作举措

第一，坚持党建引领，统筹推进商圈共建共治。一是建立商圈党建组织体系。依托行业协会推行“1+7+N”等商圈党建工作体系，建立“轮值书记”制度，构建“商圈党委+行业党总支+企业党支部”三级组织体系。二是完善党建带群建机制。对有3名以上党员、有合适支部书记人选、生产经营稳定的企业，单独组建基层党组织；对地域相邻、行业相近、生产经营联系比较紧密，但暂不具备单独组建条件的企业，建立联合党支部。三是健全多元主体参与机制。以商圈党群服务中心为阵地，商圈内的党员为骨干，广泛动员楼宇业主、商家企业、群团组织参与到党建工作中来。

第二，搭建治理平台，整合利用商圈各方资源。一是整合资源搭建公共空间共享平台。采取分类建、分点建的形式，搭建“商圈党群服务中心+社区活动场所+楼宇党群服务站”三级服务平台。二是建立队伍搭建志愿服务平台。发动人大代表、商家代表、群众代表及社区网格员、物业人员等组建志愿服务队伍，协助参与平安社区建设。三是建立商协会搭建协商自治平台。成立商圈商会、街区商协会等自治组织，构建街道主导、商协会作用前置、商户自律参与的多元协同治理体系，促进商圈和谐稳定、提档升级。

第三，提供便捷服务，切实满足商圈各方需求。一是面向商圈企业，提供“菜单式”服务。商圈党委利用“四会”“三清单”等方式收集个性化需求，并根据需求“转单”或直接“做单”提供针对性服务。二是面向商圈党员，激活“红色”服务。一方面，设立流动党员服务站，由专职党务工作者面向流动党员提供“红色”服务。另一方面，设立党员志愿者服务站，通过志愿服务时间获得积分的方式，有效吸引党员志愿者长期参与志愿服务。三是面向职业群体，分类提供多样化便捷服务。依托10余个商圈党群服务团队，分别提供职业规划、创新创业等服务，并给予专项经费支持，助力形成特色品牌服务活动。

第四，建立长效机制，全力建设和谐平安商圈。一是建立完善部门协同联动机制。建立商圈发现、街道呼叫、部门应答、问题解决、效果评价和工作保障机制，形成职能部门、属地街道协同联动，商圈企业、职业群体广泛参与的全方位管控体系。二是建立完善运用法治思维化解矛盾纠纷机制。通过购买法律专业人士的法律咨询服务，引导人民调解、律师调解、公证机构和法律援助等法治资源入驻商圈，多种方式引导商圈治理主体运用法治思维和法治方式解决治理难题。三是建立完善科技助力智慧治理机制。以商圈指挥部“云防”系统为依托，深化推广重点区域“CTR”一体化警务联动机制，实现全区情指一体化决策、警力联勤联动、社区治理联动“一体化”管控，舆情巡查、网络引导、联动处置“一体化”化解。

3. 治理成效

商圈治理锦江路径大幅延伸了社会治理的地理空间范围，广泛增加了社会治理的参与人群，填补了社会治理空白。截至目前，春熙路、盐市口商圈以行业统建、区域联建、共驻共建等方式，已成立各类党委、党总支、党支部等党组织312个。根据企业和群众需求引进、培育和孵化“本土”社会组织40余家，分类提供法律咨询、创业辅导、交友联谊等50余项服务。群团组织已为广大党员、企业员工和居民群众提供服务500余场，惠及2万余人。

(三)社会组织与新市民群体的培育

如前述,党群服务中心的建设主要发挥着连接党与群众的功能,但若想真正以党建为引领构建党组织领导下“一核多元、合作共治”的治理机制,真正实现聚民心、集众治、聚力量,就需要激发人民的内生活力,创造人民自身再连接,使人民自发参与到有意义的社会互动中,成为能表达、有力度、有秩序、有效能的治理力量。

社会组织在整合社会利益、实现人民连接中能够起到关键作用。十七大报告首次使用“社会组织”一词,便明确指出要“发挥社会组织在扩大群众参与、反映群众诉求方面的积极作用,增强社会自治功能”。十八大以来,习近平总书记在不同场合多次强调创新社会治理体制,发挥社会组织作用。民政部也印发了《培育发展社区社会组织专项行动方案(2021—2023年)》,强调“充分发挥社区社会组织在创新基层社会治理中的积极作用”“引导社区社会组织更好提供服务、反映诉求、规范行为,积极推进共建共治共享”。这为社会组织的发展指明了方向和定位。社会组织将分化群体的利益整合起来,不仅为其利益表达提供了组织化渠道,而且还能够协助党和政府开展社会治理。然而,在传统的经济增长为中心的发展战略下,社会高度依附于市场增长而存在。同时,为了消弭经济增长带来的社会分化并巩固经济发展成果,国家又必须培育部分社会力量承接政府职能转移。在一张一弛之间,社会组织的发展形态得以被再塑造。一方面,因应不同时期政策取向的变迁,社会组织的数量、规模开始逐步增加、扩大,但与此同时,特定社会组织的发展又因为种种原因而发展缓慢。即使特定阶段内社会组织的数量得以增加,但其多集中在公共服务类及其延伸领域,而较少涉及社会利益表达。或者,即使有自发性的业委会等利益表达型组织,但属地政府多出于风险控制策略将其隔离于基层治理网络之外。① 因此，社会组织本身并不具备自主发展的资源和机会结构，不足以回应差异化的社会需求，更难以与基层治理的结构形成深层次对接。②

图 6–2　新生活城市会客厅

为增强社会自身力量，早在 2011 年成都便出台《关于加快培育发展社会组织的实施方案》，支持和推进社会组织发展。近年来，成都推行直接登记制度，以重点培育和优先发展行业协会商会类、科技类、公益慈善类、城乡社区服务类社会组织为目标，对 4 类社会组织全面实施直接申请登记，简化审批程序。此外，还实行备案管理制度，对社区社会组织降低资金、人员等准入门槛，对暂不具备登记条件的实行备案管理，鼓励支持备案社会组织开展公益服务性、文体娱

① 黄晓春：《当代中国社会组织的制度环境与发展》，《中国社会科学》2015 年第 9 期。

② 李友梅：《中国社会治理的新内涵与新作为》，《社会学研究》2017 年第 6 期。

乐性活动，积极参与社区服务和基层治理。

2014年开始，成都市级财政首次划拨2000余万元支持社会组织发展，同时投入1000多万元开展社区公益创投和社工服务，重点对52个扶持项目、78个邻里互助项目，以及200多个社区公益创投和社工服务项目进行了资助。经由此，成都打造出一批重点培育、优先发展的4类社会组织，逐步形成能够承接政府转移职能和购买服务的社会组织主体力量。与此同时，成立社会组织培育基地，全方位培育社会组织。2014年，成都市社会组织培育基地揭牌。成立之初，基地旨在建立统筹全市社会组织发展大数据、优化全市社会组织孵化体系突出成都特色。整合各界资源，配备“高校老师+行业专家+资深社工”组成的品牌专家团，助力社会组织发展的产学研融合，促进成都市社会组织管理服务的创新发展，推动社会治理创新。伴随社会组织的培育取得初步成效，该基地转向致力培育发展枢纽型、平台性和品牌性社会组织，为社会组织的发展搭建同伴学习、以老带新的有效平台。2017年，成都发布《关于深入推进城乡社区发展治理，建设高品质和谐宜居生活社区的意见》，明确提出“推动社区自组织、自治理和自发展”，完善扶持社会组织发展机制、支持社区总体营造。2019年成都市支持性社会组织平台培育与发展计划推出。在充分发挥社区“两委”成员、专职社区工作者、居民小组长、网格员作用的基础上，通过引入专业化社会工作服务机构，加快培育本土化社会组织、专业社会工作者和志愿者，形成“一核多元”的治理主体。同年，在《关于开展2019年党建引领城乡社区发展治理示范社区建设的推进方案》以及各区县《建立党组织引领小区院落治理新机制的实施方案》中明确要求，“党组织领办培育社区各类组织。加大党组织领办培育社区各类组织力度……每个社区培育社区社会组织不少于3个、自组织不少于5个”。

在大力度的政策支持下，成都社会组织建设成效显著。成都目前已有 1.3 万家社会组织，3.2 万个群众性自组织在基层党组织的引领下在社区开展各种活动，220 万居民成为社区志愿者，有效激发了基层治理活力。成都还实施“熟人社区”创建计划，鼓励各年龄段群众依据兴趣爱好、特色专长等成立社区自组织，推进活动项目化、项目社会化。2018 年，成都 32 家社会组织获评 2A 以上评估等级，其中 8 家社会组织被评为 5A 等级。

图 6-3　成都武侯仲夏邻里节

通过这一过程，成都以社会组织为支点，进一步地连接社会，将具有社会资本优势的业主、村居民代表等潜在的关键节点充分挖掘出来，并嵌入由基层党组织统筹的网络中。社会组织成为激发居民主人翁意识，培育居民志愿精神，承接公共事务，带动居民自下而上组织化参与的重要组织。

三、党建整合全域治理资源

激活网络的关键还在于各主体相互之间形成正式或非正式的连接机制，在纵横密布的网络间传输资源、持续互动。简言之，有效的网络治理不仅是将人组织为具有集体身份的主体，还要调动起散布的资源。如果缺乏不同主体间的联接管道与资源共享，即使培育出多元化的主体，那也只能是一个个零散的孤点，无法构成真正意义上的网络结构，无法发挥网络治理最重要的协同效应与拢合优势。“国家的各部分之间以及各部分与外部组织之间都相互联合，以促成其目标的实现。”①这种联合在中国体现为党建整合全域治理资源，实现多元主体之间的资源互通。尤其是对基层社会而言，通过党建搭建平台将更丰富、更高效的外部资源引入原始资源相对匮乏而需求较为旺盛的社区，让社会资源为基层治理所用，为人民生活所用。

（一）城市社会创新推动跨界合作

中国治理体系的基本特质是一核多元，即共产党领导，其他治理主体共同参与。其中，党总揽全局、协调各方，全面、系统、整体地领导一切。围绕着党这一核心，各治理主体间紧密联系、相互协调、有机统一②，党在内整合党政组织，向外推动跨主体界别协同，链接各类资源进行治理。

在成都治理过程中，党的整合和资源链接很大程度上通过创新展现出来，即围绕城市治理的全新理念、模式或运作方式，形成新的

---

① ［美］米格代尔：《社会中的国家：国家与社会如何相互改变与相互构成》，李杨、郭一聪译，江苏人民出版社 2013 年版，第 20 页。

② 陈进华：《治理体系现代化的国家逻辑》，《中国社会科学》2019 年第 5 期。

跨界别协同和行动。这种创新首先体现在政企合作上。政企关系是转型经济中最重要的关系之一,也是理解中国长期经济增长和经济转型的微观基础。一方面,中国的市场在某种程度上是蕴含在国家之下的,国家原则主导市场原则,政府的调控、制约与投资影响着企业。[①] 另一方面,市场自身的发展和创新动力为经济腾飞与政府治理提供了无可替代的动力,也影响着政府的治理形态。在两者的紧密连接下,政企合作成为政企关系最重要的类型,其互动过程中可能会发生转换,并呈现出丰富多样的形态,企业与政府能否相互协同、相互促进将直接影响发展和治理的成效。

成都为了更好推进政企合作,首先,通过产业生态圈建设为企业发展提供支持,以发展带动治理。2017 年以来,成都以产业生态圈为引领,推进产业功能区建设,先后提出“核心在产业、关键在功能、支撑在园区、机制是保障”的总体思路,以“人城产”逻辑推动城市发展方式转型和经济发展方式转变,加快推进质量变革、效率变革、动力变革,坚持“一个产业功能区就是若干新型城市社区”理念,进一步鲜明产业生态圈产业功能区发展导向。目前,成都 14 个产业生态圈和 66 个产业功能区建设初步成型。其次,将市场逻辑与市场方式引入治理,探索新型政企合作模式。例如,为深化“放管服”改革,武侯区政府携手顶呱呱集团成立的顶呱呱政企服务中心,探索出国内首创的“一站式企业服务+社会化政务服务”政企服务模式,是一种“企业主体、政府参与”的新型政企合作模式,融合专业机构与政务审批服务,为企业提供全生命周期服务。

这种创新也体现在校院企地等更多主体的跨界别协同上,体现

---

① 郑永年:《制内市场:中国国家主导型政治经济学》,邱道隆译,浙江人民出版社 2021 年版,第 21—22 页。

在市场逻辑、科技逻辑与治理逻辑的汇合上。2018 年成都校院企地发展共同体峰会指出，成都正营造"政府给机会、校院企作为"的新型城市合伙人关系，将以校院企地深度融合发展为切入口，以产业功能区为落脚点，促进多措并举，引导更多更好项目在全市产业功能区转移转化，持续推动校院企地深度融合发展；推动多方联动，聚焦大型企业创新中心和工程中心建设，引导企业联合高校院所争创国家级产业研发平台，加快构建主导产业生态圈，持续增强企业支撑带动作用；实现多级协同，贯彻错位发展理念，勇于创新机制做法，打破行政边界束缚，以产业功能区为单位推进专项工作开展，持续促进全面均衡发展。首先在体制上，持续深化职务科技成果所有权改革，为高校院所"放权松绑"。同时把基础研究、原始创新的"最先一公里"和科技成果转化、产业市场化应用的"最后一公里"打通。在全国率先开展"职务科技成果权属混合所有制改革"，率先开展技术经纪职称评定。其职务科技成果权属改革经验在全国 8 个全面创新改革试验区复制推广。2021 年，成都在双流航空经济区成立了首个产业功能区校院企地党建联盟，以党建共建持续深化高校院所与园区企业的交流合作，双流航空经济区分别与成都信息工程大学、香港城市大学、成都市技师学院签约，将共同推动高校院所科技成果清单、公共技术服务共享平台清单、企业产品（服务）供给清单、企业需求清单等校地合作项目落地落实，推动产业链、要素链、供应链、价值链和创新链"五链融合"，推动各方互惠共赢，为成都基层社会发展注入科技能量。

（二）社会企业为民生问题解决提供补充方案

在治理网络中，多元主体并不是简单地分头行动，提供资源或开展项目，更为重要的是，多元主体间的行为逻辑相互渗透，以最适合的方式选择资源配置的方式，这种资源配置往往是混合的，社会企业就是其中的典型。在市场中,企业通过价格、供求与竞争机制配置资源,具有充足的自利动机,从而有着很强的效率激励;同时,企业组织对自身信息的掌握也更加充足,变动更加灵活。因此,企业在许多时候能够实现资源的高效配置,但是企业逻辑所顾及不到的是效率之外的外部性、社会公平、公正等问题,而这却是政府的重要目标。为了既保有企业逻辑的效率,又追求社会正义,社会企业(Social Enterprise)作为两种逻辑的混合体兴起。2019 年 5 月中共中央办公厅印发的《关于加强和改进城市基层党的建设工作的意见》指出,"充分发挥街道社区党组织领导作用,有机联结单位、行业及各领域党组织,构建区域统筹、条块协同、上下联动、共建共享的城市基层党建工作新格局,为建设和谐宜居、富有活力、各具特色的现代化城市,走出一条中国特色城市发展道路,提供坚强组织保证。"党建引领为社会企业提供了良好的制度条件,适宜社会企业的效能发展:党建的思想引领确保社会企业的目标始终是为人民服务,不被市场机制扭曲;党建的资源整合为社会企业的运行提供良好的外部环境和内部支撑。

2017 年,为进一步支持城市社区的发展,成都开展鼓励城乡社区以特别法人资格创办社会企业。2018 年,成都社治委联合多部门发布的城乡社区发展治理"1+6+N"配套政策体系中,就强调积极培育社会企业,将社会企业作为重要主体纳入社区发展治理体系中。2018 年 4 月《关于培育社会企业促进社区发展治理的意见》印发(以下简称《意见》),对鼓励培育社会企业发展提出了明确要求,是全国第一个市级层面的社会企业支持政策。《意见》明确了在我国情景下社会企业的定义,即经企业登记机关登记注册,以协助解决社会问题、改善社会治理、服务于弱势和特殊群体或社区利益为宗旨和首要目标,以创新商业模式、市场化运作为主要手段,所得盈利按照其社会目标再投入自身业务、所在社区公益事业,且社会目标持续稳定的特定企业类型。

图 6-4　社区居民展示首个社区企业的股权证书

并在全市开展了首批社区企业评审认定试点工作，此后社区社会企业快速发展，涌现出一批比较成熟的社区社会企业和社会企业家。

为了支持社区社会企业的发展，成都采取了一系列配套支持措施：一是采用“先培育、后认定”的发展模式，提出“社会企业不是经登记而成立，而是经认定而成立”，认定前的社区社会企业为准社会企业。二是城乡社区（居委会、村委会）作为特殊法人，采取资产入股、众筹等方式兴办社会企业。三是放宽社会企业在经营场所、经营范围和名称等方面的登记条件。截至 2020 年 6 月，成都共有 181 家城镇社区社会企业，其中涉农社区社会企业有 131 家，城市社区社会企业有 50 家。

成都支持社会企业参与社区发展治理，与社会企业兼具社会、经济的双重属性。一方面，坚持社会属性，为适应公益性质的社区实践场域，坚持满足以居民需求为主体的理念与价值，所得收益用于持续反哺社区，这是与单纯逐利性企业的价值理念所不同之处；同时能够推动社区“两委”职能转型，引导其成为推进社区高质量发展的“半经济性”组织①，丰富社区资源，提升社区造血能力，缓解社区对行政的过度依赖，并成为实现社区自治的重要推力。另一方面，坚持经济属性，随着社区公共服务需求的差异化，无偿服务无法满足所有居民需求，专业化有偿服务在社区层面需求迫切；同时创新商业模式，按照市场机制运作，社会企业才能在社区拥有生存和发展的能力。

表 6-4　成都推动社会企业发展政策

层级	政策文件	具体内容
市级政策	成都市人民政府办公厅关于培育社会企业促进社区发展治理的意见	1. 坚持三项总体原则 2. 明确未来三年发展目标 3. 明确重点任务 4. 财税、金融、行业支持政策 5. 轻触式监督原则 6. 加强社会企业党建工作
	成都市工商行政管理局关于发挥工商行政管理职能培育社会企业发展的实施意见	1. 坚持三项基本原则 2. 深化商事制度改革 3. 加强组织领导 4. 加强业务培训 5. 严格执行“双告知”制度 6. 加大宣传力度 7. 建立报告制度
	中共成都市市场监督管理局党组关于印发成都市社会企业评审管理办法的通知	1. 认定范围 2. 基本条件 3. 宗旨声明 4. 经营情况 5. 信用状况 6. 认定标准 7. 申请方式 8. 评审程序 9. 公示公告 10. 有效时间 11. 经济属性监管 12. 社会属性监管 13. 社会企业摘牌

① 李威利、马梦岑：《党建赋能的城市社区发展治理：成都经验》，《华东理工大学学报》（社会科学版）2020 年第 5 期。

续表

层级	政策文件	具体内容
区县级	成都市武侯区社会企业扶持办法(试行)	1. 主体支持 2. 鼓励参与认定 3. 业务支持 4. 人才支持 5. 财税支持 6. 资源支持 7. 创新支持 8. 扶持申报
	金牛区促进社会企业发展的若干政策(试行)	1. 认证支持 2. 空间场地支持 3. 孵化平台建设支持 4. 入库种子孵化支持 5. 智力支持 6. 项目支持 7. 鼓励做优做强 8. 鼓励举办重要活动及论坛 9. 鼓励学术研究和创新项目 10. 择优实施一企一政
	成华区社会企业培育扶持办法(试行)	1. 主体支持 2. 实施"熊猫计划" 3. 能力建设支持 4. 鼓励参与认定 5. 打造综合服务平台 6. 鼓励参与政府采购 7. 办公用房租赁补贴 8. 发展信贷支持 9. 经济贡献奖励 10. 鼓励招新引优 11. 鼓励做大做强 12. 鼓励创新争先 13. 鼓励参与社区生活性服务 14. 人才引进支持
	温江区关于利用城乡社区发展治理专项激励资金培育发展社会企业的办法(试行)	1. 主体支持 2. 鼓励参与认定 3. 办公用房租赁补贴 4. 经济贡献奖励 5. 孵化平台建设支持 6. 观察社会企业孵化支持 7. 政府购买服务支持 8. 鼓励创新争先 9. 鼓励参与社区生活性服务

续表

层级	政策文件	具体内容
区县级	简阳市社会企业培育扶持办法（试行）	1. 主体支持 2. 能力建设支持 3. 鼓励参与认定 4. 打造综合服务平台 5. 鼓励参与政府采购 6. 办公用房租赁补贴 7. 发展信贷支持 8. 经济贡献奖励 9. 鼓励招新引优 10. 鼓励做大做强 11. 鼓励创新争先 12. 鼓励参与社区生活性服务
	郫都区社会企业培育扶持办法（试行）	1. 认证支持 2. 空间场地支持 3. 孵化平台建设支持 4. 种子企业孵化支持 5. 智力支持 6. 项目支持 7. 鼓励参与各类社创大赛
	大邑县社会企业培育扶持办法（试行）	1. 主体支持 2. 孵化培育支持 3. 认证支持 4. 项目支持 5. 场地支持 6. 信贷支持 7. 税收支持 8. 活动支持 9. 人才支持
	成都市新津区关于培育发展社会企业的扶持办法	1. 主体支持 2. 孵化培育支持 3. 认证支持 4. 空间场地支持 5. 政府采购支持 6. 争先创优支持 7. 搭建供需平台
	成都市青白江区培育社会企业促进社区发展治理的实施意见	1. 建立完善工作机制 2. 营造良好发展环境 3. 健全信用约束体系

在党组织引领下，成都围绕居民需求开发项目，整合各种资源，秉持市场化逻辑成立社会企业，激发居民参与热情。2018年《成都市人民政府办公厅关于培育社会企业促进社区发展治理的意见》出台，要求“建立健全社会企业党建机制，建设一支对党忠诚，热心公益，崇尚企业家精神，注重创新创业，勇担社会使命的社会企业家队伍，充分发挥党组织在社会企业发展中的政治引领和政治核心作用”。同年完成首批12家社会企业的认证。2020年，一共33家社会企业完成了认证。不同于过去由行政主导、更多依赖政府资源推进治理创新的做法，社会企业的繁茂生长凸显了成都对社会自治的尊重以及充沛的社会内生活力。

专栏：成都武侯区的社会企业实践

1. 坚持“全方位”顶层设计，营造社企发展的整体氛围

一是科学谋划布局。出台全国首个社会企业的专项扶持政策《成都市武侯区社会企业扶持办法（试行）》，从主体支持、业务支持、财税支持、资源支持、创新支持等五个方面给予初创期的社会企业扶持。

二是强化统筹推进。充分发挥区委社治委“牵头抓总”作用，会同区市场监管局、区行政审批局等11个部门，成立工作小组，建立联席会议制度，明确职责分工，划定时间表和路径图，形成工作推进合力。与国内知名的社会组织恩派合作，建设武侯区社会企业培育发展中心，提供全方位、全周期、全要素的精准化服务。

三是注重氛围营造。积极邀请业界专家，组织开展通识培

训、沙龙、工作坊，提升区级部门、街道、社区、社会组织等多元主体对社会企业的认知度。以出台专项扶持政策为契机，借助人民网、《四川日报》《成都日报》等主流媒体，加强社企政策、优秀社企案例的宣传报道，营造社企发展的良好氛围。

2. 注重“全路径”分类推进，激发社企发展的创新活力

一是支持社区创办社会企业。在资源相对丰富、发展基础较好、社区党委组织力较强的玉林街道簧门街社区率先开展社区创办服务公司改革试点工作，成立了全市首家社区社会企业——四川簧门宜邻居民服务有限公司。目前，该公司研发多个品牌项目，通过专项基金反哺社区，实现了社区自我“造血”。

二是推动社会组织转型发展。积极引导有条件的社会组织向社会企业转型，降低社会组织对政府购买服务和公益捐赠的依赖性。目前，武侯区共 13 家社会组织转型发展。

三是引导企业转型社会企业。积极动员具有成熟商业模式、热心公益事业的企业转型为社会企业。目前，推动了“智乐物业”“圆梦公益”等多家企业向社会企业转型。

四是鼓励公益人士创办社会企业。引导热心公益事业、具备创业能力的公益人创办社会企业，目前武侯区由热心公益人士发起成立的社会企业有 27 家。

3. 强化“全周期”孵化培育，提供社企发展的有效支撑

一是支持初创型社会企业“扩量提质”发展。研发社会企业政务服务套餐，开辟社会企业登记注册绿色通道，提供便利高效的一站式服务。建立健全政府购买服务机制，将社会企业纳入政府购买服务范围，享有与社会组织同等的政策支持。充分发挥武侯社区发展基金会作用，探索通过股权投资、公益创投等

方式对市场潜力大、创新能力强的社会企业给予支持。

二是支持种子型社会企业“专精特新”发展。依托武侯区社会企业孵化培育平台，根据企业发展阶段和诉求，建立社创社群、社企苗圃、社企孵化器、社企加速器、投资推荐5个阶段的孵化体系，从产品设计、业务模式、战略规划、品牌营销、金融投资等方面提供特色化、定制化服务，全面提升社会企业的综合能力。目前，已有30家企业进入苗圃，10家企业进入孵化器。

三是支持认证社会企业“加快跨越”发展。积极发挥政策引导作用，对于通过认证的社会企业，在租赁、税收、信贷、活动举办、参加大赛等方面给予经济补贴和政策支持。探索设立社会企业的股权投资基金公司，引导社会企业跨行业、跨领域、跨地区发展，增强社会企业核心竞争力。

4. 实施“全角度”融合发展，推动社区建设的整体跃升

一是探索社区综合体运营新机制。按照“公益+市场化”的理念，积极引入社会企业参与社区服务载体运营。武侯区残疾人双创中心引入社会企业“圆梦公益”运营管理，通过开展就业创业培训、人力资源服务、无障碍旅游等项目，2018年实现营收2000万元，其中政府购买服务仅占总收入的15%，同时企业承诺利润的30%反哺社区，形成了社区公益可持续运营闭环。

二是探索社区生活服务新模式。以居民需求为导向，针对便民生活中的市场盲点，重点培育社会企业。针对居民停车难问题，晋阳社区“来吧”双创孵化平台，孵化成立社会企业——“支位”有限责任公司，以“支位”APP为载体，整合社区内私家车位、公共停车位及商业停车场停车资源，采取共享停车、错时停车等方式为居民提供泊车位预订、查询、导航、缴费、私家车位

信息发布等服务。

三是探索整合社会资源新模式。积极利用社会企业相对于社会组织在市场配置、企业链接、产品效益等方面的先天优势，进一步整合社会资源，助力社区发展治理。

（三）单位和企业在社区的资源共享

前章已提及，中国社区作为集自然、社会、管理属性于一体的空间单位，为碎片化城市的整合和再组织提供了易于操作的场域，作为人们真正居住与生活的处所，治理网络的实效最终也将落于此处。值得注意的是，社区既不是西方社会中独立于国家之外的自治空间，也不是承载资源再分配功能的传统单位，纯粹的自治或者严苛的管理难以应对挑战，在此情况下，党组织就合理地成为社区再组织的核心，“充当社区资源的争取者、串联者、整合者、开发者和分配者的角色”①，整合、引入不同的资源进社区。

成都通过以区域化为基础，以标准化为引领，以信息化为支撑，构建城市基层党建条块结合、统筹联动、共建共享的运行新常态。总体而言，成都将城市基层党建作为一个有机整体，构建体现整体性、统筹性要求的领导体制。“整体性”就是打破过去把城市党建局限于社区党建的惯性思维，将城市各类园区、商务楼宇、商圈市场等领域党建纳入城市基层党建进行系统谋划、整体推进。“统筹性”就是打破过去条块分割、各自为政的工作格局，将各级各领域的阵地、经费、人力等资源进行统筹整合、配置使用。

① 刘建军：《社区中国》，天津人民出版社2020年版，第63页。

一是构建区域化的组织联动体系。在街道建立"大党工委"、在社区建立"大党委"、在院落楼宇建立党小组，并根据趣源、业源等建立功能党小组，建设各类协调性平台，推动社区外各级党组织、驻区单位和行业部门与小区结对共建，形成全覆盖的区域化组织联动体系。目前，全市建立街道"大党工委"117 个、社区"大党委"1727 个，不断强化街道社区党组织统筹功能，推动机关、企事业单位、"两新"组织等领域党组织近 1 万个融入街道社区。

二是构建标准化的组织运转体系。坚持以标准化引领规范化，探索制定城市各领域基层党组织设置、功能定位、工作职责、考核激励等标准，推动城市基层党组织标准化、规范化运行。健全机关单位党组织双向沟通服务机制，推行党建契约化共建方法，共享党建、文化、教育等优质资源，建立社区自治事项、依法协助事项、费随事转事项、负面事项，明确社区党组织、自治组织、社会组织等职能关系；制度化定期会议机制，党建联席会由共建单位联合每季度召开一次，按照收集、审查、决议、公示、执行、测评、归档"七步议事法"实现大事共议、急事共商，在会上街道大党委整合共建单位资源优势，收集辖区居民利益诉求，在需求和供给之间"牵线搭桥"，促成双方签订服务、需求、项目三项清单，以项目化的方式组团供给公共服务。机关单位党员按照"工作在单位、活动在社区、奉献双岗位"的要求下沉社区报到，并对其主动联系、结对帮扶群众、认领群众问题的数量和频次做出明确规定。同时建立健全激励机制，将基层共建工作表现与机关单位党组织考核以及干部选拔任用挂钩，并实施严格的督查问责机制。对于非公有制企业，给予其直接的政治荣誉和经济奖励构成有效的外在激励。

在区域共建体系运转良好的小区，街道大工委与社区大党委往往能链接大量外部资源、服务支持小区治理。在武侯区簧门街社区，党委整合工、青、妇、残、科等群团组织力量，吸引各类商家和社会组织150余家，把工会“户外劳动者15分钟之家”、妇联“向日葵家庭服务计划”、残联“曾建中工作坊”、团委“党团员志愿者服务站”等全面落地社区；与华西医院党组织签订协议，每月开展专家义诊服务10余次，提供共享车位530多个，年均落地共建项目共计40多个，服务群众1.6万人次。一个老旧小区地处大学区域，周边发展了大量餐饮服务但是小区基础设施陈旧，一下雨就会污水横流，小区支部与周边单位共建，获得水务局6950万元的投入进行改造，在改造周围民房的时候，还得到大学师生的支持，进行外观设计，建成之后因为风格独特，成为“网红打卡”之地，吸引了更多的客源和收入。

三是构建信息化的智慧党建体系。按照统一建设、共享使用的原则，围绕城市智慧治理“一个中心”，全面推进安全网、民生网、服务网“三网融合”建设，拓展社区公共服务信息化平台功能，实现融渠道、融业务、融平台、融数据“四融”和慧服务、慧民生、慧安全、慧决策“四慧”。目前成都全市已有140多个应用系统在电子政务云平台上部署运行，实现了横向信息资源整合、纵向各级联动联勤。

表6-5　成都关于社区资源共享的政策文件

政策文件	相关内容
关于深入推进城乡社区发展治理建设高品质和谐宜居生活社区的意见	完善“一核多元、共治共享”机制，动员驻区单位参与社区建设，实现组织共建、活动共联、资源共享。
成都市社区发展治理“五大行动”三年计划（2019—2021）	动员驻区单位参与社区建设，推动企业、学校、机关等向居民开放文化、教育、体育等公共设施，实现组织共建、活动共联、资源共享。

续表

政策文件	相关内容
关于全面提升物业服务管理水平建设高品质和谐宜居生活社区的实施意见	建立公共和社会资源共建共享机制。制定全市公共和社会资源共建共享管理办法，推动党建资源、体育设施、文化设施、教育设施、公共服务等社会公共资源向社区开放。建立公共和社会资源共享的利益补偿制度、监督管理制度、权责纠纷处理制度。
关于推广党建引领社区发展治理"五线工作法"和党建引领居民小区发展治理"五步工作法"的通知	发挥乡镇（街道）党（工）委区域化党建联席工作会议的作用，强化社区党组织统筹协调和资源整合能力，通过组织联建、利益联结、资源共享，广泛与驻区机关、国企、事业单位、"两新"组织等各类党组织签订共建协议，强化共建共享，构建城市区域化党建格局。

同时，成都还创新了"党建增信"融资模式。成都高新区推出"党建增信"模式，把企业党建工作和企业信用挂钩，将党建工作和企业生产经营活动紧密结合。有关部门通过对 87 家获得贷款的样本企业综合分析后，发现建有党支部的企业普遍重视信用、违约风险低，因此将党建作为融资的指标。该模式采取"一库一池一会一办"模式，即动态建立基层党组织新经济企业库、建立风险基金池、构建"党建增信"评议方式、成立推荐办公室。将"党建增信"纳入放贷审核体系中，一方面有效缓解企业融资难问题，另一方面也促进非公企业党组织建设规范化、党员管理服务制度化和党建工作开展程序化。

四、社区好书记与基层网络赋能

在党政互嵌的体制下，能力并非社会内生的，而是经由体制赋能而获得。在此背景下，各级党组织的"一把手"——书记成为重要角色。在基层,书记的角色尤为重要。基层党支部书记不仅是贯彻、执行党的路线、方针、政策的基本力量,是链接企业、单位等治理组织的主要桥梁,还是党联系群众的纽带。可以说,社区书记是治理网络中的关键连接点,向下对接群众,向上对接党组织,横向又链接着诸多主体,社区书记的素质高低将直接影响治理成效。成都高度重视基层书记在赋能基层网络方面的重要作用。在基层书记的选拔、培训、培养等方面做出了持续探索。

(一)基层党建创新与匹配城市发展的基层书记选拔

一方面,成都按照"城市的核心是人"的价值取向要求,从加强党对城市工作全面领导、充分发挥基层党组织战斗堡垒作用着力,从社区作为"城市治理基石、市民生活家园、城市文化窗口、党建引领阵地和共建共享平台"这一定位着手,以党建引领社区发展治理为路径,探索符合超大城市治理规律的道路,不断增进人民福祉,巩固党在城市基层的执政根基,取得了一系列成效,得到了中组部、民政部等部委多次肯定。在全国城市基层党建创新案例中成都有 6 个案例入选,其中成都社区治理直接纳入创新案例。应该说,成都的基层党建已成为实践范本之一。

表 6-6　全国城市基层党建创新案例(成都榜单)

序号	名称	特色
1	温江区	探索"第一时间"工作机制,全面深化城市社区治理。
2	锦江区春熙路商圈	以组织架构一核化、党建主体多元化、工作方式服务化为主要内容,探索城市商圈党建工作路径。
3	成都市武侯区簧门街社区	创新实践"组织联建、责任联结、资源联用、改革联动"的城市基层党建新路径,构建互联互动城市基层党建新格局。

续表

序号	名称	特色
4	新都区大丰街道	党建为“核”，重建基层“共同体”。 新都区以红湖公园城小区为“麻雀”，剖析新时代社区治理面临的四大困局。
5	青白江区	以党建“末梢”工程为抓手，全面推动基层党组织向小区、院落、楼栋等基本单元延伸，有效地强化了党对基层组织的领导，进一步巩固了基层政权。
6	成都市	秉持“全域党建”理念，突出城市基层党建的系统建设和整体建设，通过建立“联管、联建、联结、联动”机制，整合城市基层党建各种资源，凝聚各方力量，把街道社区党组织与区域内各领域党组织结成服务共同体，推动城市基层各领域党组织从相互分离走向相融共生。

图 6–5　成都“春熙嬢嬢”春熙路商圈党课讲习小分队

另一方面，社区书记是贯彻、执行党的路线、方针、政策的基本力量。在中国多层级的组织结构下，党的执政是通过制定路线、方针、政策和做出重大决策来实现的，最终要靠基层组织的工作来落实，特别是社区书记的工作来落实。但囿于多层级的委托代理关系，基层的利益需求并不总是与上级政策目标相一致，因而常常导致基层执行中的共谋、选择性执行等异化行为，而上级为了消解政策执行的异化行为又面临较高的监管成本。社区书记实际上承担着把方向、议大事、管全局的作用，其在贯彻落实党的路线、方针，促进政策的执行方面承担关键角色。

为筑牢高质量发展的基层组织基础，选优配强社区党组织书记队伍成为基层治理体系更加完善、基层治理效用更好发挥的关键。成都在2021年的市社区“两委”换届工作中，选拔一批在引领发展治理中勇挑重担的优秀社区书记，特别是注重从创业先进个人、社区社会企业和社会组织负责人、优秀社区工作者、致富带头人中选拔能人。在换届后，具有规划建设、社会治理、现代农业、乡村旅游等专业背景的社区书记、“两委”成员分别占26.5%、19.7%，社区干部初步具备了与城市转型发展相适应的专业思维、专业素养和专业方法，确保了优秀基层队伍的连续性和稳定性。

（二）书记作为基层网络的组织者和激活者

社区书记是党联系群众的桥梁和纽带，关乎党执政的社会基础。相比于更高层级书记，社区书记是抓好党建基础最直接的组织者、管理者，承担着密切党群关系的关键任务，直接影响党执政的社会基础。党的绝大多数党员分布在基层，社区书记是党员的领头雁。同时，社区书记也是直接与群众打交道，承担着倾听群众呼声，反映居民意见，维护群众利益的重要工作。社区书记的专业能力、履职行为、公众形象直接影响基层人们对党组织的评价，而社区党组织的运行机制为社区书记的作用发挥提供了规范和保障。

社区书记在维持社会秩序和促进社会活力方面发挥着重要作用。

基层党组织、社区书记处在治理的第一线，在把脉治理规划、调整复杂利益关系等方面发挥关键作用。加强和创新社会治理是新时代加强党的执政能力建设的战略措施，是对党的执政能力的重大考验，也对社区书记提出了更高的要求。一方面，成都制定社区减负意见、“一肩挑”书记监督管理办法、居务公开工作规范，修订村规民约、居民公约，完善部门下放社区事项的权责清单，推动职能职责管理精细化、监督管理制度化。在一系列运行机制的要求下，成都社区书记队伍既有体系化的组织工作流程保障，又能够在基层空间合理发挥个人力量，更直接地与居民建立联系、更好地为居民提供服务。另一方面，在纵深推进立体化大党建格局和区域化党建工作的背景下，通过建立区域化党建联席会议制度，吸纳区域化党委兼职委员，形成了社区党组织领导下的融合共生共促发展的局面。

（三）好的书记就是好的社区

社区作为治理基本单元，是党的工作最坚实的支撑，而社区书记是社区的领头雁、排头兵。社区书记作为社区发展的“一把手”，既是贯彻、执行党的路线、方针、政策的基本力量和党与群众之间的传声筒，又是社区内把方向、议大事、管全局的主心骨。社区书记的能力将直接决定社区发展与治理的成效，社区书记对治理的价值和当下重点任务的理解和认知水平直接影响着社区的治理水平。成都非常重视对社区书记和社区骨干的培训，按照不同类型有针对性地举办示范社区党组织书记培训班、社区后备干部培训班、软弱涣散村（社区）党组织书记培训班等各式书记培训班，组织多场次、多层级理论学习和实践考察，提升了社区书记的业务专业化水平。

成都也非常重视优秀社区书记的培育与发扬，培育出一批“讲政治、懂城市、会经济、善治理”的基层骨干。2013 年以来，在市委组织部、民政局指导下，成都开启“我心目中的社区好书记”公益评选活动，设立了“最佳党建引领示范社区”“社区发展治理示范点”“社区好书记”“成都社会组织服务优秀案例”等多个奖项。通过表彰先进，代表们得以分享社区党建创新经验，探讨社区发展治理新模式，助推基层党组织建设，为全面推进“五大行动”、建设高品质和谐宜居生活城市出谋划策。这些优秀书记，为社区疑难问题的解决提供了保证，也展示了党组织动员和解决问题的能力。

五、本章总结

随着社会的高速转型与社会流动性的加剧，传统组织化路径发生断裂导致：一是社会成员与政府的联系不再畅通，大量社会成员成了被排斥在公共制度之外的孤立个体①。二是个体之间的组织化联系中断，劳动力高度流动令熟人社会中的联络减弱，个体逐渐原子化。个体的原子化也进一步加剧了个体与公共组织的距离，个体不具备足够活跃的私人关系和能力来自我解决问题。在组织化薄弱的情况下，党组织理所当然地成为再组织的载体。较之于以任务效率为导向的行政组织，党组织有更易伸展的空间，从而可以借助组织网络在基层的延伸不断吸纳和整合各种社会力量，在社会不成熟的条件下发挥“以党建促进社会建设，以政治整合促进社会整合的作用”②。

市场化、城市化和互联网化将人类社会推至一个前所未有的复

① 参见张静主编：《社会组织化行为：案例研究》，社会科学文献出版社 2018 年版。

② 吴晓林：《治权统合、服务下沉与选择性参与：改革开放四十年城市社区治理的“复合结构”》，《中国行政管理》2019 年第 7 期。

杂时代,也深刻改变着公共事务的治理之道。应对此起彼伏的各类公共棘手问题,网络治理超越科层机制和市场机制成为学术界和实务界竞相关注并付诸政府改革实践的第三种机制。在西方网络治理的研究中,网络常因其对多中心、自发秩序和自主治理的组织设计而引起诸多学者心向往之的浪漫想象。这些研究描绘和解释了在一个主体多元、联结紧密、行动能力自主的环境下,网络应对复杂治理的优势和机制。党如何通过激活和驱动网络,继而回应治理需求的研究尚未受到足够关注。成都的发展和治理深深嵌入在国家发展和转型的整体性逻辑中。中国治理的基本背景是治理主体相对单一、联结机制匮乏和行动能力不足的松散组织生态。这一背景下,网络并不会自发形成,更不足以形成应对复杂治理的协同效应,这在根本上塑造了治理的基本背景和主要任务。应对这些问题,以成都为代表的先发地区积极探索党建引领激活基层治理网络的机制,通过系统化的网络管理策略,提高体制本身应对复杂社会治理、回应多样社会需求的能力。

在此意义上,成都的治理实践实质上回答了两个重要命题。一是在松散社会下如何建立治理网络。成都治理表明,在松散社会形态中,党承载着建立、激活和管理网络的核心角色,依靠自身的强大合法性通过再造党群服务中心等组织载体,重新扎根群众;发挥网络枢纽的制度功能,将脱嵌于组织的原子化个人组织化,将零散的市场、社会各个主体“织”在以党组织为核心的网络中;二是在立体化网络结构下如何实现有效治理。不仅要培育社会企业等造血能力强且坚守社会公益的治理力量,更是以制度化的共建机制统一调动党建网络中的多元力量、多样资源,整合优势社会资源互惠互利,激发协同效应的治理效能。其中社区书记在赋能基层社区与外部主体的网络中发挥关键作用,引导各类资源真正为民所用。

中国城市基层治理的实质是:党组织在社会发育滞后、联结机制断裂和社会行动能力不足的松散型制度环境中,通过内生性的体制力量激活社会,并以此增强体制回应复杂问题的韧性。成都的实践进一步彰显出,党建激活治理网络的过程,也是党建引领社会治理的过程,其实质上隐含着党建引领治理特别是基层治理的组织逻辑及其制度转型。结合优化城市治理体系的内容来看,党的权威和动员向内缔造了各个部门协同发力的整体性政府,向外激活了多元主体共建共享的社会治理网络,最终引领了“上下内外”所有力量共同致力于创造人民美好生活的共识治理。在这一模式下,党组织支持和孕育社会组织的生长,也依托社会组织巩固和推动了其组织发展,强化了权力对社会新生空间的覆盖。但这种体制力量的扩展并不在于建立对社会的政治支配关系,而是通过内生化的体制能力激活社会自身的自我调节和运转能力。就此而言,党建引领的治理蕴含着简约主义的逻辑取向,也更适合各类资源匮乏的基层复杂治理。

第七章 场景营城融汇空间、生活与治理

托马斯描述了理想的城市所呈现的画面:“空间的设计能够使居民在一起,而不是分离居民;存在能够促进社会接触的设施,例如俱乐部、教堂、商店、咖啡厅、社区中心等;存在能促进人们之间相互影响的日常交往,例如,步行带孩子上学,而不是驾车……”①为热爱生活的居民营造多样化可选择的理想城市,本质上是对城市空间的治理和营造,即管理城市空间内的土地利用、经济就业、人口分布、交通流动与社会生活活动,实现生活场景、文化场景与生态场景功能在特定空间内的复合叠加。基于此,成都提出“场景营城”,就是让场景具象成为可感知、可视化、可参与的城市机会。以“供场景、给机会”为逻辑主线,让场景成为城市发展机会,释放经济活力,又在场景中融汇了空间、生活与治理,形成独具特色的城市发展战略。

---

① J.Thomas.2001.Understanding the links between conservation and development in the Bamenda Highlands Cameroon. *World Devlempent*, 29 (7), 1115-1136.

一、城市问题的产生

城市是大规模高度集聚的人类活动区域，其本质是人类活动大规模高度集聚的复合有机体①。集聚在城市空间的人口、产业等共同推动了城市发展，然而，也正是由于城市人口的密度大，人类的生产和生活活动高度集聚在相对较小的空间上，城市空间资源是有限的、是稀缺的。城市产生规模经济的同时，也蕴藏着一系列城市风险问题②。

（一）城市的集聚性、流动性、空间性与城市问题

在前面的章节已经分析过，集聚性、流动性和异质性是城市性质。但除此之外，空间性也是城市的特质。集聚与流动让空间成为城市的稀缺资源，进而产生独特的城市问题。因流动和集聚，特定城市空间呈现出高密集程度，这种密集导致了特定空间的拥挤。这种拥挤是生产、生活活动的拥挤，高密度的人口、产业和资本集聚在城市，高度密集的各个要素成为众多环环相扣的链条，其任何一个环节出现偶然性故障都极易被放大。这种拥挤也是人群的拥挤，来自五湖四海的异质性人群在小空间内集聚，极易引发各类冲突；这种拥挤更是人类生存和发展所需的物质、公共服务使用的拥挤，有限、排他性的空间难以同时承载社会生产、交换、消费及城市文化等不同功能，人们围绕空间利用、空间质量而争夺。在这个意义上来说，流动和集聚带来了生产和生活在特定空间的密集程度，拥挤则是其负外

① 参见牛凤瑞：《城市学概论》，中国社会科学出版社 2008 年版。

② 郭叶波：《特大城市安全风险防范问题研究》，《中州学刊》2004 年第 6 期。

部性的体现,并由此产生城市公共问题。在本质上,城市公共问题是生产、生活、居住等不同空间类型之间的冲突。其形成既来自空间的物理属性,更来自空间分配的社会过程。

(二)超大城市治理:回应集聚性、吸纳流动性、嵌入空间性

从城市性出发,城市被赋予三层含义,也相应面临着三大类城市问题:其一,城市作为生产要素集聚的场所,当生产要素的集聚与城市规模不匹配时,会造成资源配置低效率。① 其二,城市作为资本流动的场所,资本积累不仅产生生产剩余,也导致了城市不均衡发展。因为,资本的空间流动产生剩余利润和超额地租,而租金收益最大化所导致的士绅化成为一种全球现象②,城市原住民外迁以及城市劳动者职住分离都是这种现象的集中体现。③ 一旦经济危机引发的城市危机扩展到生活领域,贫民和弱势群体将面临破产甚至是无家可归的困境。其三,城市作为劳动再生产的场所,生产逐利性与再生产分配性之间的紧张关系使得城市矛盾凸显。由于政府提供的公共服务(也是集体消费品)是实现再生产的基础,一旦公共服务出现偏差,会导致城市社会的空间不平等。这种空间不平等又会反作用于城市社会,导致城市社会不稳定。这些城市问题源自城市特性,使得"治理"与"城市治理"成为两个不同的概念。大城市治理的关键实际上就是要认识城市特质、将城市特质嵌入治理议程中,即回应聚集

---

① 陆铭、陈钊:《在集聚中走向平衡:城乡和区域协调发展的"第三条道路"》,《世界经济》2008 年第 8 期;韩立彬、陆铭:《向空间要效率——城市、区域和国家发展的土地政策》,见《城市治理研究》第一卷,上海交通大学出版社 2017 年版,第 108—126 页。

② Smith, N. 1987. Gentrification and the rent gap. *Annals of the Association of American Geographers*, 77(3), pp.462-465.

③ 郑思齐、张晓楠、徐杨菲等:《城市空间失配与交通拥堵——对北京市"职住失衡"和公共服务过度集中的实证研究》,《经济体制改革》2016 年第 3 期。

性、吸纳流动性、嵌入空间性。

首先，回应集聚性。城市区别于乡村最重要的特点是生产和生活活动在特定空间内的高度集聚，所以治理城市就是管理集聚、管理拥挤。城市为什么有那么多问题，就是因为人太多，人的行为太集聚，而集聚带来拥挤，拥挤又可能带来一系列连锁反应。同时，集聚与拥挤也带来了社会差异化与分化。集聚使资本和财富更倾向于流向城市，而这又会带来更大的社会分化。与乡村相比，城市面临着更复杂的情势，新增社会诉求层出不穷，利益分化突出。城市利益调节机制无法及时有效整合、回应新增利益诉求，引发社会不稳定。从此意义上来说，城市治理就是如何用良好的城市设计与城市政策来缓解拥挤和平衡社会分化。

其次，吸纳流动性。城市一定是流动的，一方面是人口流动，而人口流动必然会带来行为的流动，行为流动必然会带来风俗习惯、文明文化的流动。城市在某种意义上是没有边界的体系。人口流动使社会呈现出异质性、分散性的特征，并从熟人社会转向陌生人社会。而社会冲突更容易发生在陌生人之间，更容易发生在不断流动的人之间，更容易发生在不同文化和不同习惯的人中间。因此，必须把流动开放以及冲突概念放到城市治理中，特别是城市社会治理中，并重新塑造人口管理体系、户籍管理体系、公共服务体系。另一方面是生产要素的流动。随着轨道交通、通信技术的发展，人口、资金、技术在城际间快速流动，城市间边界变得模糊，生产要素从单个城市聚集转向了在不同城市之间匹配。这种生产要素的流动是水平方向的，而城市是有行政层级的，公共资源的分配是垂直的，二者并不兼容。在此情形下，城市政府如何打破行政边界，从竞争走向合作，成为城市治理的关键。

最后，嵌入空间性。空间对城市来说是非常重要的，必须把空间作为一种非常重要的权利，带到城市治理中。对城市来说，人多集聚，原因就在于空间是有限的，空间是稀缺的。城市一个最大的问题是空间分配的冲突，以及人和人的各种各样的冲突。所以，治理城市就是管理空间，城市政府必须要思考如何更好地设计开放的、均衡的、多功能的空间。

（三）城市治理的空间维度及其本质

接下来继续分析城市空间维度的重要性。习近平总书记在中央城市工作会上强调，必须认识、尊重、顺应城市发展规律，统筹空间、规模、产业三大结构。空间是城市发展和社区治理的重要载体。城市空间既可以是物理的，也可以是政治的、社会的或文化的。伴随着城市化的发展，城市空间愈发稀缺，成为重要的城市资源与城市治理手段，塑造着城市的形态与人民的生活。

从空间维度出发，城市是整个空间体系的一部分，资本通过对城市的"去地方化"和"再地方化"来完成从大尺度的空间体系向城市空间的转化。在此过程中，政府一直以来都发挥着重要作用。这是因为，由于公共服务（集体消费品）是劳动力再生产和社会稳定的基础，政府必须通过城市来提供公共服务；同时，通过公共政策消除资本流动的障碍、推动资本的空间转换，实现经济增长。① 可以认为，城市空间不仅是由自然环境或经济活动决定的，也不仅是在资本追求租金和剩余价值过程中形成的②，而是政府有意识的行动结果，即

① Beraud, J. L. 2012. The Social Production of the Urban Structure of Mazatlan, Mexico. *Critical Sociology*, 38 (1), 15－31; Aalbers, M. B., Haila, A. 2018. A conversation about land rent, financialisation and housing.

② Krijnen, M. 2018. Beirut and the creation of the rent gap. *Urban Geography*, 39 (7), 1041－1059; Neuman, M., & Smith, S. 2010. City planning and infrastructure: once and future partners. *Journal of Planning History*, 9 (1), 21－42.

政府在空间维度开展的城市治理。

由于城市建设目标并不单一、利益并不一致，不同行动者通过讨价还价来塑造城市空间。政府要在空间的利用方式、公共服务和资源的投入顺序上进行选择，但并没有绝对权力来独立制定城市政策，其行动不仅受到城市联盟内部的制约，也受到政治制度、地方自主性、政府上下级关系、城市资源禀赋等因素影响。[①] 在中国治理实践中，城市本质上是国家治理体系的重要单元和载体。城市之于政府存在多个面向：城市既可以是政府实现增长的手段，也可以是政府建设的对象，同时还是政府作用于社会的载体。也即，政府塑造城市空间的逻辑是从国家治理逻辑中衍生而来，探讨城市治理的空间维度实际上是探讨以城市空间为支点的政府治理体系如何被建立。此体系包含以下四种逻辑，这四种逻辑共同塑造了城市的空间形态。

首先，基于增长逻辑的城市空间功能定位。城市化进程是空间功能的转变过程。改革开放之后，城市空间的功能是要实现市场经济增长。[②] 政府通过改变城市空间功能来参与市场经济活动：通过空间商品化来重新配置城市资源，如开发住宅和房地产；为投资者创造优惠、低成本的生产空间，如成立工业园区；为城市居民和外来人口创造城市消费空间，如建立商业娱乐中心。

其次，基于政治晋升逻辑的城市空间规划与基础设施建设。城市作为经济增长的发动机，成为地方政府竞争的场所。而城市本身的资源禀赋构成了政府的行为限度，它要求空间的塑造必须与城市资源相匹配。通过对空间的规划和基础设施建设，将地理环境与产

① Kaufmann K M.2004.The Urban Voter, Perspectives on Politics, 2(03), 596-597; Goldsmith, M.2002.Central control over local government-a Western European comparison.*Local Government Studies*, 28(3), 91-112.

② Loga, John R.2002.*The New Chinese City*, Blackwell Publishers., pp.8-9; F.L. Wu, Ma, et al., 2005.*Restructuring The Chinese City*, Routledge, pp.1-18.

业发展结合起来，实现生产要素在城市中的集聚与优化配置。

再次，基于政府管理逻辑的城市空间关系调整。空间关系调整指向地方分权、中央集权、横向间合作等目标。一方面，通过行政区划调整来对城市空间进行切分与合并，重塑政府管理的范围和公共资源投入边界，进而提高规模经济和公共服务效率①；另一方面，新建城市空间，如成立产业新区、经济特区等，通过倾斜性、扶持性的政策实现生产要素和财政支出在空间上的优化组合。而空间关系的调整会改变政府组织结构和权力分配方式。可以认为，中国行政区划史是一部政府管理变迁史，空间关系的调整旨在整合不同城市、不同地区的行政资源与生产要素，并与国家发展战略及改革目标相适应。

最后，基于社会治理逻辑的城市公共物品和服务供给。对政府来说，城市建设是在经济增长与社会需求的双重压力之中进行，以市场经济为中心的城市建设与以公共利益为中心的城市建设可能形成对立。因而城市政府需要提供集体消费品和公共服务来缓和这种差距，尤其是随着人口流动加快及单位制度解体，城市空间成为政府作用于社会的重要支点。一方面，城市社会中的集体行动产生空间诉求，居民通过邻避行动、维权上访、甚至“违规违法”方式来获得活动的空间。另一方面，城市空间框定了政府公共资源投放和管理边界，空间变革被视作政府治理变革的一部分。② 政府在城市空间中提供各类公共服务，成为构建稳定社会关系的一种方式。

---

① 朱建华、陈田：《改革开放以来中国行政区划格局演变与驱动力分析》，《地理研究》2015 年第 2 期；王贤彬、聂海峰：《行政区划调整与经济增长》，《管理世界》2010 年第 4 期；王开泳、陈田：《行政区划研究的地理学支撑与展望》，《地理学报》2018 年第 4 期。

② 施芸卿：《机会空间的营造——以 B 市被拆迁居民集团行政诉讼为例》，《社会学研究》2007 年第 2 期；吴莹：《空间变革下的治理策略“村改居”社区基层治理转型研究》，《社会学研究》2017 年第 6 期。

空间对理解城市是非常重要的,而且因为集聚所带来的稀缺,使得空间本身不仅仅是一种资源,同时也是一种重要的权力。空间不仅具有物理意义,而且具有政治意义。从这个角度而言,如果任何的制度、政策、体制从来没有把空间带进来,那么这就不是城市治理,因为城市治理的问题就是回应非常稀缺空间中的集聚,以及由这种稀缺空间的集聚带来的一系列经济和社会问题。具体到空间来说,有重要的大尺度规划的问题,还有小尺度空间的营造问题,以及更宏大层面的空间分配正义问题。

改革开放确立的以经济发展为中心的增长战略推进中国经济的持续发展。在这40余年里,城市先后作为集中力量发展重工业的工业化容器和推动经济增长的增长机器,城市空间的首要功能是实现经济发展,城市空间治理均从此逻辑出发。但同时,城市空间也是人们工作、居住和生活的场所,为人们提供所需要的经济资源、工作机会与公共服务,人们会自觉自主地追求所需的空间形式。由此,自上而下与自下而上两股力量在空间内交织,并形塑着城市的空间形态:"自上而下的空间规划权力在执行过程中隐蔽在市场化的话语体系下,以程序合法性及产权的话语获得垄断地位;而自下而上的抗争以规则、权利等意识为主导,通过'间隙运用'的策略生产出社会空间,但最终服从于空间的霸权体系。社区空间应该趋向对社会主义空间的生产,才能更好地实现空间正义。"①

二、场景作为城市美好生活单元

列斐伏尔认为,空间"不是一个起点,也将不会是一个终点,它

① 黄晓星:《"上下分合轨迹":社区空间的生产——关于南苑肿瘤医院的抗争故事》,《社会学研究》2012年第1期。

是一个中间物，即一种手段或者工具”①。从空间出发，城市是“以空间作为重要组成部分的分配制度的情景与结构”②，各类人类活动与组织功能投影在城市空间内③。空间的分布、分配与使用直接影响着人民的生活和对于城市的感受。场景作为时间和空间的融合，是特定设施在特定地域上的一个集成，是具有价值导向、文化风格、美学特征、行为符号的城市空间④，是城市空间治理的基本单位。

（一）场景是形态、价值和情感的交融呈现

对于城市发展来说，场景是新的生产要素，与土地、劳动力、资本、管理技术等生产要素一样，具有经济价值。当城市发展到新阶段，一定会出现新的生产要素。如果说20世纪城市发展的生产要素是土地、资本、劳动力、管理技术、人力资本等，那么对于21世纪城市发展来说，重要的新生产要素即是场景。“蜂鸣效应”理论指出，一个地区在同样传统生产要素水平下，具有受某一群体青睐的场景浓度越高，该地区越容易吸引这个群体的集聚，进而产生集聚效应。《全球城市竞争力报告（2019—2020）》审视了全球300年的城市变革发现，人愈发成为城市发展的关键，这体现在全球领先城市的活动（即生产、交换和消费）的主要内容从货物转向劳务，再转向知识，也体现在领先城市人口规模从数万到数千万的扩张。场景作为新的生

① ［法］亨利·列斐伏尔：《空间与政治》，李春译，上海人民出版社2015年版，第23—24页。

② ［英］彼得·桑德斯：《社会理论与城市问题》，郭秋来译，江苏凤凰教育出版社2018年版，第103页。

③ 柴彦威：《城市空间》，科学出版社2000年版，第13页。

④ 焦永利、王桐：《营城策略的前沿创新：从城市场景到场景城市》，《成都日报》2021年2月25日。

产要素，会加速生产要素的集聚效应，尤其是人才的集聚，意义重大。从人的角度来看，场景是生活方式的容器，容纳着包括消费、体验、价值情感、认同、创新创意在内的多种元素。

图 7-1　成都锦江区暑袜北一街 145 号院①

首先要明确的是，城市是一个容器。如前文所述，在后工业时代城市的人口聚集会对经济聚集产生作用。当城市发展的逻辑转变为以人为本时，这一“容器”的核心功能也将发生改变，即更加强调人们的生活需求与生活方式，通俗来说就是一群人的生活格调。西尔和克拉克在《场景》一书中称，“场景可能代表某种共同兴趣、某个特定地点、或是某个场所具有的美学意义，但归根结底，场景强调的是

① 成都锦江区暑袜北一街 145 号院，同一场景，既是经济消费场所，又承载着周围居民的生活方式，也展现着文化与精神。图源自《四川日报》2021 年 5 月 10 日。

人,是城市的各项功能在空间和个体生命相互交叠中的重新定位”①。场景因而也蕴含着人与人之间丰富的社会关系与情感连接,是“体验和意义的象征性与情感领域相结合的产物”②。不同的人群渴望着不同的场景,也对同一场景有不同的理解。比如一群喜欢艺术的年轻人,他们渴望拥有一个能够自由交往、自在交流的开放场所,进而营造出基于地点的美学场景,以激发各种创新创意和艺术文化。正是在主体性的人与城市空间的互动中,具有强烈主观色彩的群体性观念认知、价值导向、行为符号、美学意象随之产生,也就是独特的城市精神与城市文化。芒福德认为,“城市既是人类解决共同生活问题的一种物质手段;同时,城市又是记述人类这种共同生活方式和这种有利环境条件下所产生的一致性的一种象征符号”③“贮存文化、流传文化和创造文化,这大约就是城市的三个基本使命”④。对于人来说,城市发展就是要为不同人群的美好生活营造对应的多元化场所与场景,这些地点是交往平台,是发展机会,也是文化细胞,能够更大程度地激发城市创造力和发展活力。

因此,场景不仅蕴含着发展功能、承载着生活方式,同时也塑造着价值精神与城市文化。良好的场景,不仅对城市经济社会的发展,而且对治理结构的更新优化都具有重要的作用。在各类场景要素的排列组合中,不同的舒适物组合成不同的场景形成不同地方的空间

---

① 参见[加]尼尔·亚伦·西尔、[美]特里·尼科尔斯·克拉克:《场景:空间品质如何塑造社会生活》,社会科学文献出版社 2019 年版。

② [美]黛博拉·史蒂文森:《文化城市:全球视野的探究与未来》,董亚平、何立民译,上海财经大学出版社 2018 年版,第 39 页。

③ [美]刘易斯·芒福德:《城市文化》,宋俊岭等译,中国建筑工业出版社 2009 年版,第 4 页。

④ [美]刘易斯·芒福德:《城市发展史——起源、演变和前景》,中国建筑工业出版社 2005 年版,“中文版序言”第 14 页。

体验,既能满足人们日益多元的美好生活需求,也影响着人们的生产、生活和消费,增加人与人之间的互动交往,促成价值塑造和文化共识的达成。

(二)场景链接城市万物

从城市发展来看,成都的功能定位、发展阶段与自然禀赋优势,让场景营城成为成都必选的发展方略。

第一,成都城市功能定位的实现迫切需要发挥场景营城的作用,重塑整个城市经济社会形态。无论是具有全国影响力的科技创新中心、门户枢纽与节点城市的定位,还是高品质宜居生活之地的打造,都需要吸引、留住、保持高水平的高素质人力资本及其相关企业的支撑与集聚;成都要融入到"双城经济圈"国家战略中,国家中心城市、国际消费中心城市等,需要发挥辐射带动作用。这些任务都意味着成都要转变发展理念,革新营城模式,推动体制机制创新,激发更大的创造力和活力,服务于成都的城市目标与愿景。

第二,成都本身发展的阶段性规律需要变革理念、革新营城模式。国际上学术界有一个普遍认同的规律,当城市化率达到70%以上,就进入了缓慢增长期;传统的生产要素,开始加入许多新的生产要素——人力资本、创新网络、社会资本等,和物质资本一样,推动着城市发展。这些新要素更多的是要靠新的手段和新方法催化,传统手法与方法对这些新要素可能作用有限,或者会出现资源浪费,不进则退,需要新路径来激发和培育,场景营造就是一种新的路径。

第三,成都深居西南腹地,素有"天府之国"之称,多次被评为"最具幸福感城市",具有独特的城市文化和自然资源禀赋。这为城市提供了基础和底蕴,尤其是成都的城市文化基因带着巴适安逸、休闲娱乐的属性,塑造了成都独具魅力的生活方式。人们经常会说:

“成都是一座来了就不想走的城市”“有一种生活美学叫成都”“像成都人一样生活”……若想将城市文化和自然禀赋特点转变为促进新时代城市发展的生产力，就需要转变理念与思路，需要革新营城模式与路径，场景营造即是能够充分利用城市文化，提升个人、家庭、企业、社会组织、媒体、社会大众等内生动力和创造力的战略方案。

基于此，成都把握城市发展规律，在以人民为中心的理念指引下，探索将城市发展回归生活质量，将人民对美好生活的需求转化为促进城市发展的生产力，将发展的手段与目的统一融合于城市发展道路，开始尝试以美好生活为主线推动场景营城，积极营造新经济应用场景、消费场景、社区场景、公园场景等城市发展新场域，逐步呈现处处皆场景、遍地是机会的场景城市特征。在城市层面，场景是新时代城市转型与社区治理的实践空间；在产业层面，场景是推动新经济活动爆发的生态载体；在企业层面，场景是推动新产品新技术新模式规模化的应用平台。2019 年，成都先后发布四批次“城市机会清单”，1500 余条供需信息聚焦“六大新经济形态”、着力构建“七大应用场景”。2020 年举办“2020 成都新经济新场景新产品首场发布会”，宣布将持续发布 1000 个新场景、1000 个新产品，并提出了城市机会清单、未来场景实验室、场景示范工程等创新机制，以场景赋能新经济形态进入 2. 0 时代。

值得注意的是，当前经常被提到的场景，大多数是互联网技术作用下的应用场景，旨在通过场景来抓住主导经济、促进发展的新机会，往往缺少对人民主体性、城市文化与美学的关注，导致场景存在类同性很强、核心竞争力缺乏、发展后劲不足等问题，场景也难以真正成为撬动城市综合发展的支点。成都将场景营造的最终目标定位为“聚人”，坚持以人为核心推动城市发展方式的转变，以关切人的

图 7–2　成都新经济“双千”发布会

舒适、宜居、消费审美的城市发展新范式取代以生产为主的传统增长模型，注重微观层面与个体体验。从产业到社区、从街道到商圈，成都通过空间美学的开放性设计、本地文化形象的营销、便捷智能的生活服务集合和清新绿色的自然基底，全方位提升城市的体验感和宜居性，让城市更有活力，对人才更具吸引力。此外，对文化场景的重视极大提升了成都的人文魅力。文化转型是扭转此前城市同质化趋势的一剂良药，成都部署了建设世界文化名城的顶层设计，以天府文化的深厚底蕴和巴适安逸的生活美学赋能场景营造。以历史文化和自然遗产为基础，构建以龙泉山城市森林公园和天府绿道为主体的生态文化场景体系，以天府艺术公园、天府锦城为代表的人文文化场景体系；注重推动天府文化的现代表达，围绕“三城三都”，造就了一批承载休闲之都生活气息的新场景、新业态，让“像成都人那样生活”成为年轻人追捧的新风尚。

成都在总体上提出了打造生活场景、消费场景、社区场景、公园场景、新经济场景等，积极探索提升美好生活、提升城市品质的场景营城路径。目前成都已形成“文创+”“旅游+”“体育+”“美食+”“音乐+”“会展+”六大场景体系；山水生态公园场景、天府绿道公园场景、乡村田园公园场景、城市街区公园场景、天府人文公园场景和产业社区公园场景“六大公园场景”；社区发展治理中的服务、文化、生态、空间、产业、共治、智慧“七大社区场景”；地标商圈潮购场景、特色街区雅集场景、熊猫野趣度假场景、公园生态游憩场景、体育健康脉动场景、文艺风尚品鉴场景、社区邻里生活场景和未来时光沉浸场景“八大消费场景”，形成了广泛覆盖城市生产、生活、生态和治理各领域的场景系统。在宏观上重构了城市的各类子系统，以新技术赋能生产、流通、消费和生活，使人们的城市生活更丰富、更便捷、更有趣；从微观上看，是通过生态景观、文化标签、美学符号的植入，创造人文价值鲜明、商业功能融合的美好体验，提升人们对于场景的认同感以及城市的归属感，为“老成都”留住蜀都的乡愁记忆，为“新蓉漂”营造新时代的归属认同。成都的场景营造既为新经济形态的发展供应了“满地的机会”，又以新技术新理念提升生活品质和内涵，让发展为生活服务，在生活需求中发掘经济潜力，让发展和生活交织相融，使多样场景中的参与、体验、消费、学习成为属于成都的新潮流，不断向服务人、陶冶人、成就人的价值依归靠近。

（三）人民的主体性与家门口的场景营造

场景营造本质上是为了满足人们对美好生活日益多元的需要，推进城市治理体系和治理能力现代化的实现。这就要求场景的选取足够靠近人民，场景的建设得以满足现实需求。就时间成本、距离成本而言，社区作为居民生活中“推门可见”“密不可分”的公共空间，为针对人民的场景营造提供了重要场域。成都提出“家门口”场景

图 7-3　“5811”青龙记忆

营造的概念，旨在通过社区“家门口”小空间的场景营造，在步行可达的范围内满足居民对教育、医疗、运动等需求，提升社区的舒适度、愉悦感、想象力、可塑性，进而提升社区活化指数、社区魅力因子①，使社区居民自觉回归到主动参与公共生活，充分利用场景营造带来治理上、美学上、发展上的“乘数效应”。

在具体实践中，基于“幸福美好生活十大工程”行动方案中，成都以项目思维经营场景、营销城市，针对不同分类社区，结合各自社区的特色和居民的实际需求，提出打造“家门口”的运动场景、文创场景、消费场景、休闲场景等举措，既将城市文化和美学特质融入其中，也满足了居民最迫切的日常生活需要。

在“家门口”的运动场景营造中，成都抓住“十四五”开局之年和

① 闵学勤：《社区营造：通往公共美好生活的可能及可为》，《江苏行政学院学报》2018 年第 6 期。

“大运之年”的发展契机，通过整合社区资源和市场资源，搜集整理社区“家门口”的运动设施消息，在体育局和住建局的联合指导下，编制“运动健康生活指南”“社区运动健康地图”、推送健康小贴士等方式，引导市民广泛参与健康运动。

在“家门口”的好学校营造中，好学校是“学生喜欢、教师幸福、家长认可、社会满意”的学校，而“家门口”的好学校更加强调一种幸福感，使大多数人感受到幸福美好生活的来临。成都通过量变引发质变，未来将立足小区、社区等场景，统筹利用教育、科技、高校、企业等多种社会资源开放办学，充分发挥名校优势和品牌效应，使城乡之间、优质资源之间能够打破时间、空间的壁垒，实现优质教育资源“多起来”、老百姓认同度“高起来”、城乡教育资源“动起来”、学生与优质资源“连起来”。新津区的“优教新津”行动推行“名校+分校”“名园+分园”办学模式，与优质教育资源丰富的青羊区结对合

图 7-4　成都星科北街打造“回家的路”

作，引进多所知名小学、幼儿园设立新津校区；邛崃市同样是通过资源交流的方式与锦江区教育局达成教育品牌植入、管理团队派驻、全面指导领办的协议。

在“上班的路，回家的路”打造中，丰富“轨道+公交+慢行”多样化绿色出行选择，构建“通勤圈”“生活圈”“商业圈”高度融合的通勤体系，持续推进职住平衡，构建与生活场景相互衔接、多功能复合的通勤场景，让居民在“回家的路”上解决80%的日常生活和社交需求，切实提升居民通勤体验感。

三、公共服务供给的空间尺度与公共服务再构

公共服务设施作为城市公共服务的空间载体，是由政府直接或间接为公众提供并为所有人共享的设施，包括满足人民群众生活必需的教育、医疗、文化、体育、社区服务、商业服务等几大类，建设与城市生产、集聚、消费、资本流动等属性相匹配的公共服务供给方式，是破题城市空间难题的最优解。

（一）基于空间尺度为人民配置公共服务

按照哈维的理解，现代市场已经从一种在空间背景中生产商品的系统发展到空间本身成为一种商品而被生产的系统；资本不断向空间扩展，空间被资本化，空间成为资本的转化形式。[①] 在此逻辑下，制造收益成为一切城市空间规划、建设、生产和分配的出发点与归属。这个利润主导的空间生产并不关心城市的独特性与空间感，

① 参见李春敏：《大卫·哈维的空间批判理论研究》，中国社会科学出版社2019年版。

它需要的只是空间生产与再生产的便利①。

基于特定的历史背景，一些制度设计对不同的主体呈现出了明显的区别设计（如社会福利、就业保障、教育与医疗等制度）。在城市中，这种区别在空间上也有明显的体现：土地和城市开发不断地将大量中下层居民驱赶到郊区，而二元体制和城镇化道路也将广大农村外来人口排挤在城市外。不仅如此，由于居住上的隔离和占据着不同的区位，生活在城市不同空间内的群体，享受着不同水平的公共服务。不同阶层的居民无法对城市公共服务获得同等的接近性，同是城市居民的低收入群体仅仅因为收入而无法与高收入群体平等地享有完善的公共设施资源。这种"价高者得"的逻辑，不仅意味着空间交换价值的实现，同时也使得无法支付的群体被排除在特定空间之外，无法享受高价值空间所带来的红利。具体而言，为了维持和保证土地价值，城市政府不仅划分了管理和公共服务供给边界，而且在公共服务资源稀缺的情况下，将教育、医疗、交通、治安等与土地和住宅捆绑在一起，通过一次性投资使其变成高价商品。同时，城市公共服务以土地和住宅的占有为标准，这不仅形成了对无房者和低收入者的空间排斥，也挤占了他们的生活、休闲空间，加深了公共服务在空间上的不平等。与此同时，以资本积累最大化为主导逻辑的发展思路挤占了社会性城市项目的资源，尤其是公共事业、社会服务项目的投资。土地金融化将土地和住宅变成投资品，使其按照资本市场而非商品市场的逻辑运作，这一方面会挤占其他空间，如农业、生态用地，另一方面也会促使资金流入房地产领域，降低资源配置效率，减少其他社会发展项目的开支。最终城市问题向社会分配问题转变。

① 王志刚：《差异的正义：社会主义城市空间生产的价值诉求》，《思想战线》2012年第4期。

在哈维看来,城市中的学校教育机构、文化娱乐机构、公园、停车场等公共服务的供给不仅是纯客观形式,其本质是一种体现权力价值观念及其逻辑的建构环境(Build Environment)。① 公共服务的空间分层不仅来自空间稀缺所造成的资源紧张,更是来自于资本空间化带来的空间资源占有与分配、空间权力与权利配置的不平等②,来自于增长主义所带来的空间层面的社会分层。因此,若要解决城市面临的公共服务供给问题,必须要回归对人的关注,提供与人口总量相应的公共服务,建设与城市生产、集聚、消费、资本流动等属性相匹配的公共服务供给方式。这不仅要回答“属于谁”的问题,更要回答“谁可以”“谁获得”以及“获得什么”“如何获得”的问题;不仅是一种基于人的多重属性的价值选择,更指向的是一种纳入人民的制度设计和结构安排。

(二)高质量公共服务平衡空间差异

从新型城镇化规划、和谐宜居城市建设到基本公共服务均等化,能否确保全体人民公平可及地获得质量、数量大致均等的公共服务愈发受到中央的重视。2021 年 4 月,国家发改委等 21 个部门联合印发《国家基本公共服务标准(2021 年版)》,在幼有所育、学有所教、劳有所得、病有所医、老有所养、住有所居、弱有所扶、优军服务保障、文体服务保障九大方面明确了基本公共服务的保障范围和质量要求,标志着公共服务均等化进入了新阶段。

由于城市的高集聚性、高流动性与高异质性,高质量公共服务的供给普遍面临着三大难题,而成都从空间尺度破题,提出了精彩的解

① 参见 Harvey, D.1985.*The Urbanization of Capital*, Oxford: Blackwell。

② 任政:《空间正义论:正义的重构与空间生产的批判》,上海社会科学院出版社 2018 年版,第 53 页。

答。一是高人口密度对公共服务的高需求量。人口集聚是城市集聚的重要维度。人口密度的增加使得特定空间内的公共服务需求陡增。一旦公共服务配套以及政策安排无法有效回应公共需求,就会引发一系列城市问题,比如交通拥挤、居住质量降低、医疗和教育资源供给不足以及基础设施落后。成都以攻坚行动破题公共服务供给不足,回应高人口密度带来的高公共服务需求量。2017 年 9 月,成都启动中心城区基本公共服务设施“三年攻坚”行动,借助攻坚行动集中力量解决公共服务供给不足的问题。“三年攻坚”行动提出,在 2017 年至 2020 年,成都新建的公共服务设施共分为八大类——教育、医疗卫生、文化、体育、社区管理、社区服务、市政公用、商业服务,共计 2557 处公共服务设施,总投资约 890 亿元。“三年攻坚”行动实施以来,一方面建成区规划实施率达到了 92.4%,大大满足了基本公共服务设施的需求。例如新增公办幼儿园学位专项攻坚通过新建、改(扩)建、改建附属办园点、回收回购等四种方式,新增公办幼儿园学位超 8 万个,以满足居民需求。另一方面,“三年攻坚”让一批亟须建设和历史久拖未建的教育、养老等短板公共服务设施建成投用,很大程度上解决了供需矛盾。2018 年,成都印发《成都市高品质公共服务设施体系建设改革攻坚计划》,以六大重点攻坚任务为抓手,推动实现城市发展六个“新”、居民生活六个“更”,明确未来公共服务攻坚克难的方向。

二是高流动性带来的需求快速变动。与强人口集聚相伴随的是高速流动的人口,公共服务需求随着人们的流动时刻变化,而按照地域或户籍配置的公共服务数量则在一定时间内相对固定,流动性与公共服务供给形成张力。成都以精准化研判服务需求把握高流动性,实施调整公共服务供给,实现供需间的动态平衡。除了传统人口总量统计以外,利用大数据及人口年龄结构金字塔模型分析等新技术新方法,对人口空间分布进行精准预测,应对三孩政策和老龄化等新趋势。其次是居民需求的精准化。着手开展问卷调查、社区走访,真实摸清群众最迫切最关心的需求。同时,借助云平台拓宽民意收集渠道。城市公共服务提升共建共治共享行动工作方案提出,要借助云平台,广纳民心民意开展共建,创新群众需求收集机制,吸引群众参与公共服务谋划建设,定期制定绿色发展、绿色服务民意收集计划,拓宽民意收集渠道,邀请第三方综合归纳分析收集民意,根据群众诉求和呼声及时调整公共服务政策。

三是空间利用方式的排他性导致多元需求间的互斥。具体表现为生产空间与生活空间的冲突,也表现为生活空间的内部冲突,比如特定空间用来建写字楼则无法用来建学校。而生活空间的内部冲突则来自不同主体对于空间利用偏好的差异。不同群体对于城市空间有着不同的诉求,在有限空间内如何选取与布局公共设施成为难题。成都从规划入手,通过有效的规划实现空间的复合使用,同时满足不同的公共服务需求。成都市在借鉴其他城市便民服务圈建设经验的基础上,按照 15 分钟步行距离为服务半径合理配置社区管理、社区服务、教育、医疗卫生、文化、体育、社区商业、市政 8 大类 18 项基础性、社区性公共服务设施,实现标准配置,以完善社区配套,提升城市功能,打造高品质和谐宜居生活城市。同时,本着集约原则,鼓励建设社区综合体,形成标志性、活力性、高品质的社区中心,为辖区居民提供"一站式"的综合社区服务。其中主要载体为社区综合体。在规划上把社区政务服务、农贸市场、卫生服务中心、社区体育运动场馆、文化活动中心等设施在空间上集中设置,以此为中心辐射周边,为居民提供高效便捷的生活服务。根据社区空间利用情况的不同,综合体有三种不同的布局模式:其一,平面上的集中布局,如把绿地、幼儿园、运动场、社区服务等设施集中在一起规划建设;其二,立体上的集中布局，如在同一栋建筑内分层布置不同的功能设施；其三，混合式布局，即前面两种兼而有之。

面向未来，成都规划公共服务蓝图，在利用高质量公共服务建设平衡空间的区隔和差异之外，将公共服务视野从“硬性”的设施建设拓展到“软性”的服务打造，将公共服务作为吸引人才、留住人才的重点。2021 年 2 月，成都提出“幸福美好生活十大工程”。2021 年 8 月发布的《成都市基本公共服务标准（2021 年版）》在实现对《国家基本公共服务标准（2021 年版）》全覆盖的基础上，又设置了 20 项与成都发展阶段及市民需求相契合的自有项目，涉及幼有所育、学有所教、病有所医、老有所养、弱有所扶等多个领域，在居民触手可及的日常生活中带来城市温度。如幼儿出生后 13 次免费健康检查，特殊儿童、困境儿童每人每月高达 1980 元的生活费，创业担保贷款，流动人员就业见习服务……此外，成都着力于建成基本公共服务清单管理和动态调整机制，实现由服务户籍人口向服务常住人口转变，构建现代化、国际化、智慧化、均衡化的高品质公共服务体系，让公共服务更加优质普惠、共享可及。

让公共产品更加优质普惠、共享可及。随着公共服务的再构提升，成都对人才的吸引力逐年增强。数据显示，2021 年上半年，成都通过实施居民收入水平提升和青年创新创业就业筑梦工程，城镇新增就业 14.35 万人，提供高校毕业生就业岗位 16.8 万个，仅次于北京、广州、上海，成为全国第四大“高校毕业生就业首选城市”。

（三）城市美学与“美”作为一种公共服务需求

随着城市化的不断深化，一座城市的发展通常会经历从经济聚集到人口聚集的动态转变。在工业经济时代，通常是城市的经济聚集带来人口聚集，而人口聚集反过来也会促进经济进一步聚集；而在后工业时代，由于科学技术的进步，传统以生产导向为主的经济聚集要素在城市发展中的地位和作用越来越小，而以消费导向为主的人口聚集逐渐占据城市中心位置，尤其是对美好生活、文化艺术、美学空间等的向往和追求。同时，过往多年来增长导向的城市建设带来一系列城市问题在城市中愈发凸显，由于经济利益的驱动，以及对现代化的片面理解，导致城市中高楼林立、密集，失去了人的尺度及必要的有吸引力的公共活动空间，城市历史文化保护区、城市绿化用地开发以及社会人文环境普遍受到冲击或削弱①，人们对城市之美的呼吁之声渐响。

城市美学是对城市文明与城市文化理性的探讨，是促进城市文明发展与城市文化进步的社会实践，是对人类自己生存条件和生活方式的有益探索②，也是回应城市问题的重要路径。“美”作为丰富城市内涵、提升生活体验的重要方式，在城市里发挥着多重作用。城市的空间之美体现着其自身独特的历史、景观与文化，这种独特令城市生活富有意义，塑造个人与集体对于城市的体验和生活质量③，促成人与人之间的连接，消除传统的社会隔阂，最终，在城市居民中形成一种共同享有的认同意识，将全体城市居民凝聚在一起④。

成都通过公园城市建设，为世界提供了集经济发展、生态友好与人文美学于一体的城市建设路径经验。2018 年 2 月，习近平总书记

---

①　王鹏：《城市公共空间的系统化建设》，东南大学出版社 2003 年版，第 151 页。

②　何艳玲：《走向精而美的治理：成都社区发展治理的启示》，《先锋》2019 年第 12 期。

③　[美]黛博拉·史蒂文森：《文化城市：全球视野的探究与未来》，董亚平、何立民译，上海财经大学出版社 2018 年版，第 16—17 页。

④　[美]乔尔·科特金：《全球城市史》，王旭等译，社会科学文献出版社 2014 年版，第 292 页。

来川视察，着重强调要突出公园城市特点，把生态价值考虑进去，努力打造新的增长极，建设内陆开放经济高地。2020 年 1 月，中央财经委员会第六次会议对推动成渝地区双城经济圈建设作出重大战略部署，明确要求支持成都建设践行新发展理念的公园城市示范区。据此，成都开展了建设公园城市的实践探索。成都认为，公园城市理念是新时代城市发展的高级形态，是新发展理念的城市表达，是城市文明的继承创新，是人民美好生活的价值归依，是人城境业高度和谐统一的现代化城市。公园城市以符合人民对美好生活的向往为导向，更加注重人的需求和感受。高度关注现代城市人文需求的多样性和消费偏好的差异性，注重从不同群体的消费需求出发，因地制宜布局生活性基础设施、发展生活性服务业，促进人的交流交往，加强良好人文生活和绿色生态环境的供给。

图 7–5　以绿道为脉络的成都公园城市建设①

作为回应新时代人居环境需求、塑造城市竞争优势的重要实践

① 《四川日报》2018 年 7 月 24 日。

模式，公园城市具有一系列体现时代特点的重要价值。在公园城市理念下，城市建设模式随之实现三个转变：一是从“产、城、人”到“人、城、产”。建设公园城市，体现了工业逻辑向人本逻辑的转变，是从生产导向向生活导向的建设模式转变，寻求在高质量的发展中创造高品质的生活。二是从“城市中建公园”到“公园中建城市”。建设公园城市，实质上是让城市建设更加符合公园化的环境要求，从整体上将公园形态和城市空间有机融合，实现“无公园不城市，先公园后城市”的发展。三是从“空间建造”到“场景营造”。建设公园城市，将围绕人的需求，从城市使用者的角度积极建设多样场所、策划多种活动，通过设施嵌入、功能融入、场景带入，营造公园城市场景。

在公园城市建设中，公园社区是公园城市建设的基本单元，是公园城市生态价值、美学价值、人文价值、经济价值、生活价值、社会价值最直接的体现。根据成都本身特色，2020 年《成都市美丽宜居公园城市规划建设导则（试行）》印发，明确公园社区要注重以人为本的综合服务功能提升，强调不同要素之间的有机融合，提出绿色社区、美丽社区、共享社区、人文社区、活力社区、生活社区六种公园社区建设模式。城市美学对人的吸引力在流量时代不断升温，从大慈寺太古里到成都非遗推广大使李子柒，生态、历史、人文等多方面的美学创造为成都带来了空前的人气。这生动地折射成都充分满足且将持续满足当前人民对于感知城市之美，享受城市生活的不断放大的希冀与渴望。

四、城市有机更新与空间再造

当城市发展到一定阶段，城市关注重点从生产、集聚转向消费时，需要转变土地功能，进行以居住功能为主的房地产开发，并实现土地价值最大化，但是早期城市开发往往会透支土地资源，新增建设用地所剩无几，增量扩张难以实现，存量优化的城市更新就成为城市空间再造的首要方式。纵观过往历程，城市更新实践往往呈现以追求土地价值为首要目标的经济利益驱动性特征，造成经济发展不平衡，破坏社会生态系统，导致空间被商品化、居民日常生活被剥夺、社会不公等现象。[①] 实现“人民城市人民建，人民城市为人民”，必须从人民立场创新城市更新的存量优化逻辑。

（一）城市闲置空间的功能再定义

在世界范围内，从20世纪50年代美国简单的“联邦推土机”到如今更加综合性、精细化的针对不同目标和人群的城市更新，开发重建、整治改善、传承保护成为各国城市更新行动的主要手段。对标先发地区的城市更新实践，由于城市特色的差异性，不同城市的更新方式和重点各不相同，如纽约注重吸引有质量的私人投资、伦敦注重城市规划、上海和广州优先明确城市的更新对象。

2017年4月，成都第十三次党代会提出“东进、南拓、西控、北改、中优”的十字战略方针，表明成都整体进入增存并举的发展阶段，以存量空间为主体的“中优”区域需要主动认识、适应、引领发展新常态，直面大城市病显现、空间资源日趋紧张等诸多问题，创新存量空间治理。随后，成都在新型城镇化、海绵城市、旧城更新改造等多个领域实施行动，以解决城市发展的历史遗留问题。

---

① 相关讨论参见黄晓燕、曹小曙：《转型期城市更新中土地再开发的模式与机制研究》，《城市观察》2011年第2期；张京祥、胡毅：《基于社会空间正义的转型期中国城市更新批判》，《规划师》2012年第12期。

表 7-1　成都城市更新相关政策梳理

时间	政策	主要内容
2016 年 2 月	《成都市社区养老院建设三年行动计划（2016—2018 年）》	社区养老院按照“统一规划、分期实施、市级统筹、区（市）县主体、社会参与、促进增量”的原则进行建设，逐步形成布局合理、深度融合、综合服务的社区养老院发展格局。
2016 年 5 月	《成都市政府购买棚户区改造服务管理暂行办法》	根据全市棚户区改造的总体需求，统筹考虑城市发展水平和居民改善住房条件要求等因素，量力而行，科学确定年度棚户区改造规模，积极引导社会力量参与棚户区改造，有序推进政府购买棚户区改造服务工作。
2016 年 7 月	《关于推进海绵城市建设的指导意见》	以绿色发展、生态优先的理念为引领，以工作机制和建设模式创新为突破，以“自然积存、自然渗透、自然净化”为原则，全面推进海绵城市建设，逐步实现“小雨不积水、大雨不内涝、水体不黑臭、热岛有缓解”。
2016 年 11 月	《成都市城市建设“十三五”规划》	规划涉及领域包括：新型城镇化、轨道交通、道路基础设施、市政基础设施、城市综合管廊、海绵城市、宜居水岸、公共配套设施、生态环境建设、旧城更新改造、质量安全生产、新技术应用、建筑业发展。
2018 年 3 月	《成都市进一步疏解中部区域非核心功能高品质提升城市能级的若干政策》	为成都加快建设全面体现新发展理念的城市，深入推进“中优”五年行动计划，提出优先保障搬迁企业用地、鼓励跨区域产业疏解的政策措施。
2018 年 10 月	《成都市湿地保护修复制度实施方案》	实行湿地面积总量管控，到 2020 年，全市湿地面积不低于 43 万亩，其中，自然湿地面积不低于 32 万亩，湿地保护率达到 23% 以上。
2019 年 4 月	《成都市住宅小区绿化管理规定》	绿化管理，是指对住宅小区绿地及绿地上的绿化植被的管理及养护，包括为有利于住宅小区绿化植物生长或解决住宅小区绿化植物生长影响居民居室通风、采光和安全等问题，采取的植物修剪、移植、砍伐等行为。

续表

时间	政策	主要内容
2020年1月	《成都市公园城市街道一体化设计导则》	重点对街道空间内与人的活动相关的要素进行设计引导,主要可以划分为交通空间与设施、步行与活动空间、附属功能设施与沿街建筑界面四大类型。
2020年4月	《成都市城市有机更新实施办法》	城市有机更新,是指对建成区城市空间形态和功能进行整治、改善、优化,从而实现房屋使用、市政设施、公建配套等全面完善,产业结构、环境品质、文化传承等全面提升的建设活动。
2020年5月	《成都市公园城市智慧综合杆设计导则》	街道设施设计应以批准的控制性详细规划为依据,并充分与道路交通、市政管线、市政照明、绿地系统、景观风貌等相关专项规划衔接。
2020年10月	《关于进一步推进"中优"区域城市有机更新用地支持措施(征求意见稿)》	结合城市有机更新工作实际,探索城市更新改造项目市场化运作模式,创新土地供应方式,加快盘活城镇存量、低效国有建设用地,提高城市更新改造效率。
2020年10月	《成都市公园社区规划导则》	根据社区分布区域以及主导功能,将公园社区划分为"城镇社区""产业社区"和"乡村社区"三大类,并综合考虑三类社区的主导功能、规模分类和差异化特征人群需求差异性进行了分类设计。

在上述立足整体的宏观城市更新规划之外,成都面对历史遗留下的众多历史街区、文物单位、历史建筑,秉持着"复新"的整体思路,从微小处入手,聚焦于城市闲置空间,对其进行整治改善。一方面,坚持"复兴",将承载着成都历史和天府文化的元素保留下来、发扬光大;另一方面,坚持"更新",对基础设施落后、需要更新再造的区域改善升级。成都市"十四五"规划指出,要以有机更新活化存量空间。遵循城市传统肌理和历史格局,以中优、北改区域为重点,实施老旧城区改造"五大行动",推动以"留改建"为主导的城市有机更新。以"城市针灸"理念促进老街巷、老院落焕发新生,以创新创意

方式推动老厂房、老建筑、老旧商务楼宇改造，打造特色文化街区，增设多元休闲开敞空间，持续推进场景营造和业态更新，形成现代化精致城市风貌，实现存量空间的再度繁荣。

成都根据闲置空间的特质，将其创造性地改造为不同的公共空间，释放包括桥下空间、街旁空间、地下空间、基础设施周边空间、屋顶空间、低效用地、周边空间 7 类城市剩余空间潜能，将城市闲置空间建设为集生态、运动、休憩、文化与商业等复合性功能的“活力空间”。

图 7-6　成都的旧水电站变身社区文化体验馆

一是将闲置空间转化为居民公共空间。将闲置空间转变为运动空间，包括综合运动场、综合健身馆、社区综合体、公园绿地、天府绿道、街旁空间、屋顶空间、老旧厂房、短期暂不开发土地、商业建筑内部空间、小区院落空间、桥下空间等。如成华区在府青路三段立交桥下，建设“成华府青运动空间”，将昔日闲置的桥下空间建设为健身步道环绕、景观小品云集、老少皆宜不怕刮风下雨的活动场地。将闲置空间转变为交往空间。如拆除地铁口围墙后建设地铁口景观，依托废弃铁路轨道遗址打造"小尺度、微环境、主题化、公共景观"相融合的艺术创新空间，将小区物业闲置空间改造为集音乐、运动、棋牌等多功能于一体的社区文化活动空间。

图 7–7　成都闲置空间的更新与使用

二是将闲置空间建设为新的商业空间。如菁蓉镇利用富士康空置的员工宿舍，打造为成都首个创业小镇。截至目前，菁蓉镇已经引进了创业创新团队 612 家，孵化器 15 家，聚集了创新创业者近万人。玉林北路社区在社区"两委"、专业团队与居民的共同努力下，将边角空间分割为成都盖碗茶、成都故事、成都文创等近 10 个"小而美""小而精"的沉浸式社区商业新消费场景和新人文体验场景，由老式小区改造而成的玉林四巷爱转角文创空间成为"网红"打卡地。

此外，成都积极引入外来智慧，为再定义城市闲置空间提供创意。2021 年成都市委社治委、市委宣传部、市委外事办主办中国·成都首届社区美空间创意设计全球征集活动，邀国内外高水平设计团队参与成都社区美空间设计。此次活动旨在为成都14个具备创意设计潜质和美学应用价值的社区空间进行概念方案设计，项目类型主要为老旧建筑改造及周边空间整体打造、空间功能提升与闲置空间再利用。在此过程中，成都既回应了老旧社区开发、城中村改造、空间资源有限等复杂问题，同时也通过创新行动有效规避了更新过程中可能带来的“副作用”，确保人民城市为人民，实现了超大型城市的有机更新。

（二）社区规划和人民参与

现代城市的扩张有着自然“生长”的因素，但更是人类有意识、有目的的“规划”的结果。规划已成为中国治理体系中最为核心的政策工具之一，是涵盖经济社会运行主要领域的公共事务治理指引。① “功能性规划”是现代城市规划的基本原则，即将城市空间按照不同功能进行空间布局、分配和设计，而当前在城市规划的实践中，格外关注城市空间利用的效益，特别是经济效益。特别是近年新建的新兴城区或整体改造城区，更是将功能性分区贯彻到底：如现代城市规划一般都追求住宅区、生产区、公共设施与服务公共绿地以及公共活动区、教育区等空间按照功能相对集中进行布局；在一个社区或小区内部，也多是按照空间的使用功能进行相对集中的布局，住宅区、通勤道路、绿地、公共场地（一般为广场）、居民活动中心、商业区等空间之间也多存在相对明晰的界限，并且每一功能空间内的建筑、设施甚至环境格调的设计和布局也多根据各自功能进行相对单一性的设计。与社区空间功能性规划和利用相适应的是各社区空间内的

① 胡鞍钢：《中国独特的五年计划转型》，《开放时代》2013年第6期。

管理和服务,不论是设施和人力等“硬件”,还是政策与制度等“软件”,多是按照该空间功能的预设需要来提供的。这种功能性社区空间规划和利用,有利于提高城市空间利用效率,在一定程度上提高城市管理和服务的效率,但也容易导致社区空间功能单一性问题,不但使社区空间变得索然无趣,还割裂了社区居民交往最有效的空间载体①,制约着社区治理效果和居民生活水平的提高。

为了避免功能性规划的不足,成都创造性地提出城乡社区规划制度,招募专业的规划师连接居民与城市政府,在之中协调对话,进而将居民的个体体验纳入社区规划中,从回应人民对美好生活的向往出发开展社区规划,全面提升城市宜居度和居民认可度。2010年,成都首创乡村规划师制度,采取公开招聘、征选机构志愿者和个人志愿者、选调任职、选派挂职等五种方式,招募从专业的角度为乡镇政府承担规划管理职能提供业务指导和技术支持的乡村规划师。社治委成立后,将规划师拓展到城乡社区,于2018年发布《关于探索建立城乡社区规划师制度的指导意见(试行)》,明确社区规划师的职责为普及规划知识、沟通居民意愿、参与社区规划、指导规划实施与促进社区营造,鼓励采取充分挖潜对内培育、借脑借智对外选聘等多种方式选用社区规划师,组建、培育、运用规划师团队开展社区规划服务工作。各社区据此完善了社区规划师体系,开展社区规划师组建、社区调研、社区规划的主要行动。

社区规划的启示是:一是理念“从空间到人”。强调以人为本,发动群众参与社区规划的同时构建和谐邻里关系。二是模式“从单一到多元”。改变建大项目且政府单一投入的方式,以小切口实现社区微

① 黄建洪、孙崇明:《城市社区空间异化问题及其治理路径》,《学习与实践》2016年第11期。

图 7-8　成都的社区规划

更新,调动驻区单位、社会组织、居民等多元投入。三是路径“从供给到参与”。转化从上到下的“供给式”为上下联动的“参与式”规划路径,更精准回应居民需求。四是动员居民参与,发挥人民主体性。成都的社区规划不是政府大包大揽,而是坚持居民主体原则为首要原则。居民是公共服务的消费者,也是社区公共事务的参与者、建设者。成都通过搭建规划师、居民、社区“两委”等多元主体的交流平台,广泛吸收各类社会组织、业主委员会、物业公司、流动人口等多元主体参与到社区规划的过程中。社区规划师、社区居民、“两委”等多元主体得以共同议定社区问题,共同提出规划的总体定位、具体实施框架,并且各抒己见提出具体实施计划。人民参与的社区规划行动,不仅能够满足多元利益需求和重塑社会结构,更重要的是在广泛的社会参与之下,社区居民的社区意识和公共精神不断强化,形成人人参与、人人尽责、人人共享的新型基层治理格局。通过专业化与参与性的社区规划,成都在邻里这一家门口的空间内,实现发展议题与生活议题的交融,提供经济价值、社会价值、生态价值、文化价值与情感价值的耦合,最终在社区小空间内发挥舒适度、愉悦感、想象力和可塑性的乘数效应。

(三)社区微更新与社区美空间

如果将城市看为一个有机体,城市更新就是有机体的新陈代谢过程,而社区作为城市的细胞,是城市更新的出发点和落脚点。以城市更新为主要手段的空间治理和以社区发展治理为主要手段的社会治理存在耦合驱动关系,通过在社区发展中"以事聚人"推动城市有机更新,在城市有机更新中"聚人成事"提升社区治理效能,以实现城市有机更新与社区发展治理的良性循环①。

社区微更新是存量修补的重要内容,是对城市发展战略的落实,对城市更新行动的细化。尤其是随着人们对美好生活需求的不断提高,社区微更新显得尤为重要。社区微更新是指按照循序渐进的城市更新理念,着眼社区基本单元,以群众需求和参与为导向,对社区内品质不高、长期闲置、利用不足、功能不优的微型公共空间和老旧建筑进行改造提升,提高社区公共空间环境的整体品质,唤醒社区文化记忆。开展社区微更新行动,实质上就是以社区发展治理激活城市有机更新,以增强居民参与感、获得感、参与感。在这一行动中,不同主体扮演着不同的角色,包括但不限于政府相关部门、社区居民、社会组织、社会企业、设计团队等,通过"一方牵头、多方合作、公众参与",创造有地域特色和归属感的社区空间新形态,实现微小空间治理和基层社会治理的良性循环。比如都江堰市莲花社区的微更新

① 阮晨:《社区发展治理下的成都有机更新实践》,"共建共治共享的城市更新制度建设"专题会议,2020 年 9 月 20 日。

图 7-9　高压线走廊下的社区公园

项目,经历了 9 次居民代表会、3 次居民议事会,最终拍板将街道“道路红线设计”转变为“以街道为中心的 U 型空间一体化设计”,并在高压线走廊下的绿地里新建 7 个造型阳光房,供居民和游客休憩。

与此同时,成都还首创性地提出“社区美空间”建设,旨在建设立足社区范畴,扎根于社区,以社区范畴为主要服务半径,提供普适审美体验,深度黏合社会价值、生活价值与美学价值的空间场景。社区美空间关注的是居民“家门口”的变化,通过家门口的微变化建设更宜居的社区空间。社区美空间以展示社区地域文化、历史文化和产业特色为导向,融入美学元素,彰显主题特征,集艺术表达、文化展示、消费体验、情感交流等多功能于一体的社区美学运用场景。从地域上看,首批 10 个社区美空间,既分布在金牛、成华、青羊、锦江、武侯、天府新区这样的中心城区,也分布于邛崃、彭州、大邑、崇州这样的下辖县级市;从类型上看,首批 10 个社区美空间,包括 3 个阅读空间、2 个博物馆、2 个艺术场馆、1 个社区、1 个村落、1 个酒店,空间类型多样。

图 7-10　成都的社区空间

五、本章总结

从城市性出发,城市是生产要素集聚、资本流动和劳动再生产的场所,城市的聚集性、流动性与空间性既是城市的本质,也是城市问题的源起。从人的角度看,城市是人口等资源要素聚集的社会空间,高密度的人口是城市的典型特征。人是城市最重要的主体,与城市的发展息息相关,人的多少及其密度高低是衡量城市发展状况的重要指标。人是城市生命体中的活性元素,是影响城市发展的关键变量,也构成了现代城市治理的重要主体。在此视角下,城市是承载着社会生产、交换、消费及城市文化的地理空间,政府则通过城市空间来提供集体消费品和公共服务,确保社会稳定并实现社会再生产。城市空间既是物理的,也是政治的、社会的与文化的,是重要稀缺的城市资源与治理手段，塑造着城市的形态与人民的生活。

一座城市的营城逻辑代表着一种城市发展的哲学，是有系统性、集成性思维的表达。随着营城逻辑的转变，城市发展和治理的手段产生不同变化。在农耕时代，以军事政治为中心的城市发展是从传统的自上而下的中央集权角度解决城市问题；在工业时代，以产业聚集为中心的城市发展侧重从单一的经济发展角度解决城市发展问题；在后工业时代，以人民为中心的城市发展更加强调从城市居民生活需求角度来思考和应对复杂的城市问题。与此同时，面对城市问题的异质性、复杂性和流动性挑战，原本适用于乡土社会的治理模式失去“特定场域”的治理基础。这一挑战聚焦居民需求，将发展市场经济和打造治理共同体统筹推进，在还权赋能基础上实现社会多元参与城市发展和治理。

综合来看，成都的营城逻辑有三大亮点。

一是以空间治理作为核心的治理议题，采取多种措施将空间维度带入城市治理。从根本上看，城市一个最大的问题是空间分配的冲突，治理城市就是管理空间，对于城市政府而言，就是设计开放的、均衡的、多功能的空间，营造生活性、经济性、文化性、生态性的多样化场景。

二是纳入多元价值与个体体验。伴随着改革开放以来的高速发展，城市已从原本单一的经济价值主导转向集经济价值、社会价值、生态价值、文化价值与情感价值的多元价值体。以社区为例，社区作为市民居住与生活的最小空间，同时具有经济活动和就业场所集中的生产、居住和社会活动空间，以及基础设施与道路干线构成的流通空间等多重空间性质，内含多重价值的冲突。多重空间性质与多重价值间平衡的好坏，直接决定空间的使用质量。同时，过往的规划更多地是非个体体验的规划：生活与工作相比，被界定为私人议题，城市设计缺少关注生活的公共议题;空间的分配直接取决于政府部门的设计,城市空间缺少关注生活的实际使用,城市空间设计呈现非生活化。城市不仅要办大事,更要精细化地办小事,尤其是落脚到再构小尺度的公共服务供给,实施触手可及的社区微更新项目,实实在在地满足市民生活需求,提升市民日常体验上。

三是人民的主体性与对话协同。对话既包括人与人的对话,也包括人与物的对话、物与物的对话。人与人的对话表明公共决策过程更加透明,这种对话包括城市政府和规划师之间,还包括政府与市民之间、规划师和市民之间的对话。市民在多层面、多维度的参与是其主体性发挥的重要标志,也是城市人民性的表现。人与物的对话昭示了场景营城的本质是在复归人性与尊重规律之间寻求治理的共鸣点与平衡点,实现可持续的发展与“小确幸”的生活。

第八章　人民在共建美好生活中重新连接

十九届四中全会指出，要“完善党委领导、政府负责、民主协商、社会协同、公众参与、法治保障、科技支撑的社会治理体系，建设人人有责、人人尽责、人人享有的社会治理共同体”。这意味着，一方面，人民已不再是被动的服务接受者，而是积极与国家、市场互动的主动的服务对象；另一方面，人民成为治理的一大主体，能够参与到治理的议程中，协助提供政府和市场都无法充分供给的公共物品（比如，公共安全），并形成强大的市场约束力量和政府监督力量。在流动性日益增大的城市社会，需要重新建设个体之间的、个体与公共制度之间的连接，以激活人民自我解决问题的主体力量，充分发挥其作为服务对象与治理主体的作用。

连接人民、组织人民不仅是一种理性的治理手段，在本质上更是一份感性的人性寄托。马克思在《关于费尔巴哈的提纲》中指出，“人的本质不是单个人所固有的抽象物，在其现实性上，它是一切社会关系的总和。”①社会性和关系性是人的天然属性，但资本主义逻

① 《马克思恩格斯选集》第1卷，人民出版社2012年版，第135页。

辑主导的现代化导致人的交往成为交易,人与人的关系日益疏离和淡漠。人对生命意义的溯寻与对心灵认同的期待在现代城市社会的权力利维坦和功能利维坦中无处安放。[①] 于是我们开始沉浸在乡愁里。乡愁源于城伤,其内核是在城市中怀念熟悉的共同体。"如今似乎每个在都市里穿行的人都用手机聊天,或者听 iPod,甚至可能是在发'推特'。但是我们当中几乎已经没有人有时间、精力和邻居吃晚饭了,更遑论昔日那田园般的社区生活。"[②]在新技术和互联网时代,陌生的城市更难以让我们抱团取暖和邻里守望,面对现代性的困境,在城市中重新构建人与人之间的连接是克服城市生活危机的曙光。基于此,本章关注成都如何在全民共建美好生活中将情感、责任和善意带入城市居民的交往秩序之中,将自治、参与和公益带入城市社会的治理秩序之中,让邻里不再陌生,让人民更有力量,让城市更有温度。

一、陌生人市域与乡愁

城市化的重要标志就是人口由乡村移动到城市,成为城市的常住人口,进而提高城市人口在总人口中的比重,也就是城市化率的提高。人口的移动使得社会异质性在特定空间内加剧,熟人共同体逐渐转变为陌生人市域,带来新时代的城市治理难题。

(一)城市化、市场化与陌生人市域

城市化的过程是集聚的过程。集聚的本质是人的集聚,就一个

---

① 刘建军:《社区中国》,天津人民出版社 2020 年版,第 14—15 页。

② [美]罗伯特·J.桑普森:《伟大的美国城市》,陈广渝、梁玉成译,社会科学文献出版社 2018 年版,第 3 页。

城市而言，人口为城市发展带来资本、人才与劳动力，为城市发展注入源源不断的动力。集聚源自移动，人口移动的过程就是集聚的过程，而集聚的人口则是移动的人口，没有移动就没有集聚，正是因为人口的移动才有了人口的集聚。人口流动为中国带来低成本的快速城市化过程，中国完成了迄今为止世界历史上最大规模、最快速度的城市化进程。伴随着城市化进程加速，人口流动进一步加强，我们正经历着世界范围内最大规模的人口流动。

随之而来的是，社会的异质性正在快速增加。基于人口的异质性，必然引发有关人类活动的一切异质性，包括交往方式的异质性、生活习惯的异质性、职业的异质性、通勤的异质性，等等。城市中快速流动的人口必然加剧这种异质性，不仅是城市社区中居住人口的不断变换导致异质性加剧，还有着城市通勤过程中异质性人口的接触与摩擦致使异质性显现。总之，流动性加剧着城市的异质性，让异质性特征无时无刻不体现在城市大系统的运行过程中，异质性也就成为城市中最鲜明的特征。

成都在过去十年中经历了常住人口与流动人口的高速增加。人口的流动与异质使城市成为陌生人市域。史无前例的人口流动带来的结果是，来自天南海北的人口集聚在小范围的同一城市空间，他们不再是乡土社会中宗亲或世代为邻的熟人，而是不断变换的“生人”。由此，传统熟人共同体转向陌生人社会，人们开始越来越多地依靠市场机制获取资源，市场意识与利益意识逐渐增强，个体利益取代了关系情感成为人们最重要的行为准则，个体化社会兴起。① 异

---

① 参见郑杭生、黄家亮：《论我国社区治理的双重困境与创新之维——基于北京市社区管理体制改革实践的分析》，《东岳论丛》2012 年第 1 期；周延东、曹蕗蕗：《从居住共同体走向新生活共同体——社区安全治理的反思》，《湘潭大学学报》（哲学社会科学版）2015 年第 6 期。

质性进一步强化了居民交往互动的匿名性、非人情化和表面化特点。人们在同一座城市中生活、相遇却不相识，与不计其数的人有短暂联系，却可能不清楚谁住在隔壁①。居民整体的信任水平降低，紧密的社会联系变得松散，整合性的社会资本被削弱，居民也难以形成对城市的认同。同时，异质性在本质上是社会结构的转变，其意味着城市所面临的公共服务、民生福祉是不同的，居民所关注的公共议题也是不同的。由于文化、习俗以及习惯等的不同，人口之间的异质性在无形之中被集聚而放大，异质性人口不仅消解了社会合作互助的基础，更可能引发邻里冲突、陌生人社会冲突，或为争取诸如学位、医疗等公共资源的冲突。

（二）个体体验在城市的疏离与弥合

在乡土社会中人们极少搬迁，同一片地区生活的居民，长期以来形成并遵循着共同的习俗、认知与价值，彼此之间频繁地进行社会互动，相互依赖、自治互助②，自然而然地在临近地域内形成了社区共同体。共同体中的人们有共同的感受，有共同关心的事情，也常常有共同的命运③，在日常生活中闲话家常，在节庆仪式时共同祈福，在偶遇困难时相互帮助，“朝着一致的方向、在相同的意义上纯粹地相互影响，彼此协调”④。这构成了我们对于生活最温情的印象。

---

① ［英］约翰·里德：《城市》，清华大学出版社2010年版，第87页。

② 夏建中、［美］特里·N.克拉克等：《社区社会组织发展模式研究：中国与全球经验分析》，中国社会出版社2011年版，第7页。

③ 费孝通：《对上海社区建设的一点思考——在“组织与体制：上海社区发展理论研讨会”上的讲话》，《社会学研究》2002年第4期。

④ ［德］斐迪南·滕尼斯：《共同体与社会》，张巍卓译，商务印书馆2019年版，第87页。

随着城市化的发展，越来越多的人离开家乡去往城市。城市的高流动性与异质性最大限度地扩大了人们日常生活的空间、交往的圈子，也带来了更深的疏离与冷漠。更大的社会圈子拓展了个人交往的范围，增加了个体的自由，但同时也降低了与他人间关系的质量：大圈子中的人们相互保留和冷漠，交往被视作维持生活需求的使用关系，个体不再对任何群体抱有归属感①，社会呈现出最大程度的"原子化"②。进而，城市中的个体越来越不热衷参与公共生活。20世纪末，帕特南敏锐地察觉到了公共性的衰弱，较之邻里交往与公共参与，美国人似乎越来越不热衷参与公共生活，反而情愿"独自打保龄球"。③ 国内学者也通过一系列调查证实，中国普遍存在公共性缺失的障碍④，人们的意识以生活需求为中心，"应激—选择"地进行社会和政治参与⑤。

芒福德曾将对话看作城市特有的功能，在他的描述中，随着社交圈子的扩大，城市应能令所有人参与到对话中来，进而使人们相互亲近，使人们具备温和的举止，具备人性与正义，满足于权利和义务的均衡，同他人建立良好的关系。⑥ 然而如上述，当前城市中，扩大的社交圈子、身体距离的靠近与空间的狭窄反而令人们的心理距离更

---

① 汪民安等主编：《城市文化读本》，北京大学出版社 2008 年版，第 150 页。

② ［德］斐迪南·滕尼斯：《共同体与社会》，张巍卓译，商务印书馆 2019 年版，第 452 页。

③ 参见［美］罗伯特·帕特南：《独自打保龄球：美国社区的衰落与复兴》，刘波等译，北京大学出版社 2011 年版。

④ 李友梅、肖瑛、黄晓春：《当代中国社会建设的公共性困境及其超越》，《中国社会科学》2012 年第 4 期。

⑤ 吴晓林：《治权统合、服务下沉与选择性参与：改革开放四十年城市社区治理的"复合结构"》，《中国行政管理》2019 年第 7 期。

⑥ ［美］刘易斯·芒福德：《城市发展史——起源、演变和前景》，宋俊岭、倪文彦译，中国建筑工业出版社 2004 年版，第 124 页。

加明显,丧失了对话的可能性。[①] “城市生活确实自相矛盾……我估计我们比同住在一个小村庄里的人更加疏离,但是却与很多人定期密切联系。尽管我们可能不太清楚谁住在隔壁,却和完全陌生的人前胸贴后背地挤在地铁里,或者在超市擦肩而过。我们只是在他们的活动和我们相遇的那一刻知道他们,而他们在其他时间的所作所为,我们一无所知。然而他们的野心对于我们生活的影响,却比任何一个村民的都有力得多。”[②]里德的这段叹息,我们身处中国的城市中也能感同身受。如此,形成新的共同体意识,也是中国城市治理的一个重要任务。

(三)在城念乡:乡愁的本质是城伤

城市现已成为人们最主要的居住地。据联合国经济和社会事务部(UN DESA)公布的世界城市化趋势报告显示,2018 年全球 55%的人口居住在城市中,全球城市化率达到 55%。预计到 2050 年,全球城市化率有望达到 68%,其中近 90%的城市化增长来自亚洲和非洲。中国也持续经历着城市化的发展,经历了一个极其快速增长的阶段。1978 年中国的城市化率仅为 17. 92%,1995 年达到 29. 04%,2018 年则达到 59. 28%。人们为了更美好的生活而奔向城市,但城市往往成为压力与疏离的代名词。从美国房产开发者“回到邻里相互认识的传统故乡”[③]的广告宣传语,到 2013 年中央城镇化会议提出的“让居民望得见山,看得见水,记得住乡愁”,处于城市中的人们

---

① [英]彼得・桑德斯:《社会理论与城市问题》,郭秋来译,江苏凤凰教育出版社 2018 年版,第 77 页。

② [英]约翰・里德:《城市》,郝笑丛译,清华大学出版社 2010 年版,第 87 页。

③ [美]罗伯特・帕特南:《独自打保龄球:美国社区的衰落与复兴》,刘波等译,北京大学出版社 2011 年版,第 243 页。

始终没有放弃对“乡”的怀念。“故乡”“家园”才是承载着人们对于邻里、温暖和美好生活想象的地方。① 城市中的人们经历着“回不去的乡，融不入的城”的双重拉扯。

乡愁本质上是城伤，是城市与人之间的剥离，是城市能引得来人却留不住人的矛盾。转型中国的增长主义塑造了城市中国的增长主义，在 1978 年后，增长成为国家正当性和合法性获得的基础，成为城市发展和治理的主导逻辑，城市成为谋求增长的机器。在增长主义的逻辑下，城市的首要目的是获得经济上的繁荣与发展。城市空间被看作生产和工作场所，而非生活和交往的场所；土地成为商品，而非栖居的载体；流动人口被看作劳动力，而非居民。人们在城市中的行事以标准化、理性化、去情感化为导向，对美好生活的追求与对温馨感情的向往反而被视作与增长无关的“多余动作”。②

增长主义导致城市出现了双重迷失，即社会迷失在城市中，社会权迷失在城市治理中，这集中体现在城市治理对人的忽视。首先，城市空间基于经济发展而非个体体验。城市空间内含多重价值的冲突，同时具有经济活动和就业场所集中的生产空间、居住和社会活动空间，以及基础设施与道路干线构成的流通空间等多重空间性质。伴随着改革开放以来的高速发展，城市已从原本单一的经济价值主导转向集经济价值、社会价值、生态价值、文化价值与情感价值的多元价值体，但城市的空间设计仍多以经济发展为导向，忽视了生活性的空间性质。其次，城市政策缺乏关注生活的公共议题。过往的规划是非个体体验的，即生活被界定为私人议题，城市

---

① 李翠玲：《“家园”追寻与社区治理的价值取向》，《中国行政管理》2020 年第 1 期。

② 陈昌凯：《时间维度下的社会心态与情感重建》，《探索与争鸣》2016 年第 11 期。

设计缺少关注生活的公共议题，如与消费、生活密切相关的闲暇长久以来被视作私人事务，被城市设计所忽视。同时，过往的规划是非家庭体验的，即家庭未被放入城市治理议程，教育、住房、养老、医疗政策等更多地给予个人而非家庭，这不符合中国长期以来家庭主义的特征。最后，城市治理对弱者的保护和重视不足。城市和乡村相比，是强者的天然聚集地。因城市的高极化程度，驱逐成为城市的特有特征，如城市原住民的征地外迁、贫困阶层在城市的空间集中、中国式的职住分离、农民的人户分离等。唯弱者得安宁，城市方得安宁，城市治理在如何进一步保护弱势者在城市中不受伤害、美好生活上仍需探索。

人们为了更好的生活来到城市。如果说城市是为了更好的生活，一定不是为了少数人的更好的生活，而是为了多数人乃至所有人的更好的生活。城市治理，天然是面向弱者的治理，其本质就是调节和平衡市场差异，保持城市社会秩序平衡。因此，城市治理既要从制度设计上具有法治和人民代表性的制度，还要从城市政策层面回应庞杂的居民诉求，预防潜在的城市风险，特别是风险对家庭和个人带来的伤害。只有这样，包容才能取代驱逐成为城市特质，城市才能拥有让人铭记、眷恋的因子，真正成为居民的故乡。

二、人民在城市中的自组织

从治理的角度来看，社会自组织的培育和发展情况与社会活力密切相关，进而影响到治理成本的高低，并最终关系到政府能否有效履行治理职能。2013 年十八届三中全会通过的《中共中央关于全面深化改革若干重大问题的决定》提出，“创新社会治理，必须着眼于维护最广大人民根本利益，最大限度增加和谐因素，增强社会发展活力，提高社会治理水平”。由此可见，社会治理的直接意义在于，能否维持稳定有序的社会秩序，以及能否保持社会的生机和活力。从治理的角度来看，社会活力有赖于政府对社会自组织的培育和发展，社会自组织的发展程度直接关系到治理成本的高低，并最终决定政府能否有效履行治理职能。

（一）社区组织的发展

社会的自我组织一直都是提供公共服务、解决公共问题的重要机制之一。以非营利组织为代表的社会组织相比政府而言，往往有着更多地方性知识和个性化信息。在自愿基础上组成的非政府和非营利组织，一定程度上缓解了市场机制造成的社会问题，也填补了有限政府的职能空白，其既能降低治理成本，也可以协调冲突，是满足庞大且复杂人群治理之需的重要手段。① 这种组织，“包括教会、文化团体和学会，还包括独立的传媒、运动和娱乐协会、辩论俱乐部、居民论坛和居民协会，此外还包括职业团体、政治党派、工会和其他组织等”②，既能从内部培养成员合作的习惯与技巧，使人在相互作用下令“自己的情感和思想焕然一新，开阔自己的胸怀，发挥自己的才智”③，从而，增进“利益表达”和“利益集结”，由社团充当代言人采取更清晰、更准确的形式表达观点④；又能在组织中加强成员团结和信任感，形成新可用于解决问题的社会资本，创造出更广义的社会互

---

① 张翼：《全面建成小康社会视野下的社区转型与社区治理效能改进》，《社会学研究》2020 年第 6 期。

② ［德］哈贝马斯：《公共领域的结构转型》，曹卫东等译，学林出版社 1999 年版，第 29 页。

③ ［法］托克维尔：《论美国的民主》，董果良译，商务印书馆 1988 年版，第 638 页。

④ ［美］罗伯特·D.帕特南：《使民主运转起来：现代意大利的公民传统》，王列、赖海榕译，江西人民出版社 2001 年版，第 103 页。

惠,利于社会经济繁荣和社会团结和谐①。

成都一直重视通过政府购买服务推进社会组织发展。2009 年《成都市人民政府关于建立政府购买社会组织服务制度的意见》印发,明确从 2012 年起,凡符合政府购买社会组织服务范围的项目,原则上需安排不低于 20%的项目资金向社会组织购买服务。力争到 2015 年,实现“应购尽购”。2017 年,《成都市政府向社会组织购买服务的实施意见》印发,明确重点支持领域和支持份额,健全成都市政府购买服务指导目录并编制购买服务清单,同时完善信息公开机制、购买方式选择机制、承接主体邀请机制等采购管理体制,实现政府公共服务与社会组织专业服务良好衔接和互动,有效满足人民日益增长的公共服务需求。2019 年,《关于大力推进政府向社会组织购买服务提升公共服务水平的三年行动计划》出台,提出要形成一套规范完备的政府购买社会组织服务制度体系,采取的措施主要有建立政府向社会组织购买服务示范项目库,将社会组织人才纳入全市人才发展规划和工作体系,探索社会组织的发展质量标准,以培育发展枢纽、品牌、平台型社会组织为重点,带动社会组织的整体发展。

为激发社会组织活力,充分发挥社会组织参与社会治理和公共事务的积极作用,2017 年成都市社会组织发展专项基金正式启动,专项基金按照《成都市社会组织发展专项资金安排方案》要求,以项目的方式支持社会组织创新性解决社会问题、提升社会组织发展能力。2014 年以来,成都共扶持 239 个社会组织实施 239 个项目,全年项目覆盖 340 个街道、410 个社区,受益群众约达 195 万人次。同

① [美]罗伯特·帕特南:《独自打保龄球:美国社区的衰落与复兴》,刘波等译,北京大学出版社 2011 年版,第 11—12 页。

时，通过扶持资金的导向功能和“种子”作用，引入配套资金570多万元，直接或间接撬动社会资金1.6亿元。仅2020年一年，成都即投入社会服务项目资助1300万元，公益生态营造项目资助1200万元，公益人才培育项目资助300万元，以促进社会组织品牌建设、支持公益人才干事创业、营造公益生态环境。

表8-1　2020年成都社会组织发展专项基金项目

资助类别	具体类别	资助金额
社会服务项目	社会组织党建、乡村振兴、精准扶贫、社会救助、城乡融合、扶老救孤、扶贫济困、居家养老、特殊群体儿童关爱保护、精神障碍患者社区康复、社区发展治理、平安社区建设、国际化社区营造，支持社会组织开展邻里互助、纠纷调解、平安创建等社区活动，社会组织运用社区发展治理经验部署“迎大运”城市共建共治共享工作，参与社区场景地图、社区生产场景、社区生活场景、社区机会场景等场景营造，城市外来灵活从业人员帮扶，疫情后社会服务工作等项目。	总计1300万元，单个项目资金不超过20万元。
公益生态营造项目	支持社会组织培育发展基地、社会服务实训基地、社工人才培育基地，培育发展枢纽型、平台性、品牌性社会组织，公益联盟建设，大手拉小手支持草根社会组织成长，社区社会组织扶持，社区志愿服务组织孵化，社会组织国际交流，服务中小企业促进民营经济发展、助力国际化营商环境建设，服务成渝地区双城经济圈，开展行业研讨，优秀项目成果展示交流，社会组织参与政府履职所需辅助性和技术性事务，媒体宣传等项目。	总计1200万元，单个项目资金不超过30万元，支持社会组织发展相关领域课题研究项目，单个项目资金不超过8万元。
公益人才培育项目	社会组织党建人才培育、社会组织管理人才培育、社工人才培育、国际志愿服务人才培育等各类公益人才培育项目。	总计300万元，单个项目资金不超过30万元。

在政府支持和社会民生需求的双重催化下，截至2020年5月，成都依法登记社会组织数量有12157家，包括社会团体3637个，占

整体数量的29.9%。社会服务机构，即民办非企业单位，共有8520家，占比70%左右。从数量上看，成都社会组织的数量占四川省1/4左右；从每万人拥有的数量来看，成都每万人拥有量达7.18个，远高于全国每万人拥有3.26个的平均水平。①

在社会组织培育的基础上，成都积极推进社会组织参与治理。建立和完善"党组织领导、村(居)民(代表)会议或村(居)民议事会决策、居委会执行、其他经济社会组织广泛参与"的"一核多元、合作共治"基层治理机制，理顺各方权责，规范议事程序，构建起领导权、决策权、执行权、监督权相互分离、运转协调的基层治理机制，其中，"多元"即包括社区自治体系、社区社会组织协同体系和社区居民参与体系。在成都如火如荼开展的社区营造行动中，社会组织早已成为不可或缺的必要条件。成都幸福家社会工作服务中心研发的陪伴参与式社区营造方法提倡社会组织要做社区自治的陪伴和参与者，在社区营造中扮演好教练的角色，通过与居民线上线下频繁沟通，带领居民梳理社区关系和动态需求，再组织大型主题活动，引导居民成为维护小区、管理小区的主人翁，让多个"问题小区"的面貌焕然一新，该方法已经在全国范围内推广。

总体而言，社会组织目前已积极地参与到成都治理的各个方面，从人民需求与美好生活出发，助力社会治理。同时，社会组织的发展也为企业、公众和政府共同参与治理搭建了良好的合作平台，通过社会组织将个体力量凝结在一起，大大提高了社会各方的黏合力，凝聚了社会资本，实现了组织化参与社会治理。

(二)社区志愿者与志愿者之城

20世纪70年代，现代福利国家面临着有目共睹的经济社会危

---

① 数据来源：吴丽萍：《成都市各区(市)县社会组织培育工作现状调研报告》。

机,政府的作用开始被怀疑,西方社会开始反思以古典自由主义为理论基础下公私领域间严格的区分①。人们越来越意识到,既然市场与政府无法解决问题、回应诉求,那么就应该让普通人们进入到公共领域中,利用生活经验和社会关系来解决问题,由此,社会的作用更加受重视,"重新发现社会"进入大众视野②,公私领域的区分进一步被打破,高效地动员公共的、私人的和社区群体等地方资源来解决地方层面的问题成为地方的最优选择③。其中,志愿作为个人出于社会责任而无偿提供解决地方问题资源的方式开始兴起,"决心自己动手来解决问题,自己组织起来改善境况或争取基本权益的普通人们"凭借其自有的优越性而在公共舞台上大放异彩④。

志愿源自于自我奉献的精神,通过志愿服务,人们能够充分调动自己的优势助人,获得自我实现的满足;某些时候,还可以通过助人解决自己的问题,实现助己。但是,纯粹源自个体的志愿行为可能会出现供给和需求错位、愿景和能力不匹配等问题,需要较为系统化的统筹、规划和引导来发挥志愿的最大作用。成都始终注重志愿服务的重要价值。为加快建设全面体现新发展理念的城市,探索了志愿服务助力城乡社区发展治理、美丽宜居公园城市建设等工作的一

① [美]谢里尔·西姆拉尔等:《民有政府:反政府时代的公共管理》,李学译,中央编译出版社2010年版,第50页。

② 相关讨论参见陈进华:《治理体系现代化的国家逻辑》,《中国社会科学》2019年第5期;吴晓林、郝丽娜:《"社区复兴运动"以来国外社区治理研究的理论考察》,《政治学研究》2015年第1期;吴晓林、谢伊云:《国家主导下的社会创制:城市基层治理转型的"凭借机制"——以成都市武侯区社区治理改革为例》,《中国行政管理》2020年第5期。

③ [美]戴维·R.摩根:《城市管理学:美国视角》,杨宏山、陈建国译,中国人民大学出版社2011年版,第300页。

④ 赛拉蒙、于海:《第三域的兴起》,《社会》1998年第2期。

系列实践路径，不断推进志愿服务制度化、常态化、社区化，形成了社区志愿服务的成都逻辑。市委社治委与市委文明委是推动社区志愿服务发展的强效有力领导力量，打造了志愿服务与社区发展治理双轮并进的发展优势[①]。2017 年，成都社治委自成立以来，将社区志愿服务政策纳入“1+6+N”政策体系，出台成都市深化社区志愿服务的实施方案、成都市支持和发展志愿服务组织的实施意见、成都市志愿服务激励办法（试行），把社区志愿服务纳入社区发展治理体系中。

图 8-1　成都的社区志愿服务

其中，《成都深化社区志愿服务的实施方案》提出社区志愿者队伍发展、组织培育、效能提升、评价激励等五大专项行动，进一步明确了志愿服务与社区发展治理重点融合发展方向。支持社区成立志愿服务队，引导青少年参与社区志愿服务，将中学生志愿服务活动情况

① 资料来源：《2019 年成都志愿服务发展报告》。

纳入综合素质评价体系；培育志愿服务枢纽组织，健全社区志愿服务组织孵化机制，建立社区志愿服务组织孵化基地；开发社区志愿服务项目，将社区空巢老人、留守儿童、残疾人等特殊困难居民的志愿服务项目作为志愿服务重点内容，强化供需对接；完善社区志愿服务组织评价机制，推行星级志愿者评选制度，并与积分落户制度相衔接。以志愿服务市场为依据评定注册志愿者星级，为志愿者提供基于关爱礼遇、纳入教育评优管理、给予就业创业扶持、给予城市落户加分、提供文体优惠服务、提供医疗卫生便利服务、提供交通优惠服务、享受金融服务、享受个人保障服务等激励措施。通过这些方式，志愿行为得到了引导，被服务者收获了服务，而志愿者在自我实现的同时也获得了社会的鼓励、认可和支持。

表 8-2　成都近期志愿服务工作支持政策

政政策文件	具体内容
成都市深化社区志愿服务的实施方案	1. 实施社区志愿者队伍发展行动。 2. 实施社区志愿者组织培育行动。 3. 实施社区志愿服务效能提升行动。 4. 实施社区志愿服务评价激励行动。 5. 实施社区志愿服务要素保障行动。
成都市支持和发展志愿服务组织的实施意见	1. 加强志愿服务组织培育管理。 2. 提升志愿服务组织能力。 3. 强化志愿服务组织阵地建设。 4. 提高志愿服务组织服务水平。 5. 夯实志愿服务组织发展保障。
成都市志愿服务激励办法(试行)	1. 志愿服务认定。 2. 志愿者激励措施。 3. 志愿服务组织激励。 4. 社区志愿服务激励。 5. 保障措施。

在"1+6+N"政策体系的指导下，成都围绕提升居民自我服务能力逐渐壮大社区志愿队伍。弘扬"奉献、友爱、互助、进步"的志愿精神，打造"友善公益之城"，首创社区志愿服务日，发布社区志愿服务之歌，守望相助、乐观包容、与邻为善、以邻为伴的风尚成为城市标签。在政府推动下，成都志愿者的人数、人均服务市场规模均有所增加。

总的来看，一方面，成都正加快形成"横向到边、纵向到底""条块结合、纵横交错"的志愿服务生态圈。另一方面，也逐渐形成了党员探索引领、多方参与的志愿服务格局，将志愿服务内化于心、外化为行，逐步成为居民现代生活方式，形成一系列各具特色的志愿服务品牌。根据统计，成都平均每天有超过500名居民成为志愿者、每天开展超过300场志愿服务。有200多万居民走进社区参与志愿服务，在成都的各个角落、各项领域，传递着"向上、向善、向美"的社区精神，守护诗意栖居的美丽家园。

表8-3　成都社区志愿服务品牌项目

项目所在地	项目名称	实施单位	项目简介
郫都区	守护城市水源地	成都康华社区发展中心	项目已协助近1200名企业志愿者在云桥湿地参与项目，贡献超过5000小时的志愿者时间。活动包括在水源社区开展环境宣传、湿地环境整理与修复、社区自然读本开发等，让更多的公众认知并保护珍贵水源，从而形成企业与民间机构环境保护联盟机制，提供公众更广泛地参与环境保护与水保护的平台。
郫都区	星火微光	成都市大同社会工作服务中心	项目通过"微公益创投"的模式，培训志愿者，让其主动在小区中开展志愿服务活动，从而实现精准策划社区邻里活动。具体实施内容包括，创办协力工作坊，举办协力主题沙龙，提供公益理念拓展和公益服务基本能力建设活动，提升开展社区服务的能力和服务理念。

续表

项目所在地	项目名称	实施单位	项目简介
武侯区	奶奶厨房	武侯区玉林街道黉门街社区	项目旨在发掘潜在服务对象,改变老人心理认知,构建"熟人圈",将服务对象转变成志愿服务提供者,让更多的老人参与到服务中来,从而形成一个常态长效的互助式为老志愿服务网络。
都江堰市	熊猫课堂	龙溪—虹口国家级自然保护区管理局	项目为加强大熊猫文化宣传,展示都江堰良好的生态本底,重点打造了"熊猫课堂"志愿服务品牌,加强志愿者服务基地建设,建立熊猫讲师、熊猫志愿者两支团队,做好大熊猫创意产品、文化教材、宣传手册、体验课程四大工程开发,开展熊猫课堂进学区、进街区、进景区、进社区、进山区五大系列活动。
龙泉驿区	七彩假期·关爱成长	共青团成都市龙泉驿区委员会	项目针对服务农民工子女、留守儿童、贫困儿童等青少年,解决假期生活单调、监护照料、亲情关爱和家庭温暖等问题,通过专业社工指导,选拔优秀志愿者在假期集中为孩子开展公益服务,运行8年来,具备较为成熟和完善的一整套执行体系。
金牛区	小善叔叔信箱	成都云峰社会工作服务中心	项目旨在以交流的方式,以设在服务对象就读学校里的"小善叔叔信箱"为平台,采用信件往来和线下服务相结合的方式,收集并满足服务对象需求,发现并回应服务对象问题,项目通过"小善叔叔信箱"帮助在校儿童拥有心理健康知识,正确面对新环境成长的各种问题。
大邑县	全民阅读推广	大邑县三加二读书荟	项目将三加二读书荟自有书馆和农家书屋建设成为集知识、信息、培训、服务等于一体的社区文化信息中心,通过共读共写促进精神交流,让更多的人体会阅读的乐趣,分享书与书的故事,感悟人与人的情怀。

续表

项目所在地	项目名称	实施单位	项目简介
青羊区	“益”起筑梦·爱无障碍	成都市青羊区特殊教育学校	项目成立9年来,主要开展艺术治疗公益联盟活动:志愿者为心智障碍儿童进行每学期8次的美术治疗活动,每年至少举行一次美术作品展和作品公益售卖活动,进行广泛的社会宣传;社区开放活动:每周日上午为来自成都市各区(市)县的3—8岁的心智障碍小朋友举行特奥幼儿运动员计划活动;为8岁以上心智障碍人士提供特奥基本能力训练及特奥比赛相关集训等。

(三)社会工作的专业化

社会工作是社会自组织参与治理的主要形式,不仅意味着对社会问题的直接解决,更是强调为各种社会问题寻求某种更有效率且持续性的回应方式与整合机制。在本质上,社会工作有两类特质,其一,专业导向,引入专业的第三方力量为社会治理创造新动能;其二,服务导向,引入专业性力量是为了有效地激发社区参与,将社区居民培育为社会治理的新主体和新资源。当下中国基层社会发育仍不完善,这意味着,社会化仍有其内生的困境,若不对其加以选择和规范的使用,很容易导致出现新的问题。从此角度而言,社会工作的专业化不可或缺。这种专业性既体现在实践理念上,即回归专业精神,始终保持掌握新知识、拓展新能力的进取精神;也体现在实务上,即在实践中不断反思服务的专业性和有效性,以社区作为基本实践平台,通过发挥服务型治理的功能,采用积极的干预,重新发挥社会自我保护的功能,推动社会治理及社会进步。

为提升社会工作的专业化水平,建强社区专职工作者队伍,经过综合分析社区人口数量、管理范围、居民构成及特定人群服务对象，成都探索建立了完整的社区专职工作者职业发展体系，以提高社区专职工作者人才队伍的专业化、职业化水平。一方面，完善制度保障，健全社区工作者的管理办法和薪酬保障体系。通过统筹人员管理、拓展职业方向、明确考核奖惩等具体措施，加强社区专职工作者管理；通过划分四级岗位、明确薪酬结构、增加基本工资等具体举措，提高社区专职工作者待遇；通过开展对标学习、进行摸底调查、编制人才规划等具体措施，增进社区专职工作者能力，让社区专职工作者在培养、成长、管理等方面有章可循。

另一方面，加强专业培训，实现了社区工作者全覆盖培训。一是制定发布总体培训计划。印发《成都市党建引领城乡社区发展治理2020年度培训工作计划》，围绕公园城市要求，构建市级示范培训、区县普遍培训、镇街兜底培训三级梯次全域培训体系。二是精准聚焦培训需求。围绕小区治理、场景营造、应急管理等开设专题培训班，开发“蓉城社区发展治理·月讲坛”邀请知名高校、研究院所的专家学者进行线上授课。三是探索建立培训评估体系。通过对培训项目、培训过程和效果进行评价，确保培训计划与实际需求合理衔接，为后续培训资源的合理配置奠定基础。四是推动资源共享。进一步完善培训学院、课程、师资、基地、智库等建设，制发培训教学大纲，多渠道开放共享城乡社区发展治理培训资源。比如，与四川大学、中国社会治理研究会合办“基石计划”项目，建好用好“城乡社区发展治理培训学院”“城乡社区空间美学研究院”。专业化的社工及其职业精神，不仅有助于协同政府有效处理公共事务，更有助于有效链接和密切城市中不同主体之间的关系。如前述，在高度陌生的社会中，原子化个体失去了共同体中的本性，人与人之间交往的情感关怀往往被理性计算所代替，也容易形成对公共和共同事务的冷漠态度，而专业化的社工可以起到居间作用。从目前来看，诸多地方都重视社工的发展，但从人才培养、人才成长到实际运作仍然还有许多制度层面的细节需要优化。

三、邻里建设：生活共同体与生命共同体

最早的共同体是由若干社会群体聚集在某一个地区或领域里所形成的一个生活上相互关联的大集体，是社会有机体最基本的组成部分。“共同体”（community）一词源于拉丁语，原意是共同的东西和亲密的伙伴关系。我们每个人都生活在一个相对固定的地域，在这个地区生活的居民有着共同的区域身份，拥有一些生活上的共识，容易形成自治互助的地域共同体。由于共同的兴趣爱好而聚集到一起，也容易形成互相促进的兴趣社区。在一个共同体之中，竞争与逐利现象较为少见，更多的是遵循合作和共享的原则，弱者也得以在其他成员的帮扶下生存下去。以社区或邻里为代表的共同体作为现代社会基本的自治单位，在维持社会安定和提升总体生活满意度的过程中发挥着巨大作用。

（一）从集体到邻里：社会团结的基础单元变迁

改革开放以来，中国经历了社会团结基础单元的两大变迁。一是市场经济改革打破了单位制，使围绕着单位形成的集体不复存在。改革开放以前，国家通过政党、群团组织、单位制、街道、人民公社等总体性组织，对人们的生产和消费进行总体性管理，人们是具有共同组织身份的“单位人”。改革开放后，单位制逐步瓦解，单位人变成多样、异质的市场人。二是户籍制度的松动与人口的高速流动，使原本基于地缘或血缘而形成的共同体日渐萎缩甚至走向消亡。传统的

共同体是在相对固定且临近的地域内自然形成的。随着城市化的发展，劳动力的流动性加剧，社区成员的异质性增强，工作与居住地的距离增加，这呈现在社区层面往往意味着陌生的邻里关系，生活在同一空间内的人们不再具备相似的文化或共识，也就没有了形成传统共同体的基础条件。同时，流动性的增加也弱化了人们对于集体的认同和参与，消解了社区居民信任的基础，个体社会兴起。在此变动下，城市面临着共同体建设的核心问题：在日益分化和疏离的现代城市社会，是否还存在建设社会共同体的可能性？具体而言，陌生人之间何以重新连接？何以形成对集体的责任感、归属感？[①]

滕尼斯指出，共同体可以分为血缘共同体、地缘共同体和精神共同体三类[②]，这实际上就回答了当今社会何以建设共同体的问题。在血缘、地缘无法再成为社会团结缘由的现在，精神上的相通就成为唯一的途径，具体表现在利益、生活交往和价值上的共通。若要实现这一点，必须远离宏大话语体系而进入到人们的日常生活空间之中[③]，而作为具有传统温度和中国特色的“邻里”这一公共场景，就成为当今共同体建设的最佳单元。以“邻里”为基本单元，可以充分发挥社区作为家门口公共空间的作用，建设“家庭与家庭之间、楼栋与楼栋之间、小区与小区之间、社区与社区之间，居民与城市之间”的大美好生活共同体。这种共同体集利益、生活交往与价值于一身：既是利益共同体，能够通过协商、对话等机制解决利益冲突，社区很和谐；也是生活交往共同体，具有不同利益诉求，不同文化、生活等背景

---

① 杨敏：《作为国家治理单元的社区——对城市社区建设运动过程中居民社区参与和社区认知的个案研究》，《社会学研究》2007年第4期。

② ［德］斐迪南·滕尼斯：《共同体与社会》，张巍卓译，商务印书馆2019年版，第87页。

③ 何艳玲：《捍卫邻里：中国社区建设的未来任务》，《国家治理》2015年第34期。

的人群在社区中交往沟通、共同居住、共同维护;更是价值和生命共同体,在这个共同体中生活的人群有共同的认知、共同的价值,致力于对美好社区共同体的营造和追求。

(二)邻里事务的自我解决

推开家门,首先进入的公共场域便是社区,就距离成本、时间成本而言,理论上最易参与的公共生活也发生在社区。当然社区仅有地缘优势,远不足以和职场、社团共同构成人们公共生活不可分割的三维空间,社区的活化因子、魅力因子在很大程度上决定了个体愿意腾出多少时间精力参与社区公共生活①。这仍然需要回到人们参与公共生活的本原,除了换取必要的公共服务这一理性需求外,公共生活对个体的吸力还包括舒适度、愉悦感、想象力和可塑性等。毕生致力于街头巷尾研究的社会学家怀特在无数次观察小广场、小公园后发现,小空间的乘数效应是巨大的。这种效应不仅是就使用这些小空间的人数而言的,实际上,还就经过这些小空间的人的感受而言,很多人不过是路过这些小空间,他们很喜欢这些小空间的感受,更多人觉得,城市中心有了这些小空间,才感觉更好。对一个城市来讲,这样的小空间是无价的,因为无以言表的空间感知更多与人们在其中找到的舒适度和愉悦感有关。不仅如此,人们参与公共生活还存在从被动感知到主动塑造的演进,“人们不只是选择一个与他们的生活习惯相匹配的地方来居住,而是通过日常生活中的邻里活动与公共活动来塑造地方”②。就小空间的意义而言,社区有比职场更重

① 闵学勤:《社区营造:通往公共美好生活的可能及可为》,《江苏行政学院学报》2018 年第 6 期。

② Benson,M. & Jackson E.(2013). Place-making and Place Maintenance: Performativity,Place and Belonging among the Middle Classes, *Sociology*,47(4):793-809.

要的社会意义。

社区作为居民公共生活的载体曾经扮演了非常重要的角色，20世纪50年代居委会在楼下通过喇叭喊话通知，楼里的居民便要纷纷下楼参与公共生活，当然这种政治安排下的集体生活并非自觉自愿、自下而上的公共参与，因而也很难持久。随着改革开放40多年来市场化、社会化的侵入，以及伴随而来的个体原子化倾向，社区弱参与成为公共生活的瓶颈：社区自上而下的行政类参与大过居民自下而上的社会参与；因“邻避效应”、物业纠纷等而引发的冲突类参与大过以社会善治为目标的良性且温和的非冲突类参与；社区参与以社区积极分子、社区中老年、失业或残疾人群体为主，而中青年的在职群体参与社区公共生活相对稀缺。社区公共生活的低频度和非对称参与现象也直接影响社区居委会的声望维系，特别是在经历城市化率过半、大部分居民拥有物权的大背景下，社区急需寻找能引领美好生活、内容形式丰富多元、大部分居民也有意向参与的公共生活模式，以邻里为单位推动社区事务的自主解决。

专栏：老旧院落如何治理？成都洛带镇“六步工作法”实现由乱到治①

2021年9月8日，成都市龙泉驿区洛带镇，城乡社区治理行动暨老旧院落治理示范小区揭牌仪式在八角井社区客家居小区举行，洛带镇将推进53个老旧院落党组织、自治组织、管理服务全覆盖。

① 吴亚非：《老旧院落如何治理？成都洛带镇“六步工作法”实现由乱到治》，《川观新闻》。

洛带镇采取找党员、建组织、优机制、强服务、植文化、赋场景"六步工作法"，实施序化、净化、亮化、美化"四大行动"，全面开展城乡社区治理工作，以实际行动践行"我为群众办实事"。以八角井社区客家居小区为例，通过"六步工作法"，让小区实现了由乱到治的蜕变。

首先是找党员、建组织，洛带镇下沉社区党员干部担任小区的党建指导员，找出有时间、有能力、有热心和有一定威信的本小区人员成立"红色管家"院落自治委员会，建立全域网格化管理工作责任体系。

再进一步优机制，经居民表决同意后建立客家居专属院落治理机制，排查并形成需要治理的突出问题13项，社区聚力实施开展客家居治理项目20余项，建立客家居居民评价监督机制，明确客家居"红色管家"院落自治委员会工作职责，制定院落居民自治管理公约、财务管理制度，调整院落党组织管理服务架构，优化保洁人员、门卫职责。

强服务、植文化、赋场景同步发力。安排专职网格员对客家居进行网格化服务管理，精准对接居民需要，通过文化浸润、观念引领，为客家居打造了记忆墙、温馨楼道、居民书角等公共文化场景，同时结合小区居民生活需要，赋能院落非机动车扫码充电、广告灯箱等商业化运营场景，方便了居民生活，又弥补了院落管理费用缺口。

洛带镇相关负责人表示，通过"六步工作法"以及"四大行动"，居民从最初的旁观者到主动参与，小区的热心人、治理能人不断涌现，他们把小区事务都当成自己的事，有力提升了院落管护力、品质感、安全感和颜值度。

合作治理理论指出，本地居民往往是最了解地方情况与问题所在的，更能利用当地资源、本土知识、行为传统和社会关系创造出可持续且最低成本的治理方式，①邻里就是具有这种优势的地域性集体。为发挥出这种效用，邻里需要良性互动的关系。一方面，良性互动的邻里关系使社区能够不断地积累社会资本，既能满足个体居民的社会生活需求，也能为整个社区创造出更加舒适的生活环境；另一方面，良性互动的邻里关系能够在居民之间构建更多的共同话题，消解居民群体异质性带来的社区问题，促进社区事务的自我解决。

互助是邻里交往的内核。尽管居民的文化基础不同、生活方式不一，但是在住房货币化、职住选择、公共服务的空间区别等因素的影响下，居住在同一片邻里的居民在经济文化水平、工作、家庭情况等方面或多或少存在一些共性，蕴含着基于相关职业形成业缘、基于相同兴趣连接成趣缘、基于后代教育形成育缘、基于服务精神和公益情怀连接起志缘等多种可能。居民之间有某方面类似的需求或可以互相沟通、互相帮助的事项，就构成了改变邻里冷漠的根本动力。比如，邻里集市、共享驿站，居民内部互通有无，既解决了自家的闲置物品或以低价获得了所需物品，又增强了邻里间关系，营造了和谐、快乐的社区环境，提高了社区凝聚力。再比如，以“社区邻里互助会”“社区互助之家”等形式，开展居民自我服务活动，形成与邻为善、以邻为伴、守望相助、共建共享的良好氛围；还有的居民依据需求自发组建微信群，聚集存在同样问题的居民，互助解决，如“幼儿接送群”“小区团购群”等。

活动是邻里关系的助推剂。尽管邻里可以基于问题和需求所集

---

① ［美］埃莉诺·奥斯特罗姆：《公共事务的治理之道：集体行动制度的演进》，余逊达、陈旭东译，上海译文出版社 2012 年版；［美］詹姆斯·C.斯科特：《六论自发性》，袁子奇译，社会科学文献出版社 2019 年版。

图 8-2　成都的和谐邻里关系营造“三年行动”

结,但从长期来看,建立更深层次的邻里信任,需要更多面对面的交流和相处所支撑,由此邻里才能从单纯地获取邻近资源解决问题的途径变为一个相互关心的温馨、安全的共同体。成都通过城市社区和谐邻里关系营造三年行动,从城市社区邻里交流、空间建设、邻里互助、邻里协商等多个方面加强建设,加强城市社区内部的稳定邻里联系。坚持因地制宜,根据不同区(市)县、社区的实际情况,开展一系列主题鲜明、形式新颖的邻里活动,“你好,邻居”“走！一起去串门”“一起做公益”等一系列生动形象的主题活动,定期开展邻里文化节、社区内联谊等文体活动,举办家庭邻里矛盾模拟现场调解活动等,助推和谐邻里的实现。

规划是邻里营造的重要方式。在公园城市建设中,邻里人家的建设是极其重要的部分,是集生活价值与生产价值于一体的综合项目。特别在城镇和产业社区内,邻里人家主要以社区人群为服务对象，利用当地有效的服务设施，开展具有基本公共服务、便民服务和社区商业等功能的服务项目，以满足社区居民的日常生活需求和消费需要，实现在社区 15 分钟生活圈内日常事务的自给自足。以双桥子街道万晟社区邻里中心为例，总面积 8100 余平方米共 7 层楼的空间集结了办公服务大厅、长者照料之家、社区党群服务中心、艺创中心、邻里空间、家庭医生签约服务管理中心，满足居民们对于服务、长者照料等多方面的需求之外，更为邻里交往提供了邻里创享、邻里社团、邻里乐园、邻里舞台、邻里展能及邻里食光多个功能空间，成为居民就业创业学习、亲子游玩、社区文艺队伍排练的新型基地。

（三）邻里中的家庭建设

从以人为中心的角度来看，城市的尺度就是社区。社区是家庭生活的核心，家庭生活在社区中得以开展，家庭关系在社区中不断变得亲密，社区、邻里与家庭相互作用，共同影响人们对生活的感知。在中国，社区是国家的根基，家庭则是社区的基本细胞。社区邻里共治的力量来源于将内向性的家庭伦理向外转化，输出为公共性、社会性的公民精神①，而打通家庭与公共社会之间的连接也必然发生在社区邻里中。

在西方个体主义传统的影响下，现代对于人的讨论和感知集中在个体、社群或国家②。对于我们来说，家是传统中最为熟悉、生活中最为重要的，却在现代化的生活居住、政策设计、福利保障方面未被足够重视的单元，具有重大的治理意义和治理作用。在邻里这一

① 吴晓林：《理解中国社区治理：国家、社会与家庭的关联》，中国社会科学出版社 2020 年版，第 274—275 页。

② 孙向晨：《论中国文化传统中“家的哲学”现代重生的可能性》，《复旦学报》（社会科学版）2014 年第 1 期。

比社区更微小、更邻近的单元,居民结构在某种程度上存在某种相似性,具有一些相似或共同的需求,这种需求多以家庭的形式体现。在邻里中建设家庭,为居民提供了提升家庭关系、建设良好家风的机会。当下高节奏、快速度的生活和普遍狭隘、封闭的居住环境等大大限制了以家庭为单位的活动,也不利于家庭内部和谐关系的形成。成都各社区纷纷在社区公共空间举办各类家庭活动,为回归家庭提供条件。如开展亲子趣味运动会、亲子环保手工活动,为青少年及家长创造了一个良好的亲子沟通交流的契机,进一步提升了青少年与父母之间的亲子关系,通过邻里的公共参与回馈小家庭。

反之,家庭也是邻里的一分子,也影响着邻里氛围,并决定着邻里治理结果,是撬动邻里共治的重要支点。首先,家庭文化、氛围与行为举止构成了邻里的文化和氛围,家庭的和谐、文明能够辐射带动社区向更好发展。成都以家庭文明建设公约为引领,为广大家庭提供行为示范。积极向居民宣传低碳环保、团结互助、尊老爱幼、爱岗敬业等方面的内容,引导居民带动家庭践行公约内容,让家庭成为和谐文明的起点,以家庭小文明带动社区乃至社会大文明。同时,发挥先进家庭示范作用,为广大家庭提供建设榜样。持续性地开展家庭文明创建活动,打造社区内部特色鲜明的家庭文化示范基地,以点带面辐射整个社区的家庭文明创建行动,促进创先争优。

其次,人们的需求以家庭为单位展现,尤其是儿童、老人、残障人士等弱势群体,对于他们的照料和服务是家庭需求的核心,也是邻里家庭建设的重点,更是城市面向弱者的包容性体现。社区居民之间存在以孩子为中心的交往。有着高水平社会资本的社区往往是培养孩子的良好居所,这里的公共场所更加整洁、居民更加友善、街道相对安全。当前,以儿童为核心,激活家庭参与社区建设,打造儿童友好型社区，是成都、深圳、长沙等多城正在尝试的社区建设模式之一。以武侯锦城社区为例，社区按照“儿童带动家庭，家庭影响社区”的工作思路，秉承儿童最大利益、儿童参与、共建共享原则，以社区、社工、社会组织、社会资源四社互动为路径，通过制度、空间、服务、文化四个方面工作，推进建设“学有优教、幼有善育”的儿童美好家园。在这一过程中，形成了以“儿童—家庭—社区”为链条的家庭支持性服务机制，通过社区建设的资源共享，更大程度地凝练儿童及其家庭的认同感、归属感和幸福感。高社会资本也为空巢老人、低保、残疾人员的照料提供了新的互助形式。为应对辖区空巢老人的增多，低保、残疾人员的分散居住等因素，武侯区万寿桥社区组织成立“邻里关爱家庭巡视队”，通过邻里的志愿服务，为辖区高龄、空巢、残疾老人提供持续的巡视、探望服务，让邻里关系更加和睦、温暖。

图 8-3 成都社区服务中心内的儿童空间

四、在公共议事中实现城市共治

就根本来说,社区治理就是对人的治理,其目的在于培养具有社区意识和主体意识的居民,通过加强人与人之间的联系,充分利用居民之间的人际关系,在社区重塑生活共同体、利益共同体与价值共同体;通过重建在居民与社区"两委"、物业等主体之间的链接,形成能够达成一致决策的议事共同体、治理共同体。议事是人民参与、协商对话并最终达成一致的过程,是社区共治的具体实现方式。建设人人有责、人人尽责、人人享有的社会治理共同体,归根结底还是要回归社区场景开展社区议事,在社区内为人民提供参与渠道,明确参与程序,培育参与能力。如此,才能破解社区内自治主体的区隔,激活居民的社区参与和政治参与意识,提升自我管理能力,最终实现共建共治共享的治理新格局。

(一)为事而来:人民参与的关键

中国传统社会具有一定自治传统,但是在单位制、街区制的历史阶段,政府长期占据社区治理的唯一主体,随着社会经济、政治体制改革深入才逐渐向多元主体发展①,加之当代城市的高速流动性与异质性,治理中的公民参与仍存在较多障碍。一是参与热情。在世界范围内,社区治理都面临着参与难题。奥尔森曾提出集体行动的经典论断,即"除非一个集团中人数很少,或者除非存在强制或其他特殊手段以使个人按照他们的共同利益行事,有理性的、寻求自我利

---

① 魏娜:《我国城市社区治理模式:发展演变与制度创新》,《中国人民大学学报》2003 年第 1 期。

益的个人不会采取行动以实现他们共同的或集团的利益”①。在大集团中，面对高协商成本与低经济、社会激励，人们往往倾向于不采取任何行动。社区作为典型的“公地”，其治理产品具有公共物品的非排他性与非竞争性，不愿作为的搭便车现象更为突出。二是参与质量。人民参与治理需要特定的能力。1969 年，阿尔斯坦提出了著名的公民参与阶梯，将公民参与分为 3 个层次，分别是：“无参与”（Nonparticipation）“象征性的参与”（Tokenism）“居民权力”（Citizen-power）②。按照这一划分，当前很多公众参与可以说仍然徘徊在“象征性的参与”附近。对于大多数人而言，除了投票和听证，其他参与技术（比如焦点团体访谈与开放性区域论坛）依然非常陌生，依靠自治承担利益协调任务并达成一致还较为困难。因而，若想实现有效的社区共治，必须回应两大问题：如何推动人民参与，如何使人民参与真正有效。

推动人民参与，必须回归人民关注，回到与人民休戚相关的事务上来。对于人民来说，他们首要关心的是自身的生活需求，是自身的居住品质、安全与社区问题，而后才是社区政治和治理的参与③。要激活居民的社区共治参与，要回归社区场景，从具体的社区问题和事务解决出发引人前来。④ 借助家庭和邻里组织，公民性格得以稳步

---

① ［美］曼瑟·奥尔森：《集体行动的逻辑：公共物品与集团理论》，陈郁、郭宇峰、李崇新译，上海人民出版社 2018 年版，第 2—3 页。

② Arnstein S.R.A ladder of citizen participation.*Journal of the American Institute of Planners*，1969，35（4）：216-224.

③ 杨敏：《作为国家治理单元的社区——对城市社区建设运动过程中居民社区参与和社区认知的个案研究》，《社会学研究》2007 年第 4 期；闵学勤：《社区自治主体的二元区隔及其演化》，《社会学研究》2009 年第 1 期；李翠玲：《社区归来——一个珠三角村庄的公共生活与社区再造》，中国社会科学出版社 2015 年版。

④ 吴晓林：《治权统合、服务下沉与选择性参与：改革开放四十年城市社区治理的“复合结构”》，《中国行政管理》2019 年第 7 期。

地形成,公民特有的草根思想得以逐步确立。民主必须始于公民的家园,而这个家园就是我们生活的邻里社区①。

实现有效参与,需要人民具备特定的议事能力,而这种能力只能在具体议事的实践中培育。帕特南对包括意大利在内的五个国家的调查证实了参与对于公民能力建设的重要性,“社团成员在政治上更成熟,更有社会信任感,有更多的社会参与,主观上更大的公民行为能力”②。通过参与实践,公民培养了公共精神,养成了合作和团结的习惯,习得与人合作的技巧和在集体劳作中共同分担责任的意识。在参与过程中,公民才能学会辨别什么是正当利益诉求、什么是非正当利益诉求,学会自我约束、彼此妥协,“理性公民”将成长。归根结底,人民为事而来,在做事中培育公共理性与议事能力,并最终通过“自己的意志和理性去成就共同的事业”③,同时助力社区事务的解决。

此外,还需要打造社区交往平台,在公共空间实现居民情感连接。居民相聚在同一空间是接触的起点,更是相互熟悉、彼此信任的起点,户外公共空间在居民的交往中尤为重要。正如盖尔在《交往与空间》一书中写道④:

> 人及其活动是最能引起人们关注和感兴趣的因素。甚至仅以视听方式感受或接近他人这类轻度的接触形式,也显然要比大多数城市空间和住宅区的其他吸引人的因素更有价值,人们对它们的要求也更为迫切。

---

① [美]理查德·博克斯:《公民治理:引领21世纪的美国社区》,孙柏瑛等译,中国人民大学出版社2014年版,第6页。

② [美]罗伯特·D.帕特南:《使民主运转起来:现代意大利的公民传统》,王列、赖海榕译,江西人民出版社2001年版,第102页。

③ [法]托克维尔:《论美国的民主》,董果良译,商务印书馆1988年版,第221页。

④ [丹麦]杨·盖尔:《交往与空间》,何人可译,中国建筑工业出版社1992年版,第23页。

图 8-4　成都武侯区晋阳街道综合文化活动中心

成都通过社区居民参与、社区规划师协作开展各社区的场景营造、社区微更新、社区美空间建设，建设社区咖啡馆、长者空间、连心驿站、社区图书馆、风雨长廊、休闲广场、露天凉亭、社区花园、可食地景等室内外公共文化空间，为居民的交往与互动提供了温馨舒适的空间场景，推动居民持续、频繁、深入交往。

"在都市化和工业化社会中，分离轻而易举，因为其成员掩蔽在十足的数量中，在城市生活的各个角落里隐身不见。都市化如此分馏了一个人的社会生活，以至于个人只残存着这样的感觉：他和她点点块块被撒在了这种景色之中。"①要缓解墨菲所描述的这种被分

① ［美］罗伯特·F.墨菲：《文化与社会人类学引论》，王卓君译，商务印书馆，1991 年，第 68 页。

离的城市生活,最重要的路径就是让人民有更强的社区参与。居民的社区参与意识并不是自然拥有的,需要通过居民最关心的问题撬动参与,在参与中培育居民能力。对于以生活需求为中心的居民来说,从生活场景与社区公共事务管理切入能够最大程度激发其参与热情。成都从认领家门口绿植、沟渠清掏、垃圾清理、停车管理、设置晾晒区、划定停车线等社区生活相关的公共事务入手,动员居民在社区工作人员和社会组织协助下参与协商,培育议事能力已被证明是让人民有更高社区认同的有效经验。

(二)城市议事机制的创新与建设

与单位制时期不同,在城镇化进程不断深化的过程中,形成了新的社区空间和关系网络,传统的单位人意识被逐渐打破,取而代之的是作为利益主体的个人意识。城市中的不同群体、阶层在社区之中都寻求各自利益的最大化,传统社区的整体利益、依赖关系开始裂变,甚至产生了对立冲突。居民作为利益主体的自主性日益增强,更倾向按照主观意愿和自身利益办事,社区参与随着身份、目标和利益取向的差异而呈现出区隔状态①,各自为政。在此情况下,城市议事面临着“不能参与”“不想参与”“不会参与”三大难题:长期以来政府作为单一管理和服务主体的体制下,留给人们自主发挥的空间相对较小,存在想参与但不能参与的问题;市场化使得人们以自身为中心的利益意识增强,流动性又导致城市不再具备乡土社会中的社会约束,人们对于全能型政府的印象也根深蒂固,公共精神相对较为淡薄,缺乏自主参与城市议事的意识和习

---

① 闵学勤:《社区自治主体的二元区隔及其演化》,《社会学研究》2009 年第 1 期。

惯;如公民参与阶梯理论所言,不是所有的参与都是有效参与,参与是需要特定的程序与方法的行为,而这恰恰是当下各类议事所欠缺的。

“不能”是限制公众参与的制度性问题,一切讨论都必须建立在已经破除参与限制的基础之上,有效的议事制度也必须关注人民,让人民成为议事的主人,破除参与障碍。早在2010年3月,成都已经开始启动“完善城乡社区治理机制”的基层改革,并围绕“还权—赋

图8–5　成都的社区议事员选举①

能—归位”的总体要求,通过体制机制改革开启还权于民、赋能社区、归位人本的基层治理实践创新。从三个方面打破参与障碍。一是还权,扩大社区居民自治范围,落实社区居民对社区公共服务的知情权、参与权和决策权,切实保障社区居民参与社区公共事务的权

① 中新网四川,2020年1月16日。

利。二是赋能，在财政上保证社区自组织的运行经费，并赋予社区居民对基层政府的评价监督权力，提高社区居民自治能力。三是归位，加快基层政府职能转变，实现行政化社区管理向社会化的社区居民自治转变。

“不想”是阻碍公众进入公共议事的最主要原因之一，鼓励、带动公众参与议事也是当下各类创新实践的主要探索点。个人利益和个人生活息息相关的议题是撬动公众参与的支点，领头人是激发公众参与的重要因素。因此，成都落脚于人民生活的真实问题，聚焦到社区这一最靠近人民的地方，借助党员这一无缝隙的渗透资源和社区工作者的专业资源，借助党员的带头作用和社区工作者的专业知识，潜移默化地引导公众参与议事，这也是成都议事机制的创新亮点。成都积极整合基层力量，以党建引领为重要抓手，推动镇街层面“一支队伍统管、一张网格统揽、一个平台统调、一套机制统筹”的“四个一”改革，通过“线上+线下”相结合的方式，最大限度优化资源配置、实现集约高效、提升治理成效。在“四个一”改革基础上，一方面，坚持诉源治理的理念，深化与居民群众的联系，社区工作者依托社区、院落、楼栋的管理网络，主动掌握并回应每户居民的诉求，提前化解可能存在的矛盾纠纷；另一方面，遵循“谁主张、谁受益、谁负责”的行动逻辑，引导居民通过集体行动承担治理责任，在健全基层党组织领导的村（居）民议事会制度基础上，建立驻区单位、社会组织、居民群众等共同参与村（社区）事务的协商机制，通过核心价值引领多元利益取向，以及化解可能存在的冲突。

表 8-4　成都“四个一”改革具体内容

	主要做法
一支队伍统管	坚持由社区工作者队伍统管，推进网格员队伍、人民调解员队伍与社会工作人才队伍融合发展，完善社区人才专业化制度，实行信息化指挥、实名制管理。
一张网格统揽	以街道和社区行政区划调整为契机，纵深推进网格化服务管理标准化建设，持续推动治理触角向网格、院落、楼栋延伸。
一个平台统调	实现市县两级信息平台互联互通，并轨运行智慧治理中心、综治中心、公安指挥中心、数字城管中心、信访接待中心，形成跨部门、跨层级、跨区域的协同运行体系。
一套机制统筹	深化街道、社区体制机制改革，统筹整合社治综治资金、场地、平台等资源，规范社区自治工作清单、协助工作清单和负面工作清单，促进社区减负增效。

“不会”是公众参与到议事后面临的重要问题，是共治迟迟不见成效的重要原因。议事需要特定的能力和规范，即使是成熟的公民社会，在无事先约定的情况下纯粹依靠对话协商也往往要耗费高额成本且难以达成一致决策。而在人民议事能力不足时，有效的规章流程就显得更为重要。2019 年 7 月 12 日，成都市委组织部、社治委和成都居民政局联合发布《加强和完善城市社区党组织对社区居民议事会领导的办法》以及《加强和完善村党组织对村民议事会领导的办法》等 8 个政策文件，从党的领导、组织建设、议事规则和工作流程等方面对居民（村民）议事制度加以完善，广泛听取和吸纳群众意见建议，调动居民（村民）参与协商议事的主观能动性，提高居民（村民）多渠道参与协商议事的能力，完善基层民主自治。

表 8-5　成都社区居民议事相关政策

政策对象	政策文件	具体内容
成都市辖区内的城市社区	加强和完善城市社区党组织对社区居民议事会领导的办法	1. 界定城市社区党组织工作职责。 2. 明确城市社区党组织在议题的提出、受理、审查、主持等环节的具体职责和工作流程。
	成都市城市社区居民议事会组织规则	1. 明确城市社区居民议事会的职责。 2. 明确城市社区居民议事会成员的选举、罢免和补选规则。 3. 明确城市社区居民议事会成员的权利和义务。 4. 制定城市社区居民议事会成员的管理办法。
	成都市城市社区居民议事会议事导则	1. 会议的召集和组织。 2. 议题的提出和审查。 3. 议事规则。 4. 决定的执行和监督。
	成都市城市社区居民委员会工作导则	1. 界定居民委员会工作职责。 2. 明确决定执行的具体程序。 3. 制定相关的财务制度、联系群众办法等。
成都市辖区内的村、涉农社区	加强和完善村党组织对村民议事会领导的办法	1. 界定村、涉农社区党组织工作职责。 2. 明确村、涉农社区党组织在议题的提出、受理、审查、主持等环节的具体职责和工作流程。
	成都市村民议事会组织规则	1. 明确村、涉农社区居民议事会的职责。 2. 明确村、涉农社区居民议事会成员的选举、罢免和补选规则。 3. 明确村、涉农社区居民议事会成员的权利和义务。 4. 制定村、涉农社区居民议事会成员的管理办法。
	成都市村民议事会议事导则	1. 会议的召集和组织。 2. 议题的提出和审查。 3. 议事规则。 4. 决定的执行和监督。
	成都市村民委员会工作导则	1. 界定居民委员会工作职责。 2. 明确决定执行的具体程序。 3. 制定相关的财务制度、联系群众办法等。

以上政策对居民自治权利、居民自治组织构成和各自职责都进行了明确规定，为居民参与社区议事提供行动指南。社区居民自治权利对社区内各种重大活动和事务依法拥有知情权、决策权、参与权、监督权、评议权。社区居民自治组织由以下构成：居民会议（居民代表会议）、居民小组会议、居民委员会、居民议事会、居民小组议事会、居民自治管理小组（小区管委会、院落管委会）、居务监督委员会。通过制度化的政策安排，成都的社区在保有活力空间的同时，也能在社区党委的领导下发挥各主体自主性，通过程序化的对话和沟通提出公共性的解决方案①。

专栏：天府新区安公社区创新实践“五线工作法”

安公社区面积0.4平方公里，辖11个小区，总户数3347户，常住人口1.2万人，在册党员145名。过去面临流动人口多管理难、老旧院落多整治难、商品房物业矛盾多调解难、征地拆迁遗留问题多解决难、特殊和重点人群多稳控难等“五多五难”的困境。社区党委通过创新“五线工作法”，实现由乱到治的巨大转变，形成了共建、共治、共享的基层治理新格局，找到了一条党建引领城市社区发展治理的新路子。

1. 凝聚“党员线”，强化党建引领。通过优化党组织设置，社区党委下设小区、街区党支部和非公企业、社会组织联合党支部，建立特色服务党小组30个，设立党员示范岗48个，统筹居民自治、社会治理、资源整合、公益力量；通过建立互联互动机

① 徐行、王娜娜：《社会治理共同体视域下社区协商治理的梗阻与突破路径》，《北京行政学院学报》2021年第2期。

制，与四川航空、成都血液中心等21个党组织签订共建责任书，实现组织联建、活动联办、资源联享；推行"基础任务+服务任务"党员"双积分"模式，党员志愿服务时长超8000小时/年。

2. 健全"自治线"，强化居民主体。组建社区、小组、小区三级议事会，实现民事民议、民事民决；创新设置社区教育、小区自治、公共管理、公共服务等委员会，社会各界广泛参与社区治理搭建有效平台；开展微中心、微平台、微组织、微机制、微服务"五微"治理，打造小区活动室、文化馆等微中心5个，订立垃圾分类、违建治理等居民公约10个，实现小区治理规范化。

3. 壮大"社团线"，强化多元参与。围绕文化、教育、关爱等服务领域，孵化培育"根系式"社会组织8家，采取"财政资金少量补贴+提供有偿服务"的方式，有效提高社会服务功能；建立"三个一"机制，成立川剧社、读书会等自组织86个，年均开展活动1400余场；鼓励社区离退休干部、专业人才、企业高管等进入社区团委、老协、妇联、残联等群团组织，通过引智借力、撬动资源，不断丰富服务活动平台载体。

4. 发动"志愿线"，强化供需对接。采取"中心+站点+服务队"模式，设立志愿者服务站点5个，组建志愿者服务队41支，注册志愿者2000余人；成立"志愿银行"，制定志愿积分兑换办法，积分可在12个点位兑换商品和15处公共服务空间兑换有偿社会服务；按需设置志愿服务"订单"，创建品牌志愿服务活动，实现居民需求与服务提供精准对接。

5. 延伸"服务线"，强化高效便民。社区党委采取公建配套、共建共享、商业运作等方式，打造党群服务中心、社区图书馆、儿童托管中心等公共空间，引导培育老年食堂、慈善超市、平价菜市等社区配套服务主体,形成了涵盖老中青幼的15分钟社区生活服务圈;设立社区基金,定期举办慈善义卖、公益晚会等活动,年募集服务资金30余万元;搭建红色公益走廊等线上线下众筹平台,实现服务项目自筹自给。

（三）在线居民与线上议事

互联网带来了新的议事方式,在网络平台上,国家与社会力量正在发生前所未有的密集互动。① 一方面,为公众提供了参与的新渠道,加强了政府的回应性。通过信息公开、网络舆论监察并纳入政策议程、政府微博、公仆信箱等政民、官民互动途径,政府为人们利益表达提供了新的渠道、及时对社会热点问题进行反馈,回应了人们强烈参政议政诉求和舆论压力。同时,政民互动还为中央政府提供了新的监管手段和信息收集工具,在反腐、加强管理效率等方面作用显著。但另一方面,互联网也带来了新的治理挑战和要求。传统管理,我们所面临的对象是铁板一块的群众,2002年“弱势群体”概念的正式出现,是群众分化的开始,也是社会管理越来越重要的开始。而网民的出现,在某种程度上是群众分化的深化,群众变成“社群”。网民,不仅是现实中的阶层分化特征,而且还会跨越这一分化。每个网民会根据自己关心的议题和价值观形成大量新社群、新阶层。在互联网加持下,社群的价值观撕裂更为严重,并因此而导致了更严重的冲突。社群相互交织而呈现出高度不确定性,传统的群众工作已经

① 郑永年:《技术赋权:中国的互联网、国家与社会》,邱道隆译,东方出版社2013年版,第186页。

无法匹配新时期党建和基层治理的要求，需要重新定义新时代的群众路线与群众工作。互联网的开放性要求社会治理过程必然也是开放、全面且整体的，并回应社会价值观多元化的需求与变化。

作为一座“网民城市”，成都网民的数量和活跃度是显而易见的。根据2019年《成都互联网发展状况报告》，截至2019年底，成都网民规模达到1186万人，互联网普及率达71.6%。互联网的普及，一方面对成都的城市品牌和形象传播有着加持作用，另一方面也对其社会治理能力和政务服务能力提出更高要求。报告显示，2019年成都市政府门户网站总访问量5676.5万次，信息发布总数5.5万条，办结留言22万条。

城市在线居民向政府反映民生难题，在互联网时代已经不是难事，但在网络平台上的政务互动如何保证政务服务的效率和质量，是各个城市网络理政过程中不断探索优化的部分。为此，成都于2018年提出要建成完善的“互联网+政务服务”体系，实现部门业务系统与一体化政务服务平台的互联互通、无缝对接，推动互联网与政务服务深度融合，政务服务更聪明、更透明，企业和群众办事更方便、更快捷、更有效率。在网络理政过程中，成都秉持依法理政、全网理政、互动理政的理念，着力实现城市运行“一网统管”、政务服务“一网通办”、社会诉求“一键回应”，发挥民生数据在科学决策过程中的作用。第一，高效能和一体化建设。成都网络理政框架有“六大功能平台”，即社情民意受理平台、领导理政办公平台、行政审批平台、便民服务平台、综合行政执法平台和信息公开平台；通过建设统一信息资源库，实现“六大功能平台”对接网络理政中心信息资源，居民在政府门户网站就能访问全市的信息和服务，实现“搜索即服务”，为高效便捷的政务服务提供有力的平台支撑。第二，数据共享与业务协同。遵循超大城市规律，针对政府、企业和社会的643类35亿条数据,强化对社会诉求共性问题的大数据分析研究,创新解决居民和企业关注的痛点、难点问题,推动各级各部门强化数据共享,促进政务服务跨区域、跨部门、跨层级协同共享。第三,信息公开与政务透明。政府透明度的高低是衡量一个地方营商环境优劣的重要指标。成都依托市政府门户网站,建成了全市统一的“两目录一平台”,向社会主动公开政府信息;同时开通政府信息公开意见箱、政府信息公开报表、政府信息依申请公开系统,受理公众诉求的政府信息公开。

图 8-6　成都的网络理政

在线居民的庞大诉求在稳定高效的网络理政环境下得到有效回应,线上议事成为信息时代城市发展治理至关重要的民生、民情、民意来源。从成都来看,线上议事具有三个特点:一是政务新媒体联动覆盖,除了网络治理平台的系统建设,成都在网民使用频率较高的新媒体领域注册官方账号,不同平台的信息发布既有联系也有区别,更大程度地扩大政务新媒体的可及性,提高民生民情收集工作的覆盖度。二是线上线下联动响应,通过专员联系、及时响应、跟踪督办、办结回应等全流程行动,使群众关切的民生问题得以及时解决和回复,保证线上议事的参与互动、议事有效。三是注重提升居民体验，线上议事是基于居民与政府的双向互动过程，诉求是否解决、群众是否满意成为网络理政工作的重要评价指标，只有让居民感受到诉求回应和办事有效，才能带来政府服务水平的提升和政府公信力的提高。总而言之，推进网络理政是建设有限、有效、有为现代政府的必然选择，在线居民的线上议事不但要求政府能够倾听企业声音，畅通民意渠道，更要不断优化政务服务效率和质量。

表 8-6　2021 年 1—5 月成都网络理政情况

时间	来电来信	诉求解决率	群众满意率	平均回复周期（日）	主要诉求
5 月	396488	94. 34%	94. 36%	4. 33	市场监管、住房保障与房地产、社会保险
4 月	409092	94. 26%	93. 49%	4. 33	住房保障与房地产、市场监管、社会保险
3 月	385458	89. 32%	97. 55%	4. 32	住房保障与房地产、市场监管、社会保险
2 月	362617	88. 75%	96. 29%	4. 18	劳动关系、住房保障与房地产、市场监管
1 月	435572	93. 30%	97. 50%	4. 22	住房保障与房地产、市场监管、公共卫生

五、本章总结

随着城市化与市场经济的发展，劳动力在城乡间、城市间自由流动。高流动性与高异质性的人口汇集到城市，既扩大了居民的社交圈子与交往范围，也增大了人与人之间的特征差异，削弱了信任与社会合作的基础。同时在增长主义的驱动下，城市空间被看作生产和工作的场所，而非生活和交往的场所；土地成为商品，而非栖居的载体；流动人口被看作劳动力，而非居民。人们为追求更好的生活来到城市,却既经历着情感上的疏离,也面临着生活中的不便。人与城市之间呈“剥离”之态,由之产生一体两面的城伤与乡愁。

城市治理就是对人的治理,城市治理的目的就是要培养具有社区意识和人民意识的人民,而对城市中人们人际关系的充分利用则可有效提升治理绩效。成都把握社区治理中的核心要素——人,研判人的本质,从人的需求入手,提供与居民美好生活需求相符的高质量治理服务;基于人的社会属性,从社会治理末梢的社区单元着手推进社区公共空间的更新、邻里关系的营造;基于人的复杂属性,从空间共同体满足居民的多重角色和多方位需求;基于人的参与属性,创新机制加强基层党建引领,鼓励社区多元主体参与,提高人们参与社会事务的主动意识与参与质量,调动社会主体参与积极性。

为破除原子化市域中个体间的疏离,在共建美好生活中重建人民的连接,重现过往熟人社会的邻里温情,成都市通过培育与发展社会组织与志愿者队伍,实现人民的自组织,促进人民内部的利益连接与对外的利益表达,增强互爱互助的意识与自我发现、自我解决问题的能力。通过邻里建设,建设“家庭与家庭之间、楼栋与楼栋之间、小区与小区之间、社区与社区之间,居民与城市之间”的大邻里美好生活共同体,以邻里为基本单元,充分发挥社区作为发挥家门口公共空间的作用来解决邻里事务。通过建设城市议事机制,鼓励人民参与治理,破解社区内自治主体的区隔,激活人民的社区参与并提升议事能力。利用互联网问政于民,让人民参与从象征变得有意义、有价值,真正实现社会治理的共建、共治、共享。

城市基层社会治理的根本目标就是让社区成为真正意义上的日常生活空间,实现人民在社区重新联结,让人民成为真正意义上的主人。成都从满足群众需要出发,从解决群众所需着眼,从抓细抓实入手,不断满足人民高水平、多样化的生活需求。成都实践在真正意义上实现了“城市有变化、市民有感受、社会有认同”。通过社区可持续总体营造，成都从共建社区公共空间切入，营造室内室外不同的公共空间，建立健全共享维护机制，以物理空间的再造更新联结精神世界的信任满意。通过强化居民社会认同，利用文化活动中心引入社会资源，丰富居民文化生活，进一步营造浓厚的邻里氛围，创建熟人社区，从而实现自下而上的社区参与、居民自助互助和社区文化重建，以此作为实现多元共治的理念先导和精神统领，为存在不同利益甚至利益矛盾的各种主体实现集体行动、实现平等合作提供条件。

在此过程中，社会结构得到重塑。城市价值取向和发展理念发生了根本性变革，推动城市发展从工业逻辑回归人本逻辑、从生产导向转为生活导向。以人民为中心成为成都城市发展的价值定位、价值追求、价值标准、价值判断和价值归宿。从人本理念出发、以生活城市为目的，大城崛起中的成都，将标注为一个彰显天府意境、有“高颜值”的城市，一个充满烟火气息、有“生活味”的城市，一个富有开放气质、有“国际范”的城市，一个涵养家国情怀、有“归属感”的城市。这，也是人民城市内涵的外在呈现。

第九章　建设人民城市的中国方案

在这一章，将回应全书开始提出的问题，在理论层面对治理方法论进行提炼。一方面，我们会总结超大城市如何实现更美好生活的成都方案；另一方面，我们将成都视为中国之治的代表性地方样本，更为深刻地透视超大型国家如何实现人民更美好生活的改革实践逻辑，为中国治理理论提供新的答案。

一、统一与活力：治理理论的内在张力

西方国家治理理论与实践发展历史悠久。自苏格拉底开始，其探索和研究不曾停歇。以洛克和孟德斯鸠为代表对于分权理论的探索逐渐成为主流思想和主要实践。

（一）理论本质上是文化、场景和结构的凝炼

分权思想强调划分权力和给予主体自主性来实现国家和组织的调动。通过分权体制，各个要素和主体能够获得专业性的权力以实现更具针对性和专业性的治理。分权体制赋予不同组成部分以不同的资源和权力，从而使其中的主体和要素通过对权力和资源的运用

来实现自身的自主性，并且与不同的主体形成一定程度的制衡。具有自主性的主体和构成要素则通过自主行动来保障体制的活力，并且赋予组织以创造性。这一理论进一步认为，政府之间与地区之间在分权体制下得以实现竞争，进而创造体制活力。布雷顿用竞争性政府来概括西方的政府治理模式，即“在联邦制国家中政府间关系总体上来看是竞争性的，政府之间、政府内部部门之间以及政府与政府之外行为主体之间迫于选民和市场主体（企业等经济主体以及工会等非经济主体）的压力，必须供给合意的非市场供给的产品和服务，以满足当地居民和组织的要求”①。

具体的地方竞争理论最早起源于经济学理论。概括而言，即“只要存在多级政府下的分权，就一定会出现次级政府竞争，这一竞争本质上和政体无关”②。从经济学理论来看，权力下放与分权才有助于创新的实现。财政分权定理（Decentralization Theory）认为，“公共服务应该尽量由从空间意义上说包含着相关收益与成本的最低层次的政府来提供”③。蒂布特假说（Tibeout Hypothesis）提出，地方社区彼此相互竞争向居民提供公共物品，与企业展开竞争提供普通私人物品一样，居民“用脚投票”选择自己满意的结果。在回应居民需求的压力下，地方政府之间形成竞争关系，不断改善服务效果，进而使得居民有效地得到他们想要的数量和形式，地方社区间的竞争会导致地方性公共物品的有效供给④。此外，分权使得公共政策与服务

① 周业安、冯兴元、赵坚毅：《地方政府竞争与市场秩序的重构》，《中国社会科学》2004年第1期。

② 黄纯纯、周业安：《地方政府竞争理论的起源、发展及其局限》，《中国人民大学学报》2011年第3期。

③ 时红秀：《财政分权、政府竞争与中国地方政府的债务》，中国财政经济出版社2007年版，第111页。

④ ［美］约瑟夫·E.斯蒂格利茨：《公共部门经济学》（第三版），中国人民大学出版社2013年版，第629页。

更加多样化,能够提供更多选择,以此为创新和检验提供了“实验室”。[①]

城市政治研究则从城市发展的角度阐述了地方竞争与城市竞争的原因。“如果一个城市被足够多的人和公司抛弃,这个城市实质上就‘死亡’了。因此如果城市想存活下去的话,就不得不想方设法地吸引和维持具有潜在流动性的企业和居民以及城市所能提供的收入”[②],因而城市之间不可避免地存在对人与资源的竞争关系。彼得森指出,城市在短期内具有“经济地位、社会声望和政治权力”三类自身利益,而其中地方政府为在竞争中取得领先地位,会优先确保区域的经济地位,以保护地方政府的财政基础,保障地区的经济福利。[③] 除地方政府外,其他城市主体或利益团体也将城市增长竞争作为首要事项。如莫罗奇所言,地方政治需要建立同盟,不同的同盟拥有的权力不同。有一种占据了绝对优势——把经济增长放在第一位的组织和个人组成的联盟[④]。因而,城市通过设计战略,改善与经济发展和提升就业率相关的地方环境进行竞争,这极大地促进了城市的发展与创新。

然而,在西方治理的实际实践中,分权体制并未像理论设想中发挥出应该有的活力和创造性,反而出现了治理结构中的内在紧张状况和一些矛盾问题。其一,分权体制在进行内部权力和资源划分时需要充分考虑不同主体的权力范围和利益诉求,进行精准的划分才

---

① [美]阿曼·卡恩、W.巴特利·希尔德勒斯:《公共部门财政管理理论》,孙开等译,格致出版社、上海人民出版社 2008 年版,第 170—171 页。

② [英]乔纳森·S.戴维斯、[美]戴维·L.英布罗肖:《城市政治学理论前沿》(第二版),何艳玲译,格致出版社、上海人民出版社 2013 年版,第 39—40 页。

③ [美]保罗·E.彼得森:《城市极限》,罗思东译,格致出版社、上海人民出版社 2012 年版,第 30—31 页。

④ [美]哈维·莫罗奇:《城市作为增长的机器:走向空间的政治经济学》,载于张庭伟、田莉:《城市读本》,中国建筑工业出版社 2013 年版。

能实现权力的平衡和运用,但是权力具有交叉性和重叠性,难以进行完整的划分。各部分和各主体之间存在固有的联系和互动,难以通过人为的划分来进行切割,主体和部分之间的内在联系天然地使得分权体制具有分权和集权的内在紧张状况。其二,分权体制还承载着分权和运行中的成本问题,过分注重分权的形式,决策和政策的出台需要经过多个主体和部分,延长了决策链条,也就额外增加了体制运行的成本,降低了行政效率。同时,分权也需要更多的中央控制。有效分权要求放松中央管控,但伴随分权而来的风险又需中央政府更复杂的控制与防范。其三,竞争概念内涵的假设是,“市场经济各区域经济体中的政府围绕吸引具有流动性的要素展开竞争,以增强各区域经济体自己的竞争优势”,在其中,地方政府不可避免构成参与市场的一个重要主体,“地方政府的竞争行为特征必然构成市场秩序的一部分”①。这与西方治理理论所号召的“国家的回退(Rolling Back)”在某种程度上相互抵牾。

与之相比较,中国在保持统一体制不变的情况下,通过调适机制实现了韧性和灵活的国家治理,从而提供了一种不同于分权、竞争的新的治理模式。既有研究表明,中国在统一体制下取得的治理奇迹至少建立在三个相互关联的制度之上:一是党建引领的整体制度变革②;二是基于中心工作的纵向任务完成机制③;三是统一决策下的政策试验④。这些治理机制虽然聚焦于不同的层次和领域,诸如基于政

---

① 周业安、冯兴元、赵坚毅:《地方政府竞争与市场秩序的重构》,《中国社会科学》2004 年第 1 期。

② 黄晓春:《党建引领下的当代中国社会治理创新》,《中国社会科学》2021 年第 6 期。

③ 高翔、蔡尔津:《以党委重点任务为中心的纵向政府间治理研究》,《政治学研究》2020 年第 4 期。

④ 韩博天、石磊:《中国经济腾飞中的分级制政策试验》,《开放时代》2008 年第 5 期。

治引领的整体性制度体系变革（党建引领）、基于任务完成的纵向权威分配（中心工作）、基于政策执行的央地关系重塑（政策试验），但其共同指向的是，在保持体制不变的前提下，通过构建以党为核心引领的多方主体协同治理体系，以此完成治理任务。

总而言之，西方治理理论认为统一与活力是矛盾的，在统一体制下难以实现活力和创造性活动。但是，分权体制的内在紧张和矛盾恰恰需要权力集中来缓解和解决，统一与活力并非一定构成矛盾。中国道路以及创造的治理经验，彰显着在维持一统体制的前提下实现地方活力的可能。

（二）建构与实践奇迹相匹配的有影响力理论

理论往往源自特定文化和历史场景中的行动者和事件互构，而这种文化和历史场景在将理论运用于另一种场景的时候却往往不会被提及。有人认为，社会科学的任务在于找到“去场景相关”的逻辑和机制，但事实上，哪怕是研究者本人自认为超然的研究立场和研究思维都与场景有关。所有人类社会，无论其历史渊源或文化遗产为何，都日趋同质化①的论断是不切实际且不负责任的。

确立理论与文化、场景和结构的关联后，我们可以发现，一个好研究，其实更可能从情境性而不是普遍性开始。进而言之，如果一种知识不嵌入在特定文化当中，这种知识又有什么意义呢？或者可以认为，普遍性知识往往会构成一个学科的基本概念，而那些嵌入在特定文化中的情境性知识，则往往会构成一个学科中更鲜活的具有更强中层建构性的构念（construct）。基于情境的研究至少有两个维

① 参见［美］弗朗西斯·福山：《历史的终结与最后的人》，陈高华译，广西师范大学出版社2014年版。

度，一是将普遍知识情境化，二是将情境化知识普遍化。就普遍知识情境化而言，基于情境的好研究，意味着首先要将已有理论的每个概念，都放到特定情境中去清点。普遍知识的情境化，其首要标准还在于是否精细地解释了本土情境，以及是否能够被这种情境中的人们所理解和接受。情境化知识普遍化，这是情境化的第二个阶段，也可以被称为本土知识的国际概念化，强调的是"将不同地域、不同时间、不同文化、不同结构条件下的本土知识进行概念化，形成跨越时空、文化和结构等边界的一般性的知识"。

社会科学研究的"场景性"并不会削弱社会科学的价值，更不是社会科学研究的劣势。社会科学需要呈现对场景精细而丰富的理解，并在此基础上探寻其更广泛的意义。社会科学知识是否精准有效，其检验标准首先是能否准确描述特定场景下人与社会的真实状态，能否引领特定场景下人与社会的发展进步，进而为人类命运共同体提供一种有益的参考，获得基于特殊性的普遍性。"要解释中国，必须基于由中国自身的经验提炼出来的科学概念和理论，就像西方学者基于西方经验提出他们的概念和理论那样"①。本书对成都治理的记录与分析，也旨在在特定文化、场景和结构中确认命题的真正内涵，确立理论的实质边界。如前所述，这既是本书的动机，也是在这一章试图做出总结的目标。

（三）中国实践与"把论文写在祖国大地上"

2016年，习近平总书记在哲学社会科学工作座谈会上指出："我国哲学社会科学应该以我们正在做的事情为中心，从我国改革发展

---

① 郑永年：《制内市场：中国国家主导型政治经济学》，邱道隆译，浙江人民出版社2021年版，第1页。

的实践中挖掘新材料、发现新问题、提出新观点、构建新理论。”并且认为这是构建中国特色哲学社会科学的着力点、着重点。2020 年，在主持经济社会领域专家座谈会时再次强调，“新时代改革开放和社会主义现代化建设的丰富实践是理论和政策研究的‘富矿’”，希望广大理论工作者“从国情出发，从中国实践中来、到中国实践中去，把论文写在祖国大地上，使理论和政策创新符合中国实际、具有中国特色”。当代中国正经历着历史上最为广泛而深刻的社会变革，也正在进行着最为宏大而独特的实践创新。辉煌壮阔的时代是产生理论创新的最好时代。基于中国治理实践挖掘新材料、发现新问题、构建新理论，使理论更充分体现中国特色、中国风格、中国气派，既是建构与中国治理奇迹相匹配的有影响力的理论，讲好中国治理故事的需要，也是创新理论生命力，实现理论创新和实践创新良性互动的内在要求。

基于此，对成都治理进行总结，具有两个层面的意义：从理论层面来说，目前研究中国治理习惯将西方的话语体系作为评判标准，而不是基于中国场景建立自身话语体系。如经济学各流派试图在市场与政府两者间寻找实现资源配置效率最优的平衡，无论是国家干预主义还是经济自由主义，都无法设计出具有普适性的市场与政府模型。而中国经验表明，不仅政府对经济发展的需求十分强烈，而且党委政府这一系统本身就是强大的促进经济发展的力量。从实践层面来说，对成都治理进行总结的意义在于：第一，对理解目前仍然在持续进行的改革实践具有重要现实意义。第二，通过总结成都治理提炼系统化经验，将为全面深化改革提供决策支撑。同时，也将为国家治理体系和治理能力现代化建设问题提供思路和方案启示。

二、政党使命、国家人民性与城市人民性：人民命题的践行

成都治理表明，如果说统一和活力在治理中存在一定的结构性张力，那么在特定结构中这一张力也可能被克服和跨越。政党使命与国家人民性、城市人民性相互构造，相互影响，成为中国治理和城市治理的特质，也是统一和活力相对统一的中国方案。

（一）为了人民的党

西方现代政党伴随代议制民主产生。在政党竞争的政治体制下，政党是介于国家与社会之间的中介性政治组织①，其权力是宪法规定的公民权利的组织化延伸，政党只有赢得政党竞争进入国家，才能再拥有治理权力。② 因此，比起“试图‘基于他们一致同意的原则’而促进公共福利的一群人”，政党更是“人们在争夺政治权力的竞争性斗争中为协调行动而组成的集团”③，其作为“社会群体的政治附庸”，实质是通过提名和竞选选举来获得政府职位的工具④。在此背景下，为了赢得选举，政党承担着部分人们与政治团体的表达和代表两大功能⑤，即“发展出一套话语，将社会和文化结构中存在的

---

① 参见 Katz，R.S.，Crotty，W.J.（Eds.）.2005.Handbook of Party Politics.Sage。

② 景跃进、陈明明、肖滨主编：《当代中国政府与政治》，中国人民大学出版社2015年版，第13—14页。

③ 参见［美］约瑟夫·熊彼特：《资本主义、社会主义与民主》，吴良健译，商务印书馆1999年版。

④ 参见 Huckshorn，R.I.1984.*Political Parties in America*.Brooks/Cole Publishing Co.；Leon D.Epstein.Political Parties in Western Democracies（New Brunswick，NJ：Transaction Books，1980。

⑤ ［意］萨托利：《政党与政党体制》，王明进译，商务印书馆2006年版，第56—58页。

分歧转移成具体的诉求和压力”和“迫使不同利益的代言人相互讨价还价、协调诉求、归并压力”。由此，政体内成员（政府和一般成员，如美国的财团和其他利益集团）与政体外成员差异明显，前者可以通过常规、低成本的渠道和各式联盟影响政府。[①] 进而，政党和利益集团实际上极大地影响着国家治理的走向。而近年来，随着信息时代政党的表达功能和代表功能逐渐虚弱，管理职能也日益式微。研究者甚至认为，政党可能已经成为贴上政党标签的利益集团的工具，“沦为他们在选举中的被支配方”[②]。同时，政党也开始为了获得新团体和选民支持，改变在价值问题上的核心信念，不再在根本议题上一以贯之。概言之，政党通过竞争性的程序掌握国家机器，获得国家的权力和权威，将特殊利益集团的少数人利益转化为整个国家和社会的主导利益，从而获得合法性基础。在这个过程中，政党的立场是代表某一社会群体表达与其他群体之间的利益对立和冲突。在矛盾和博弈的主调之下，政党活动也可能导向政治极化和社会割裂。

与之相对，中国共产党领导国家和社会的合法性基础，不是来自其执政程序，而是来自其对自身性质和历史使命的承诺与兑现。[③]“我们共产党人区别于其他任何政党的又一个显著的标志，就是和最广大的人民群众取得最密切的联系。”[④]“全心全意地为人民服务，一刻也不脱离群众；一切从人民的利益出发，而不是从个人或小集团

① 赵鼎新：《社会与政治运动讲义》（第二版），社会科学文献出版社 2012 年版，第 179 页。

② Ranney, Austin. 1978. “The political parties: Reform and decline”, in Anthony King (ed.), The New American Political System. Washington, DC: American Enterprise Institute.

③ 林尚立：《中国共产党与国家建设》（第二版），天津人民出版社 2017 年版，第 218—220 页。

④ 《毛泽东选集》第三卷，人民出版社 1991 年版，第 1094 页。

的利益出发"①。可见,自诞生之日起,党就确立了马克思主义唯物史观、人民立场与群众观点。七大之后,全心全意为人民服务作为党的根本宗旨载入党章。在此指引下,党带领人民建立了人民当家作主的社会主义国家,创造了经济高速增长、社会总体稳定、人民生活切实改善的改革奇迹。

十八大以来,习近平总书记多次强调"人民是历史的创造者,群众是真正的英雄。人民群众是我们力量的源泉",并进一步提出了以人民为中心的发展思想,要求全党"必须把人民利益放在第一位,任何时候任何情况下,与人民群众同呼吸共命运的立场不能变,全心全意为人民服务的宗旨不能忘,坚信群众是真正英雄的历史唯物主义观点不能丢"。应该说,以上种种对人民的政治承诺都落实在了新时代从站起来、富起来跃向强起来的具体实践中。在成都,这不仅体现在其以社区为切入点的城市治理路径,体现在以社治委为代表的新部门职能,更体现在党领导的"五大行动"和"十大美好生活工程"等具体举措。

党的奋斗史,就是为了人民、依靠人民的历史。在自身发展过程中,政党基于使命驱动,结合现实国情和不同历史阶段的发展需要,识别社会基本矛盾,框定国家中心工作。因此,中国改革进程表面上看是不同矛盾性质的变化,实质上是政党使命的历史延续和人民关切的时代发展。在这个过程中,党的立场是立足使命,围绕最广大人民的利益和需要,将差异化主体、碎片化利益重塑为具有集体身份和价值认同的统一体。在凝聚共识之上,产出治理绩效。

---

① 《毛泽东选集》第三卷,人民出版社 1991 年版,第 1094—1095 页。

（二）制度的生命力在于回应人民的普遍性问题

十九届五中全会强调“以满足人民日益增长的美好生活需要为根本目的……不断增强人民群众获得感、幸福感、安全感，促进人的全面发展和社会全面进步”；十九届六中全会将坚持人民至上明确为党百年奋斗的历史经验，并提出“人民是党执政兴国的最大底气”，这些论断都指明了回应和满足人民需要的重要性及其方向。

回应，是对人民的回应，是对人民迫切需求的回应，是对人民关切问题的回应。如何识别人民需求并予以回应，这是以人民为中心的前提和基础。党对现实问题和人民需求有效回应的能力是中国共产党成功的重要条件①。正如前文所述，政党使命、主要矛盾、中心工作构成了中国特色的改革逻辑链。与时俱进观照社会变迁，识别阶段性主要矛盾，构建特定时期的中心工作，具体承载了党回应现实问题和人民需求，不断调适治理方式的观念与能力。当下，人民的美好生活需求日益增长，更要兼顾发展与生活、物质与精神、效率与公平，不断增强人民群众的幸福感。成都治理充分体现了这一特质，而这也是其各项举措取得成效的基础。简要回顾一下成都治理发展过程，一直在敏锐捕捉人民需求的变化，将治理的触角深入人民生活本身，并用政策来回应和落地实现。从回应城乡公共服务均等化，到率先成立社治委推动社区发展治理，到全面推动公园城市建设，再到将社会思维、空间思维、美学思维等新的治理维度嵌入治理过程，成都的思路都是以社区为小切口，以党和政府的责任感和使命感为驱动，用人本思维推进城市治理现代化。

---

① 李海青、李学华：《中国共产党的领导优势和组织特征》，中央纪委国家监委网站 2020 年 3 月 7 日：http://www.rmlt.com.cn/2020/0307/571588.shtml。

“要深入理解践行党的初心和使命，不断创造无愧于新时代的新业绩。”2021年，“幸福美好生活十大工程”被纳入成都“十四五”规划纲要（草案）提请审议。一方面，十大工程包含了改善民生的具体举措，涉及收入、住房、教育、医疗，但它不是解决底线式问题，而是以人为核心，着眼于提升人民生活品质，让人民更有安全感、归属感，这是幸福生活的内容。另一方面，十大工程也包括产业和经济发展，产业和发展是幸福生活的支撑。因此，它既强调了对人民生活的责任，也强调了对城市发展的责任。成都对幸福美好生活的定义，在逻辑链条上是完整的，也是更具有现实操作性的。十大工程是成都在自有改革路径上的改革升级，其源自以人民为中心的治理的驱动，并在政策上不断深化、细化。

（三）人民命题的成都回应

到底如何在城市治理中回应和解决人民命题，这是成都方案的核心。总的来说，成都的实践经验可以分为两部分，一是城市治理专业化的基本路径，揭示了成都对于“何为人民城市”的构想以及“如何建设人民城市”的思路、方向；二是城市治理专业化的实现机制，呈现了成都“如何实现人民城市”的机制和策略，以及政党、政府、市场、社会等不同主体在参与过程中如何发挥作用。

1. 城市治理专业化的基本路径

第一，城市治理是以人民为中心治理的轴心。城市治理现代化既是国家治理现代化的必要条件，也是其充分条件。这一基本判断来源于当下正在发生的深刻历史变化：作为共同体意义上的国家，中国社会特质正在发生变革，城市必然是国家行政的主要载体，国家治理的主要内容就是城市治理，这是成都治理的出发点。

传统中国乡土社会是稳定、非流动和单一社会。人们在熟悉的环境中,依靠习惯和宗法等方式解决矛盾和纠纷,关系治理的作用得以长期有效发挥并保持了乡土社会稳定。乡土生活的稳定性、非流动性以及单一性也决定了传统乡土社会治理的简易性。改革开放以来市场化和城市化进程的启动,加速了社会流动。城市人口与农村人口的逐渐混合,如何引导人们融入城市成为城市治理不得不思考的问题。多样化的人口组成、多样化的生活方式增加了城市治理的复杂性。城市治理必须关照到城市是城乡居民混合的城市,关照到人们多元化的价值观,关照到人群之间的贫富差距,关照到人群之间的多元化需求。传统治理方式已不符合现实需要,迫切需要创新城乡治理。这也是成都推进城乡社区发展治理的主要动力。

以人民为中心的治理要求将城市治理作为轴心。同时也意味着,城市治理必须坚守以人民为中心的价值。在中国城市化进程中,城市先后成为工业化容器与资本扩增器,服务于单向度的增长目标。城市的生活性、人民的主体性被遮蔽,城市社会不公平、不信任和不稳定的现实难题与创造人民美好生活的使命蓝图之间越发突出的矛盾成为新时代城市治理探索的契机。成都市第十三次党代会提出了建设和谐宜居生活城市的目标,并认为生活城市是城市发展的最高形态和持久竞争力。“成都生活”已经成为一种浸染在人民生活时时处处的美学,以人与自然和谐共生的惬意为生态基底,以古已有之的游赏之风为文化底蕴,以新天府的生活性服务业为产业支撑,兼具舒适便捷、人文品质以及个性多元的生活场景。

随着成都治理故事的全面展开,以人民为中心的价值具象为:以人民为本,满足人民需求;以人民为先,价值冲突中坚守人民立场;以人民为主,赋权人民促进人民参与。解决人民急难问题、倾听人民话语表达、关注人民满意程度铺陈在一系列城市战略中。首先,靠近人民所在的社区,五大行动向民生痛点、难点发力,院落自治还权赋能居民自我管理，信托制重建居民与物业间的信任合作，社区商业实现了居民友好的、服务本位的消费增长；其次，城市治理体系基于人民思维和服务思维不断优化，部门协同等体制机制创新更好、更快、更便捷地满足人民需求，开放的社区公共财政制度实现了居民自己的钱自己作主，新经济成为注重社会效益的经济形态；再次，在党建引领基层治理中，党群服务中心在政治引领的同时为居民提供组团式服务，社会组织将人民再连接为能表达、有力度、有温度的治理力量，政企合作、社会企业等构成了提供公共物品的高效方案；而且，在场景营城的空间打造中，家门口的 15 分钟生活圈为人民重新配置了触手可及的教育、交通、医疗、文体等公共服务，社区规划尊重居民的参与和建议，社区微更新在居民可感知的微末细节中传达空间美学；此外，邻里建设和公共议事在社区主阵地勾连起了居民的生活共同体、生命共同体与治理共同体，让人与人之间洋溢着温情。成都创造了宜业、宜居、宜乐、宜游的美好生活，让人民成为城市的主人翁，让人民有更多获得感，这就是人民城市。

第二，社区是城市精细化治理的主场景。习近平总书记指出，为人民提供精细的城市管理和良好的公共服务，是城市工作的重头。告别单方面的管理者视角、“大手大脚”的粗放型城市扩张和自上而下的“一刀切”城市管理，城市治理进入以贴近人民为取向的篇章，并推动着“精打细算”的内涵式城市更新和自下而上的“绣花功夫”城市治理发展。精细化治理的本质是回归人的尺度，将个人的生命体验和行动轨迹作为度量治理的准绳和组织治理的单位。面向人民的精细化治理肯定人民的主体性。站在人民的生活中感受，社区是人走出私域，与他人、与城市、与社会发生关联的首要空间，是勾连家庭与国家、微观情绪与宏大叙事的必经枢纽，是公共领域的最小敏感单元。于是，建设人民城市的成都方案答卷中，拥有适度物理空间、人民生活共同体、治理体系基石三重属性的社区成为精细化治理最合适的尺度，最有效的施力点。其既是政策决策的起点，也是政策实施的终点；既能为人民所感知，也能为治理所操作。

在体系重构、联动协同、机制创新、找准切口的加持之下，成都逐渐探索出精细化治理的路子——在社区精准命中民生难题，精细供给公共服务，精致打造生活美学。

首先，以具体问题具体分析的思维直击基层痛点，命中民生难题。小区院落自治、街居体制重构等都以因地制宜、因群而异为原则实施分类治理，在社区尺度上尽可能地贴近本地人们需求和发展规律；五大行动中的背街小巷整治将触手延伸至小街小巷等社区生活的细枝蔓节，着手改造脏乱差的边角环境；党建领导下根据本社区居民人口特征和实际诉求成长起来的社区社会组织、社区志愿队伍有效弥合了陌生人市域的原子化碎片，培育了活力充沛、各具特色的社会主体。

其次，人性化、个性化地精细供给公共服务。每个社区专门配套、开放筹资、民主管理的公共服务资金为以社区为单元购买服务提供了坚实支撑；社区社会企业和专业化的社会工作基于社区开展工作，为社区营造注入能量；党群服务中心成为针对特定社区相应群体聚合多元服务、促进社会交往的社区综合体；15 分钟基本公共服务圈带来了居民期盼的"家门口好学校"，让"回家的路"更便利、更悠然，让"运动健康地图"在家门外展开；街道改革使街道的中心职能转移到以社区为中心的公共服务上来，以便民为原则建设"就近办、自助办、一次办"的一站式公共服务平台。

最后，精心打造生活美学，讲求环境适应性与景观差异化。成都精细化的城市规划以社区场景的形式落地，在改善硬件设施的同时优化软件氛围，城市变得更有生活气息、更有艺术美感、更有人文温度。“七大社区场景”汇集了服务、文化、生态、空间、产业、共治，贯穿美好生活的方方面面。社区商业项目以服务性为第一性，在夯实居民服务的基础上发展特色产业，再造消费场景，点亮有烟火气的繁荣；“小游园、微绿地”、社区微更新、小区公共绿地与节点景观“微认领”等“针灸式”的规划艺术实现了移步异景、特色彰显；小区创熟、邻里建设培育了互助互爱互信的社区情感和社区认同，社区文化节则进一步挖掘和传扬特色社区的精神气质与文化品质。

第三，高质量发展、高效能治理与高品质生活在城市有机融合。本质上，人民城市的终极旨归是所有人民都能享有、都会感受的美好生活，而发展与治理皆具有服务于生活的工具性。成都的思路为发展与治理是城市工作的一体两面。一体两面的意思是，发展和治理二者相互依存、互促共进，具有内在一致性并能在利益和资源平衡基础上得到发展和治理的最优解。发展是指以市场主体为核心，其他主体（政府主体、社会主体）协作推动生产力发展，并同时推动社会、经济和环境进步。发展不仅包括经济发展，还包括宜居、可持续等更全面的内涵。高质量发展是全面的、平衡的、和谐的，是城市发展的理想状态。治理是指以政府主体为核心，其他主体（市场主体、社会主体）协同解决公共问题的过程和机制，这些公共问题（安全、教育、医疗、就业等）伴随着发展过程而出现。

在成都故事中，不管是新经济的发展还是城市治理体系的优化、城市治理网络的建构，最终都作用于改善人民生活。治理的取向是实现发展与生活的有机统一。让人民共享发展成果，让发展成果进入人民看得见、摸得着的美好生活体验中，同时在人民对美好生活的向往中把握新的发展机会。成都将发展和治理放在一起，体现出城市发展的整体性和系统性。在这方面，成都发展社区商业尤其提供了一个范本。社区商业以居民需求为导向规划空间，以日常生活为重点供给服务，引入新兴的综合商业形态、公司运营机制和智慧服务技术，让市场发展的优势成果成为满足民生需求的高效资源。敏锐回应居民的实际需求也是在充分开发居民的消费潜力，富有特色的文旅、休闲社区消费项目被打造为特色步行街、田园综合体，社区商业场景作为城市发展的新生产要素有力地撬动了经济。成都一些社区着力探索将入驻商家转化为社会企业，以商业利润反哺社区公益。

第四，城市治理嵌入空间视角。空间是城市发展的载体，成都重视重塑城市空间结构、重塑产业集聚地，据此结合“六大新经济形态”与“七大应用场景”，先后发布了四批“城市机会清单”。空间不是与人无关的容器，空间承载着人多种多样的生活方式与丰富的社会关系，因此空间具有深刻的政治性、人文性，这是城市不容忽视的特性。中国城市空间一直存在职住空间分离、商业空间缺乏对一般民众的关注、交通空间通达性较差以及公共空间私有化等问题，回归以人为中心的理念成为城市空间的重要价值追求。成都结合社区营造、社区规划师、空间微更新与微治理等社区治理行动，应用前沿的城市理论指导城市空间全流程差异化发展，在顶层设计的大框架下寻找市级层面最大的可操作空间，围绕“开敞式”“文化范”“生活味”“参与型”四个特质，打造“一街道一特色，一社区一品牌，一景观一韵味”成都空间品牌。“三年攻坚行动”让卫健、教育、交通、文体等公共服务空间不再稀缺，结合大数据云平台精准对接人口需求研判布局，家门口的运动场景、文创场景、消费场景和休闲场景得以建成，公共服务被重构为人人公平可及的尺度。

空间不仅是物理空间，是价值交换空间，还是人民交往空间。空间既是发展的工具，也是治理的机制。空间与社会资本之间有着密切的关系。社会资本基于社会交往而深植，空间设置则可以推动社会交往，这也是社区共同建设的基础。成都的社区规划强调参与式规划,居民在参与的过程中能够自然而然地与邻里展开互动、相熟相亲、积累信任;广泛开展的社区微更新项目打造了包含文化休闲、法律援助、扶老助幼、生态绿化在内的功能多元、促进交往的综合性公共空间,居民在其中能够舒适地交游,建立社群和集体归属感。成都实践表明,对空间的合理规划、设计、使用、分配,成为城市治理能力的新视野、新维度。

2. 城市治理专业化的实现机制

第一,政党高位推动,统领全局治理。在政党使命驱动的城市治理中,党的领导是通过全局治理实现中心工作的根本动力。成都治理以社区发展治理为主核,经济、社会、文化各方面相关工作围绕此铺开。在这样的逻辑下,作为中心工作的社区发展治理依靠市委顶层统筹,获得高位推动的政策优先级以及政党整合的部门协同力量来向下落实。

近年来,从概念提出到凝聚共识,从理论构建到推广实践,中央对城市社区的重视在不断深化,城市和社区成为党组织使命和担当的重要践行场所。成都对此及时进行了回应,由市委顶层部署,高位推进。先是成立了专门综合协调部门。社治委打破了科层部门各自为政的壁垒,既能起到协调各方作用,还将权力下放至基层,让社区能有效快速地协调解决问题,也提升了党组织在社区的威信。社治委成为统筹指导、资源整合、协调推进、督促落实社区发展治理的核心部门。随后布局全部门参与的"五大行动"。早在 2017 年召开的全市社区发展治理大会上,成都便提出围绕建设高品质和谐宜居生活社区的目标展开"五大行动"。2021 年,成都再次提出并深化五大行动计划,围绕经办服务行动、照护服务、智能监管、产业赋能、行业培育五大领域,降低群众负担,助力民生产业发展,提升医疗保障质量水平,让城市发展更有温度,居民幸福生活更有质感。如果说

2017 年的“五大行动”是通过转理念、转职能、转方式、转机制、转形态建设高品质和谐宜居生活社区，那么 2021 年的“五大行动”则更加突出了回应人民需求的特色。作为助力“幸福美好生活十大工程”建设的推手，“五大行动”计划则以更加直接、更具针对性的方式回应人民需求。

概言之，成都高度重视社区治理创新，这意味着其不是某个单独部门工作，也不是传统民政工作，而是全局性的统领性工作，这一定位是成都治理取得重要成效的前提。

第二，基层党建引领，构建共治合力。党建引领是广泛发动行政、市场、社会多元力量，建构基层治理有效网络的必然选择。成都坚持“党建统领、体制破题、发展治理、做活社区”的总体思路，不断深化对党建引领的认识，着力将党的组织资源转化为推动发展资源，将党的组织优势转化为推动发展优势，将党的组织活力转化为推动发展活力，建立健全条块联动、组织联建、利益联结机制，一定程度上解决了九龙治水难以形成合力的难题。

其一，积极推动基层党组织建设。围绕打造信息技术产业世界级、万亿规模集群目标，依托行业协会持续扩大互联网企业组织覆盖面，打造党建“红色 CPU”，覆盖党员 1300 余名、企业 800 余家、从业人员超过 5 万人。明确市直机关工委职能定位，结合地方党和国家机构改革，推动同步建立党的组织、同步配备党务力量、同步优化领导体制、同步跟进党建工作“四个同步”落实。建立市委国资国企工委，加强对全市国企改革和国企党建工作的整体领导。规范市县两级“两新”工委机构设置运行，推动“两新”组织党建工作与生产经营深度融合，不断聚集市场主体发展优势。在将各类主体纳入党组织网络的基础上，统筹城市基层组织运行设置，调集多元力量和多样资源投入基层治理。健全“社区—网格—院落—楼栋”四级党组织体系，强化对小微企业、社会组织党组织的兜底管理，延伸党组织触角，以明确的激励机制推动辖区单位党建资源、基础设施、公共服务全面开放，开展联席会议，对接服务、需求、项目三项清单，实现各类组织互联互动、共驻共建。

其二，激活基层党员优势。找党员、抓骨干，延伸党在基层的神经末梢。党员打头阵将原本陌生的社区居民连接起来。依托党群服务中心对办公场所开展亲民化改造，剥离其行政色彩，这是成都社区公共空间质量提升行动中的重要举措。各社区广泛开展亲民化改造行动，拆除办事柜台，推行制度下墙，同时对原有的办公区域实行微改造，不断缩小办公区域，拓展群众活动空间，为居民“摆龙门阵”、看书休闲等活动提供充分空间。

其三，重视培养基层党书记。通过对社区书记的“奖”和“育”提升社区书记的业务专业化水平，使社区书记成为社区发展治理一线的领头雁、排头兵。从 2013 年起每年评选和表彰最佳党建引领示范社区和社区好书记，发掘了一批爱岗敬业，发挥先锋模范作用的社区好书记；重视对社区书记和社区骨干的培训，按照不同类型有针对性地举办示范社区党组织书记培训班、社区后备干部培训班、软弱涣散村（社区）党组织书记培训班等各式书记培训班，组织多场次、多层级理论学习和实践考察。

最后，制定和完善多份党建政策规范，制定《进一步深化城市基层党建工作的意见》《加强城市基层党建区域化互联互动共建共享的意见》《构建“一核三治、共建共享”基层治理机制的意见》和《关于建立健全村务监督委员会的实施意见》，推动党组织引领城市基层治理机制制度建设；修订《成都市村（居）民议事会组织规则》《成都市村（居）民议事会导则》《成都市村（居）委会工作导则》《关于加强和完善村（社区）党组织对村（居）民议事会领导的办法》，党建工作有了严格的法律保障。

第三,建设学习型政府。在成都治理进行高位布局之后,各级政府迅速启动了“学习之窗”,推进学习型政府建设,主动对标,超越前沿。一是全员学习。推动和关注各区(市)县及部门学习动态,在“先锋成都”开设专栏分享总结近期各区(市)县及部门学习动态,学习交流各地的优秀社治实践和理论学习心得,形成了浓厚的学习氛围、争先氛围和专业氛围。二是成立地方研究院作为智库平台。提供研判规划,推动社区发展治理的创新实践。各市区也积极参与实践,如金堂县在全市率先建成城乡社区发展治理支持中心,大邑县先后建成锦城城乡社区发展治理培训学院、蓉创城乡社区空间美学研究院。三是重视基层干部、社区工作者、企业骨干培训。成都已被联合国教科文组织终身学习研究所授予“学习型城市奖”。

第四,持续制度化创新。成都治理的一大关键就在于政府创新是体制机制的深层创新,是持续的制度化创新,能够常态运转,具有系统性导向和稳定化预期。一是实现了制度化的协同。针对社区发展治理、新经济以及公园城市建设,成都分别成立了社区发展治理委员会、新经济委员会以及公园城市建设管理局作为统筹合作的常设专门部门,相应制定了系统完备的政策体系。二是实现了配套制度化的改革。自 2010 年启动的“还权—赋能—归位”基层改革,打破居民参与社区治理的体制机制障碍。首创社区公共财政制度,建立社区保障激励专项资金,社区公共财政体制为居民参与、“一事一议”等自治行为提供了有力的资金保障。此外,成都 2017 年推进的街道体制改革,近年来提出的“社会企业”“‘1+2’社区社会工作服务”等概念都配备了一整套管理、培育、扶持和激励的办法与资源,充分保证其延续性。在短短几年,成都治理取得了明显成效。尤其重要的是,在这场艰辛改革中全体干部队伍也体现出了建造人民城市的锐气、胆识和能力。当然,目前改革过程中还存在一些有待完善的方面。这些问题更多不是事务层面的,而是结构层面的困局。但这场改革仍在持续中,在改革推进过程中,有的问题可能会随之得到改善。

第五,联结人民,社会增能。十九届四中全会提出的人人有责、人人尽责、人人享有的社会治理共同体与十九大提出的打造共建共治共享的社会治理格局一脉相承,都强调以人民为中心的发展思想,强调对人民美好生活诉求的回应,也强调人民的主体性和责任感。成都方案一大特色在于,尊重人民主体地位贯穿城市治理各个环节。

建构人民主体地位的关键是让人民在社区重新联结,让人民成为真正意义上的主人。为了强化居民社会认同,成都利用党群服务中心、社区商业、社区文化节等载体和形式引入社会资源,丰富辖区内的居民休闲、文化生活;社区进一步营造浓厚的邻里氛围,创建熟人社区,从而实现自下而上的社区参与、居民自助互助和社区精神重建,以此作为实现多元共治的理念先导。邻里建设引导居民走出家门,打破隔阂,进而构建公共议事机制激活了居民"为事而来"的参与动力,为存在利益差异甚至利益矛盾的各种主体实现集体行动、共建共治共享提供了平台。

成都也成立了专门的社会组织培育基地。其中,目前已有1.3万家社会组织,为社区营造提供专业指导。每个社区党组织培育社会组织不少于3个、群众性自组织不少于5个,重点为实现院落自治创造组织基础。成都是国内首个出台专门政策培育社会企业的城市,经济效率与社会正义兼得的社会企业为居民提供了更高质量的专业化有偿服务,也能够反哺社区,助其摆脱行政资源依赖。与此同时,志愿服务在成都也实现了"队伍体系化、阵地共享化、资金多元化、项目品牌化、发展常态化",成为名副其实的"志愿者之城"。

三、整体领导的共识治理:统一与活力的结合

中国治理体系是一个糅合、包容了众多调适空间的有机体,并在协调一统体制与有效治理这一对核心关系上做出了探索。基于对成都治理的完整总结,我们认为,突破中央集中与地方自主之间的内在张力,实现统一与活力的有机结合,在根本上是因为中国特有的整体领导的共识治理,这是大国治理的基本方法论和理论底色。成都建设人民城市的方案正是这一治理方法论在大城治理中的典型应用。

(一)整体领导:权威与统一

整体领导的共识治理的基石是整体领导。"西方的经验不可能在第三世界和发展中国家再现。在理解发展中国家的发展或者不发展时,无论是经济发展还是政治民主,都离不开'国家'的作用。"① 对高度分化社会的有效治理,首要在于整合,而整合则依赖于一个超越市场和行政的正当性权威中心。这种权威既关系到人们对秩序和治理体系的认可、同意和服从,也构成社会动员的合法性和权威基础。② 党在革命时期将一盘散沙的超大规模社会构建为互相依靠、休戚与共的共同体,其不是被动"反映国家意志"的政党,而是主动"缔造国家"的政党③。

在成都治理中,党的整体领导具体表现为:一、中央精神是行动的引领。成都的本土创新正是源于对中央精神的迅速响应和坚决贯

① 郑永年:《中国模式:经验与困局》,浙江人民出版社2010年版,第43页。

② 林尚立:《集权与分权:党、国家与社会权力关系及其变化》,《复旦政治学评论》2002年第00期。

③ [美]塞缪尔·P.亨廷顿:《变化社会中的政治秩序》,王冠华等译,上海人民出版社2008年版,第69页。

彻，在深刻理解中央精神的要旨和要求的基础上，延展出地方表达。进入新时代，为民而治被拔高到前所未有的位置，为民而治，实现人民美好生活的中国方案越发清晰。2015 年“十三五”规划强调新发展理念，“必须坚持以人民为中心的发展思想，把增进人民福祉、促进人的全面发展作为发展的出发点和落脚点”。2017 年十九大报告正式提出，“人民日益增长的美好生活需要和不平衡不充分的发展之间的矛盾”已经成为当前社会的主要矛盾，将“坚持以人民为中心”作为中心工作反复强调、系统论述。具体到城市治理层面，城市治理的方向和理念与国家治理的指导精神高度匹配。2019 年 11 月，习近平总书记在上海考察时提出“人民城市人民建，人民城市为人民”重要理念，揭示出城市建设发展依靠谁、为了谁的根本问题，为深入推进城市建设的高质量发展提供了根本遵循和实践方向。2020 年 4 月，习近平总书记在中央财经委员会会议上提出更高要求，要更好推进以人为核心的城镇化，使城市更健康、更安全、更宜居，成为人民群众高品质生活的空间。应该说，成都始终是在中央的指引下率先探索体现新发展理念的人民城市之路。

2018 年 2 月，习近平总书记在成都首次提出公园城市理念，强调以生态文明引领城市发展，形成人、城、境、业高度和谐统一的城市发展新模式。此后成都探索将人民生活、生态环境、产业发展、城市功能深度融合的“人城产”规划逻辑，在 2020 年 10 月以“公园城市 · 未来之城——践行新发展理念的公园城市示范区”为主题的第二届公园城市论坛上提出建设公园城市示范区。“城市应该是一个可以打破常规、扩展生活体验、结识新朋友、了解新观念以及令人愉悦的场所”①，

① ［美］理查德 · T.勒盖茨，［美］弗雷德里克 · 斯托特：《城市读本》，中国建筑工业出版社 2013 年版，第 553 页。

成都的种种努力，莫不过达成如此。

二、党委统合政府。现代科层组织奉行专业分工原则，引发了部门协同困境，这是各国政府必须面对和解决的共同问题。中国式部门协调发生在党政体制"以党领政"的语境内，离不开政党动员、政党统合。总结而言，成都治理探索出了制度化的政党动员部门协同方式，包括结构整合、政治输出和政治激励等机制①。

其一，结构整合。在党委领导下，通过常设化的专门机构、制度化的权责界定将各类举措嵌入不同部门、不同层级体制内，"内结"综合性、协调性的专门统筹机构，"外联"相关职能部门运用各自的专业资源共同承担任务，实现了对科层结构的再造与整合。不同于传统的强意识形态动员，制度化的党委统合有意识地走向整合机制的制度化、标准化和程式化，设置了明确的责任单位、规范化的操作步骤、法定化的资源配给程序和常态化的监督机制。

其二，政治输出。党委领导的重要治理事项依托颁布政策、召开会议等输出形式来向不同部门和不同层级传达精神、布置任务、分配责任，各个政府部门通过政策学习、会议学习得以凝聚共识、明确责任。会议在成都治理新政策实施中扮演着关键角色。2017 年城乡社区发展治理大会凝聚思想，拉开了成都推进城乡发展治理工作的序幕。在产业功能区建设中，为了让中基层干部更深入理解产业生态圈和产业功能区两个全新概念与过去的产业发展有何不同，先后召开八次领导小组会议，通过会议显著增强领导干部对中心工作的重视程度，不断深化干部对中心工作和政策创新的理解。

---

① 关于党政体制部门协同的研究，参见杨华、袁松：《中心工作模式与县域党政体制的运行逻辑——基于江西省 D 县调查》，《公共管理学报》2018 年第 1 期；欧阳静：《论基层运动型治理——兼与周雪光等商榷》，《开放时代》2014 年第 6 期；杨华：《县域治理中的党政体制：结构与功能》，《政治学研究》2018 年第 5 期；周望：《履责共同体：中国国家治理实践中的一种特定组织模式》，《学习论坛》2019 年第 1 期。

其三,政治激励。成都建立了面向全过程的绩效考核和督查体系,这是其制度化的一面;而在其另一面,党委统领意味着这项工作汇聚了上级党组织更多的注意力,在党管干部的制度安排下,执行党委交办的重大任务的绩效表现对于干部晋升有着更强的影响力。此外,领导干部讲政治、守初心、担使命的党性修养和政治伦理在政治任务执行中的敦促作用不可忽视。党委统合将分割的机构和部门整合进行治理,推动了资源聚集和功能重组,实现整体大于部分之和的治理功能。

三、党建动员社会。在党委领导,政府主导的治理模式之下,同样需要社会的参与和多元主体的协同。在社会基础较为薄弱的时候,这一过程需要党的引领、发动、协调和培育。当前的党建动员社会已经成为更加制度化、法理化的合作网络构建。党组织运用结构嵌入、政治宣传和身份激活等多种策略影响、改变社会成员的态度、价值观和期望,引导社会成员群体有序统一行动,实现社会再组织化和社会资源整合,将社会潜力转化为社会实力①。

其一,结构嵌入。社会动员本质上是对人思想、精神和情感的动员,是一种"软权力",这种"软权力"不是自发的、凭空的,而是有组织、有计划进行的,借助于"硬系统"才能实现其影响②。在实践中,党组织将组织建设、制度规则等结构性要素嵌入社会群体的结构和

① 关于政党动员社会的研究,参见贺东航、高佳红:《政治势能:党的全面领导提升社会治理效能的一个分析框架》,《治理研究》2021年第5期;王浦劬、汤彬:《基层党组织治理权威塑造机制研究——基于T市B区社区党组织治理经验的分析》,《管理世界》2020年第6期;吴晓林:《党如何链接社会:城市社区党建的主体补位与社会建构》,《学术月刊》2020年第5期;吴晓林、谢伊云:《国家主导下的社会创制:城市基层治理转型的"凭借机制"——以成都市武侯区社区治理改革为例》,《中国行政管理》2020年第5期;李威利:《空间单位化:城市基层治理中的政党动员与空间治理》,《马克思主义与现实》2018年第6期。

② 甘泉、骆郁廷:《社会动员的本质探析》,《学术探索》2011年第6期。

行动中，使党建目标主动回应社会结构性变化，将不同阶段中心工作和社会诉求相融合，在互动发展中植入自己的核心影响，以服务的方式实现政治领导和组织引领效果的最大化。同时将各个组织化的主体联结在以党为核心节点的网络中，建设全覆盖的区域化组织联动体系。在街道建立“大党工委”、在社区建立“大党委”、在院落楼宇建立党小组，并根据趣源、业源等建立功能党小组，纵向上将党的意志贯彻到底，横向上成为协调多元力量的平台。

其二，政治宣传。动员包括观念展示、价值输出、舆论引导、交流互通、仪式感化、符号渲染等信息传递过程，以期影响和改变人民的思想精神和心理状态，形成与动员方向一致的精神动力，获得人民的理解配合与社会的认可支持。成都不仅在主流党媒上发表主要领导人的署名文章，还会持续通过电视、报纸等传统媒体以及微信、微博、短视频等政务新媒体以文字、图组、音频乃至微电影、动漫作品等各种形式宣讲，并对先进典型案例进行深度报道。除了媒体造势，场景、符号渲染氛围无处不在。党群服务中心是进行政治宣传的关键阵地，其贴近居民日常生活细节的服务性，能够发挥春风化雨的作用，在群众中形成价值趋同。

其三，身份激活。党员亮身份是激活党员身份的直接表现。社区中的居民党员被党组织视为社区营造中的先进因素和积极分子，往往先通过号召党员“亮牌”，定期参与社区党组织生活，主动联系社区居民，在党组织发起的志愿队伍等活动中扮演踊跃争先参与，领头管理全程并发动其他居民的纽带型角色。区域化党建中的“党员双报到”制度还将社区外不同机构和组织的党员的身份叠加到基层治理场域中，“一肩挑”的社区书记是赋能基层治理网络的关键角色，选优配强社区党组织书记队伍对于基层网络动员至关重要。党建动员社会实现了对原子化个人、碎片化利益的组织和对分散化资源的整合,巩固党与社会的联结共鸣,推进党与社会的一致行动。

(二)共识治理:多元与活力

共识治理凸显的是在实现共同治理目标的过程中,不同治理主体及其治理角色、政府组织形式,以及治理工具的多元差异性组合。治理是政府与其他非政府部门、个人与机构共同管理其共同事务的过程,参与主体的多元化以及主体之间的相互依赖、相互补充被认为是治理的主要特征。中国作为历史悠久又发展日新月异的大国,从传统社会到革命战争时期、改革开放和进入新时代,都积淀了丰富的治理技术和深厚的治理经验,治理结构有其复杂、层叠与冗余的一面①。正因如此,中国治理,尤其是中国地方治理的适应性和韧性一直被认为是中国模式的突出特征。② 也即,体制能够根据社会情势的变化,及时回应现实挑战和社会需求,富有创造性地调适组织目标、权力结构、组织形式、责任机制、激励机制以及组织文化等,调动多元主体的角色优势、调用不同逻辑的治理技术、集合多样的治理资源,从而实现包容性的有效治理。

一、多元、多层级的主体扮演相应的治理角色,中央精神定方向,地方适应性系统创新,基层自我消解,形成相互配合、各尽其能的有机体系。中央精神作为宏观构想,发挥着定方向、划底线、调关系的

---

① Dietz, T., E. Ostrom and P. C. Stern, 2003, "The Struggle to Govern the Commons", *Science*, 302(5652): 1907-1912.

② 关于中国体制韧性和适应性的研究参见:Heilmann, S., and E. Perry, 2011, "Embracing Uncertainty. Guerilla Policy Style and Adaptive Governance in China", in Heilmann, S., and E. Perry (eds.) *Mao's Invisible Hand: The Political Foundations of Adaptive Governance in China*, Cambridge, MA: Harvard University Press.; drew J. Nathan, "Authoritarian Resilience", *Journal of Democracy*, 2003, 14(1), 6-17; Heilmann, S., 2008, "From Local Experiments to National Policy: The Origins of China's Distinctive Policy Process", *The China Journal*, 59(59): 1-30。

治理功能,为应对地区之间的差异留出了治理空间。将中央精神转化为实际的治理绩效,需要地方的能动性、适应性执行,即在坚持基本精神的基础上,因地制宜,学习和运用地方性知识,尊重民情民意和客观规律,进行具体化处理和系统式创新。地方政府的系统创新涵盖了对组织、规划、政策、资源、技术、干部、学习等机制的具体运用。同时鼓励基层首创精神,关注基层社会对政策的落地实践、对具体治理问题的自我发现、自我消解以及自下而上的自我表达。

在政党使命的驱动下,党中央做出新时代社会主要矛盾已经转为"人民日益增长的美好生活需要和不平衡不充分的发展之间的矛盾"的判断,提出"以人民为中心"和"建设人民城市"的中心工作,体现新发展理念,构建发展新格局。据此,成都结合超大城市治理规律和地方客观实际、发展定位,将新时代政党使命具象为城市治理专业化的在地实践。总体上,成都已在初步探索独特的城市治理专业化路径,即以空间思维和人本思想为内核,体现"城市治理以人民美好生活为根本导向""将人民所在社区作为城市治理的精准切口"以及"发展与生活在空间治理中融合"等。

在具体实践中,成都表现出富有活力和创见的学习型政府形象。基于中央的规划定位,通过决策领导的治理观点创新与传播,开展系列会议、一线调研、专家智库建设、先进标杆学习、开办干部学习平台等方式自上而下在各个层级及部门持续开展"大学习、大讨论、大调研"活动,部署和推进了"建设高品质和谐宜居生活城市""建设美丽宜居公园城市"等独特、适宜、先进的总体战略,为制定和实施一系列治理创新方案凝结了广泛的政策共识。得益于普遍而持续的学习,成都形成了全域化、制度化的系统创新。这些创新有的涉及组织结构上的制度变革,为整合分散力量、全局治理重点任务提供资源支撑;有的着力于建立健全专门领域的总体规划和政策法规,提升规划和规章的质量与效力;更多的是提出新颖、有效的技术性服务模式和治理策略,贡献了诸多两难问题的新解法。

特别要强调的是,在成都,靠近人民的社区成为治理的尺度。社区不仅是围绕居民生活半径,自上而下供给公共服务的合适物理载体,更是自下而上连接家庭与国家的公共空间。成都治理的种种举措,都致力于将社区打造成温情脉脉的生活共同体和多元共治的治理共同体。基层党组织注重撬动社会活力,信托物业、社区组织、邻里建设、院落自治、公共议事为人民行使权利赋权赋能,构建了社区、居民、物业、社会组织等不同主体之间精诚合作、互信互助的良性关系。成都多个社区都在孵化、培育、扶持社会自主力量上探索出了具有自己特色的创新经验。党组织引领下治理资源向基层的汇聚加上基层社区内生治理潜力的挖掘,让居民日常生活场域内的小矛盾、微冲突能够尽量以及时、温情、低成本的方式自我消化。

二、在地方政府面临治理挑战时,灵活进行部门重组、机构转型、权力下放、主体培育,有效混合国家、市场和社会的多重力量,主动调适组织内部及组织之间的松紧耦合程度。中国政治场域中的治理传统、压力型体制下发挥地方积极性的弹性空间以及制度大规模转型的时代主题为地方政府的体制机制调整与变革创造了条件。当治理事务超出单个部门的能力限度时,为了化解条块分割下的专业分工与统一协调之间的冲突,政府往往会通过政党动员实现部门协同,成立专门统筹机构牵头相关部门之间的合作,同时将部门化的职能分工嵌入综合治理之中。随着新领域的出现与新问题的凸显,设立专门负责某项重点工作的部门,比如成都将分散在园林、国土、城乡建设等多个不同部门的涉及城市管理的职责统一交由新成立的公园城市建设管理局。在 2019 年成都机构改革动员部署大会召开后,全面启动机构改革,区(市)县成立了大数据局、商务物流局。在应对新问题时，地方政府也可以能动性地对传统机构的职能和规则进行重新解释、内涵扩充和重点转移。比如为了配合基层治理现代化的长期重点任务，民政部门在承担原有的供给民生服务之外，还共同推动开展了重塑社区治理结构的社区营造行动。为了解决街道定位不清、管理粗放的问题，街道的体制改革引入了分类管理原则，弱化经济、行政等职能，强化公共服务供给。

政府自身的治理能力是有限的，在治理过程中需要不断调适职能范围，在其他治理力量具有相对优势时适当下放权力，培育承接能力强的治理主体，灵活糅合国家、市场和社会的多重力量。成都实践表明，与前期主要是依托合同向社会组织购买公共服务相比，现阶段的政社合作更强调社会组织的治理主体性和责任，国家与社会资源、权威、规则渐趋融合。成都大力发展提供以经济效益反哺社会效益的社会企业和自我组织、自我服务的社会组织，与高校科研院所以及相关企业合作推出了包含培育基地、专项基金、专业培训在内的一整套培育、发展与支撑体系，从而让更多的社会企业、社会组织在国家退出的领域提供更高效的专业化民生服务。在基层，为了让财政更敏捷、更精准地满足社区需求，成都首创的社区公共财政制度让社区财政的“进”和“出”都由社区自治组织遵照民主决议的程度拍板、把关。让市场力量和社会力量繁茂且有序地生长，最终呈现出党领导下政府机制、市场机制和社群机制相融合的治理形态。

三、突破单一的治理思维，因时因地开发和运用制度刚性、情感柔性、技术理性等丰富的治理策略和治理工具。不论是对已有治理资源的重新开发，还是在实践中探索出新策略、应用新出现的技术或理论，其关键都不在于“新”，而在于一种务实主义的创造力，将一切条件作为资源，灵活变通地加工、开拓，为现有的治理难题提供更有效的解法。

城市的本质是人类活动在有限空间内的高度集聚，基于这一点，成都建构治理的空间思维，将空间维度带入城市治理，将以人民为中心的主题落实在场景营造中。代入人民视角、找回个体生活体验的空间治理策略突破了过去城市管理中的官僚理性，人民有了“家门口的运动角”“家门口的好学校”“上班的路，回家的路”“地标商圈潮购场景”“天府绿道公园场景”“熊猫野趣度假场景”……城市从单向度的发展与生产场所变成了生活、经济、文化、生态多元价值交融的综合空间。一方面，一个生活场景集合了一系列与之相关的设施与服务，可以集约地为居民提供便捷生活，提升居民满意度；另一方面，打造生态、文化、产业、消费等主题场景的新思路提供了新一轮经济增长点，在经济下行的大势中找到经济持续增长的可能。

城市基层治理实践表明，仅仅依靠法律、规章等正式制度常常会遭遇居民难以认可或治理成本过高的困境。积累和运用情感、关系、人情等本土社会资源是一种以“软”策略补充“硬”规则的治理技术①。首先，运用情感、以情感联结为手段实现对主体的动员与整合。激发人民群众的情感，充分发挥情感的能量被认为是党的重要革命遗产，这在基层党建中得到了继承和发扬。成都的基层党建中党组织注重通过供给服务和整合资源来回应居民便利办事、文化休闲、调解维权、社会交往、环境改善等各方面的生活需求，号召党员亮身份带头组织志愿服务、关怀弱势群体生活，让居民在日常生活的细节中实实在在感受温暖和关怀。其次，营造情感，以情感为对象促进人与人之间的亲密化与团结。小区内人与人之间关系的疏离和冷漠，信任的缺失正是物权冲突多发的重要原因，成都重视小区创熟，增进邻里之间的互爱互助；在物业服务模式中创新以信义关系为内

① 关于基层情感治理的研究，参见田先红、张庆贺：《城市社区中的情感治理：基础、机制及限度》，《探索》2019年第6期；文军、高艺多：《社区情感治理：何以可能，何以可为？》，《华东师范大学学报》（哲学社会科学版）2017年第6期。

核的信托制,实现业主与物业间的互信互惠。社会资本的厚植能够长效遏制冲突的升级并化解矛盾。

(三)整体领导的共识治理基于人民性而实现

在根本上,整体领导与共识治理能够结合是因为统一与活力价值背后的人民性意涵。

统一意味着围绕一个具有权威与合法性的权力中心,在其统治边界内形成了所有人和组织共同认可、一致遵从的政治秩序。统一提供基本的"稳定"和"秩序",这事关全体人民的基本生存诉求与公共福利保障。现代国家的本质是"一种持续运转的强制性政治组织,其行政机构成功垄断了合法使用暴力的权力,并以此维持秩序"①,权力的完整、权威的理性化和制度化是政治现代化的内核。但二战后有许多新兴国家在急剧的社会变化中过早地追求西方发达国家的分权制衡和竞争式民主,未能建构起稳固的民族国家根基。鉴于此,亨廷顿认为,"人可以有秩序而无自由,但不能有自由而无秩序"②。对于处在现代化过程中的国家而言,欲根除国内政治的动荡和衰朽,"首要的问题不是自由,而是建立一个合法的公共秩序"③,在限制权威之前必须先存在权威。权威就是政治共同体,要求建立合法的、有效的政治制度和政府组织,这源于强大政党的缔造和巩固。

---

① ［德］马克思·韦伯:《经济与社会》,转引自徐勇:《"回归国家"与现代国家的建构》,《东南学术》2006年第4期。

② ［美］塞缪尔·P.亨廷顿:《变化社会中的政治秩序》,王冠华等译,上海人民出版社2008年版,第26页。

③ ［美］塞缪尔·P.亨廷顿:《变化社会中的政治秩序》,王冠华等译,上海人民出版社2008年版,第69页。

政党的强大在于统一的能力,创建政治制度就是创建公共利益[①],将表面分散的社会联为一个具有共同身份、共同利益、共同秩序的整体。通过实现政治组织和秩序的制度化,拥有强大执政合法性和权威的政府能够吸纳各种社会力量的政治参与,充分调动治理资源,整合组织力量,建立起有效的社会控制和稳定的政治秩序[②]。也就是说,"善"的政治先要能构建和维持统一的秩序,提供稳定这种最基本的统治价值和公共福利,供给与之相关的一系列公共物品,确保人的生存与和平。这也是政治发展、经济发展的前置条件。也只有在稳定的环境中才存在可信承诺与稳定预期,人们才会投入长期性的事业。

活力代表着多元化、异质化的主体在充足的空间内充分发挥主动性和创造性,运用各自的专有资源和比较优势参与治理。活力是创造发展和效能的必要条件,人民对更美好生活的物质需求与精神向往在此基础上得到满足。如哈耶克认为,知识是分散性的、情境性的、实践性的,不存在全知全能的个体或机构[③]。出自权力中心的统一决策只是将复杂社会现实简单化的理想图解,与生长在地方社会实践中的地方性知识相去甚远[④]。考虑到中国国土的辽阔、文化的差异以及发展的不平衡,各地面临的实际问题以及各地解决问题的能力等匹配制度要素之间的差异极大,权力、资源和治理能力向有效

① 杨光斌:《合法性概念的滥用与重述》,《政治学研究》2016 年第 2 期。

② 孟军:《亨廷顿的政治稳定理论及其当代启示》,《社会科学战线》2008 年第 3 期。

③ 参见[英]哈耶克:《自由秩序原理》上卷,邓正来译,生活·读书·新知三联书店 1997 年版。

④ 参见[美]詹姆斯·C.斯科特:《国家的视角》,王晓毅译,社会科学文献出版社 2019 年版。

信息的层次倾斜才能有效治理①，地方政府尤其是基层，相对来说更了解当地人民偏好，更了解当地具体条件，更可能实现有效治理。中国过往的经验表明，总体性支配和单一的计划控制由于信息不对称和缺乏激励往往成本高而效率低，甚至可能因为"理性的僭妄"导致严重的灾难，使人民生活陷入贫困的泥沼。快速提高国家经济发展能力的可行路径是激励地区竞争和保护私人产权、鼓励市场竞争，激活地方与企业的发展积极性。政府在某些行政效率低下的公共服务领域中退出，培育社会成员自主运行的专业社会组织，人民通过自组织的环境保护、基层自治、应急救灾、慈善救济等公益行动更好地自我满足特定需求，同时也赋予了不同群体平等表达利益，充分协商对话的机会。

成都等地的治理实践创新表明，整体领导的共识治理在一定程度上实现了统一与活力的协调和均衡，为人民福祉而治。从国家的视角来看，它是探索破题"一统体制与有效治理的矛盾"②"多元化国家能力建构所包含的冲突"③的新解，走出了只有统一没有活力的盲目、停滞和僵化，也避开了只有活力没有统一的分裂、离散和无止境的争端。整体领导的共识治理发挥党的统合力和动员力，培育、激活不同主体的积极性和创造力，不会导向分化的权力之间的对立和竞争，而是对多元的力量进行制度化的整合，凝结不同群体内生的价值共识与行动合力。进一步，基于人民性的整体领导与共识治理结合，国家、政党、政府、人民以及市场、社会所有要素围绕利益和目标共识团结在一起，整合了政治共识、专业技术、法律规范和社会资本

① 周雪光：《权威体制与有效治理：当代中国国家治理的制度逻辑》，《开放时代》2011 年第 10 期。

② 周雪光：《权威体制与有效治理：当代中国国家治理的制度逻辑》，《开放时代》2011 年第 10 期。

③ 曹正汉、王宁：《一统体制的内在矛盾与条块关系》，《社会》2020 年第 4 期。

等多种资源，体现了中国式的治理有机结合体并区别于西方式的治理功能区分体。

现代政治铸造了国家权力来自人民的根本原理，当今世界几乎没有国家会承认自己的体制和制度是“不民主”的，这是现代国家的合法性问题[①]——只有基于人民主权的国家、只有与人民建立和保持紧密联系的国家，才能获得人们对“现存政治制度是社会最适宜制度”的认可、共识和信仰[②]。“民主”作为一种修辞是政治市场中人手一个、长盛不衰的“硬通货”，但是各个国家的“民主实践”有着不同的文化土壤和生长过程，形态各异。自由主义的、个人主义的竞争性民主是西方历史环境及演进的具体产物。而中国有着自己独特的崇尚“整体善”、社群主义的、要求改善民生、追求和谐一统的政治文化系统[③]，以此为支撑，代表人民的政党在现代化中扮演整合社会、缔造国家、积极治理的生产性角色，建构了更像是“一致性民主”的国家人民性新解。

具体来说，一方面，作为中国传统文化主流的儒家思想倡导整体的善高于个人利益，追求国家与社会的和谐[④]，因此，普通人们与国家精英在目标上能够产生一致性。其一，国家用“民本主义”的目光望向人们，“民惟邦本”“君舟民水”要求政治精英对老百姓施以德政[⑤]；其二，人们对国家投注了“为民做主”的想象，期待政治精英成

---

① 燕继荣、朱春昊：《中国公共政策的调适——兼论“以人民为中心”的价值取向及其实践》，《治理研究》2021 年第 5 期。

② ［美］西摩·马丁·李普塞特：《政治人：政治的社会基础》，张绍宗译，上海人民出版社 2011 年版，第 21 页。

③ 杨光斌、乔哲青：《论作为“中国模式”的民主集中制政体》，《政治学研究》2015 年第 6 期。

④ 徐勇：《治理转型与竞争——合作主义》，《开放时代》2001 年第 7 期。

⑤ 杨光斌、乔哲青：《论作为“中国模式”的民主集中制政体》，《政治学研究》2015 年第 6 期。

为“父母官”“青天”①。这种双方共同认可的人民观不同于西方抽象的程序性诉求,而是聚焦于务实主义和现实取向的“民生”,有着关于具体物质和文化环境的构想,比如“仓廪实、衣食足”“知礼节、知荣辱”。另一方面,马克思主义中国化与“整体善”遥相呼应,政治精英对国计民生的责任感和普罗大众对国家满足自身诉求的道德期待也一直延续下来。与此同时,马克思主义及其他西方民主理论的涌入将儒家伦理和等级秩序改造为更具现代性的“民权”。于是,承继了传统精英救国救民责任,又全新地代表“整个无产阶级共同的利益”“代表最大多数人民”的共产党在政治使命的驱动下,主动重塑社会,整合制度性资源,缔造了一个以人民利益、国家利益与政党利益的一致性为基石的社会主义大众民主国家②。

国家的人民性体现在国家治理的价值、绩效与过程中。首先,在价值层面上,党构建了“人民”这一政治概念,“人民”不是精英群体,而是最大多数的民众。当人民的政治性与政党的阶级性关联起来,分散性的人们就聚合成了政治性的人民③。党把最广大人民群众的根本利益与党全心全意为人民服务的宗旨关联起来,把“人的解放”“个人自由而全面的发展”与“国家富强、民族复兴”同党的纲领、使命关联起来,形成“党领导国家现代化”对于全国上下的利益一致性。从社会主义和民族主义的逻辑延伸开来的核心价值体系宣告了政治共同体的愿景,给人精神信仰、情感依托和道德归属感。以人民为中心的发展思想进一步自觉和明确了“让人民满意”“增进人民的

① 唐亚林:《政治、行政与民政:当代中国国家治理现代化的“三政”框架建构》,《治理研究》2021 年第 3 期。

② 杨光斌:《民主的社会主义之维——兼评资产阶级与民主政治的神话》,《中国社会科学》2009 年第 3 期。

③ 李冉、邹汉阳:《党性、人民性的话语起源与行动逻辑》,《马克思主义研究》2014 年第 5 期。

幸福感、获得感与安全感”是治国的价值取向，与人性的贴近、对人性的关怀赋予其更强的感召力。

其次，萨托利曾说，不能回应人们需求的民主最终只是“无效的民主”①。回应性的治理绩效是中国人心中关于民主最悠久和热切的希冀，也是当代中国党政体制最没有争议的合法性来源②。相比于西方民主以参与、竞争和对垒来制衡国家权力的程序性诉求，在中国人们更强调民主的实质性意义，认为民主应该是一种民生治理导向的“好政治”，就是要能充分提供公共物品，满足自身物质、精神多维需求，要求制度平等、公正，要求政府为人民服务③。于是，与西方政治体系偏重于有效制约公权力不同，中国将公权力的积极行使放在了核心位置上④。以成都为代表的地方治理实践表明，党通过持续性地研判社会主要矛盾，规划中心工作，不断调适、积极回应人们现实诉求与社会问题，动员政府和各类市场主体、社会组织积极治理、有效治理、整体治理，以此提升治理现代化的绩效性基础。

最后，治理过程体现出有序的、组织化的民主参与。中国在宏观层次上建立了国家权力来源和行使的议行合一制——人民代表大会制度以及共产党领导的多党合作和政治协商制度，依法有序运作民主选举、民主协商、民主决策、民主管理和民主监督⑤。在基层，各类社会组织的兴起，村民自治和居民自治的推进以及多种多样的听证

① 杨光斌、乔哲青：《论作为“中国模式”的民主集中制政体》，《政治学研究》2015年第6期。

② 赵鼎新：《国家合法性和国家社会关系》，《学术月刊》2016年第8期。

③ 杨光斌、杨森：《中国改革开放40年来的国家治理之道》，《探索与争鸣》2018年第10期。

④ 唐亚林：《政治、行政与民政：当代中国国家治理现代化的“三政”框架建构》，《治理研究》2021年第3期。

⑤ 唐亚林：《“全过程民主”：运作形态与实现机制》，《江淮论坛》2021年第1期。

会、恳谈会、议事会将民主转化为一种在适度空间内,人人都知晓、人人会实操、人人得回应的日常生活方式。围绕着中国式的国家人民性,政党、人民与国家显示出了特有的一致关系,政党使命、个体实现、人民共存和国家富强被融入一个有机的整体框架之中。以人民为中心发展理念提出后,这种有机联系被赋予了清晰的内涵,并得到了更完整的确认,也让党与国家、党与人民、人民与国家的关系有了新的理论版图和理论深化的可能。

四、本章总结

分权与竞争是西方政治理论的核心。其理论认为,通过划分权力和给予主体自主性能够实现国家和组织的调动,实现自身的自主性,并在不同的主体间形成竞争、制衡与监督,以此方可保障体制活力和组织创造性。反之,西方理论一般认为统一体制难以赋予组织和体制以活力。但在实践中,分权体制远未有理想中那般有效,反而呈现出治理结构中的内在紧张,如权力的交叉性与重叠性致使分割困难,过度分权增加体制运行的成本且降低了行政效率等,这些与分权体制赋予国家治理活力存在矛盾和冲突。

不同于西方以竞争为目的的政党,中国共产党领导国家和社会的合法性基础来自于其自身的阶级性质和建设社会主义的历史使命。对于现实问题与人民需求的回应成为党成功领导的一个重要条件,高回应能力也成为中国制度生命力的源泉。成都在政党使命的指引下,实践探索如何在城市治理中回应和解决人民命题。成都方案首先回答了人民城市为谁而治,体现哪些价值的问题——将城市治理作为以人民为中心治理的轴心,将社区作为城市精细化治理的主场景,高质量发展、高效能治理与高品质生活在城市有机融合以及城市治理嵌入空间视角构成了城市治理专业化的基本路径；又回答了人民城市谁来治理，不同主体如何协作的问题——政党高位推动、统领全局治理，基层党建引领、构建共治合力，建设学习型政府，持续制度化创新，联结人民，社会增能成为城市治理专业化的实现机制。如是，成都创新性地形成了政党使命驱动的城市专业化治理，促使体制优势转化为治理效能。

在根本上，成都建设人民城市的实践回应了一个非常重要的命题：统一体制是如何保持活力的？大城治理的系统创新之所以能实现，归根结底其底层逻辑是整体领导的共识治理，这是中国之治如何突破统一与活力之间的张力的理论底色。它不局限于一座城市的治理，是关于大国治理如何实现国家人民性的基本方法论。首先，整体领导是基石，对高度分化社会的治理首先要整合，党组织扮演了强有力的整合者角色。党中央精神是行动的指引，地方具体实践在此框架下展开。党委统合政府和党建动员社会凝聚起了党政体制上下内外一切有生力量，统一行动。其次，共识治理是关键，现代社会的有效治理离不开治理主体、组织形式以及治理工具的多元差异性组合。在中央精神掌全局、定方向的基础上，地方运用实践智慧进行适应性创新，同时基层社会在适度的空间内自我消解具体问题，多元、多层级的主体扮演了能够将各自优势及合作效应发挥到最大的治理角色。整体领导的共识治理基于统一与活力的人民性意涵统一起来。在此框架下，政治引领、制度规范、专业技术、市场机制和社会资本等多种要素围绕人民获得感、幸福感、安全感同频共振。

中国启动现代化进程以来，披荆斩棘70余年，筚路蓝褛70余年，是一种艰苦探索，是一种理论验证，更是一种世界昭示：党是中国发展奇迹的创造者，也是中国治理理论的创造者。作为“双重创造者”，党在历史担当中积极推动发展，让发展成为中国理论之源泉；同时在高速发展中及时总结理论，让理论成为中国发展之基石。党的领导和坚持以人民为中心，这是成都治理价值的内核。

成都治理的意义不只在于为中国改革奉献地方样本，而在于改革本身直指中国当下及未来急需解决的核心难题：如何在社会矛盾焦灼期实现持续发展？改革和城市化过程中伴随的不公平、不信任和不稳定等现象，如果不能很好解决，不仅良治难以实现，社会冲突还可能反噬经济发展。但如果可以通过持续创新和改革成功地进行结构调整，则可以赢得新一轮的发展契机。当然，也需要更深刻地意识到，就未来而言，制度建设所追求的已不是某一项制度的创新，而更重要的是如何加强制度间的联系和对接；同时，对制度的功能进行整合，形成良性机制。这些机制包括：既面对市场进行管理，又面向社会进行管理；既回应市场差异性，又回应社会多元性；既集中精力办大事，也能精细化办小事；等等。真正有实效、有自信的制度，不会简单模仿而来，也不会在书房推演而来，而只能在改革发展实践中砥砺前行、坚韧不拔地干出来。这是成都治理的最大启示。

具体到城市场景中。随着城市化的不断深化，城市的发展通常会经历从经济聚集到人口聚集的动态转变。当人口聚集到一定程度时，城市发展的逻辑会发生新的改变，新的形态和规则会不断产生。这一变化越来越聚焦美好生活，并旨在将经济增长和人的全面发展协调推进，将不同地点的文化和美学特质转化为城市发展的生产力。

“当我们年轻时，当我们开始自己的事业时，当我们寻找一个同伴时，我们期待住进一个令人激动的大城市；当我们正在发展我们的家庭时，我们期待住到一个紧邻大自然的分散开来的小城市；当我们的孩子长大离开家时，我们期待住到一个文化氛围浓厚的市中心；当我们退休了，我们又期待住在一个气候温暖、可以步行的小城市，如果说人类的社会物质需求正在营造着城市的话，那么我们期待城市可以呈现出多样性，这种城市多样性不会比美国人本身的多样性少多少。”[①]雷布琴斯基的这段精彩描述精准地表达了不同群体在不同阶段对城市的各种想象和需求。

因此，就实现以人民为中心而言，城市治理无疑就是中国改革和发展的大问题，其能否实现预定目标并铸造辉煌，最重要的仍然是治理主体的集体理性所导向的系统化和专业化。这种理性体现为：以人民福祉的增加作为检验一切实践的标准；遵守既定的法律程序、规章制度；更开放的城市决策过程，更细致的基层政策配套；包容不同意见；持续学习，与时俱进。就此而言，城市治理创新对各地来说都是治理能力现代化的最好机遇。“所有的改变都只能在改变中发生”！

① ［美］维托尔德.雷布琴斯基：《嬗变的大都市》，叶齐茂、倪晓晖译，商务印书馆2016年版，第170页。

结语:建构人民城市的公共对话

冬日午后,书的清样摆在眼前,阳光从窗外投射到书页上,生机温暖烟火气,如同成都这座城市给人的感觉。这本书所指向的并非宏伟恢弘的国家大场景,而是细致入微的城市治理和社区治理小场景。但城市和社区对每个人而言,有着无法言说的“邻近性”。因此,在城市中拥有什么样的生活质感,对我们每个人来说无疑都是至关重要的。

成都治理缘起于城乡统筹实践,兴起于2017年成都城乡社区发展治理的推动。作为新时代治理现代化的探索,成都治理的重要特质是:以城市发展为轴心,以社区为基点,以“以人民为中心的治理”为核心,在党的领导下探索“中国城治”成都方案。这几年的艰辛探索、攻坚克难和市民肯定,无不体现了成都上下齐心、多元协同,致力于打造人民城市的高度使命感和责任感。

城市治理现代化既是国家治理现代化的必要条件,也是国家治理现代化的充分条件。这一基本判断来源于当下正在发生的深刻历史变化:作为共同体意义上的国家,中国社会特质正在发生变革,正在从乡村国家迈向城市国家。在城市国家中,城市必然是国家行政的最主要载体,国家治理的最主要内容就是城市治理,这是成都治理的轴心和出发点。到底什么是人民的城市?人民需要什么样的城市?人民在城市中过着什么样的生活?如何通过专业化的治理实现人民的城市?事实上,这些问题既是成都人民密切关注的问题,也是成都面临的重大治理命题。成都以社区发展治理为基点,成功地为这些命题给出了答案。社区,是治理体系的末梢,但却是人民生活的前站,也是党建的前哨,是履行以人民为中心发展理念的切入口。美好的城市生活,对我们大多数人来说,就是美好的社区生活。100 多个美好社区,是成都无数社区、院落和街巷的代表,也是成都社区发展治理的成果检验。

像成都这样治理,像成都人那样生活。这不仅是一种向往,更是建设人民城市的一种治理承诺。我本人这些年来多次往返成都,有时甚至每月必去。我也实地去过并流连于本书所提到的不少社区,见证了这个城市在社区治理方面的各种探索。成都经验表明,城市治理现代化不仅将创造更美好的生活,也将重新塑造城市竞争力和竞争模式。而我最感惊喜的是,成都在回应超大型人民城市如何建这一大命题上,不仅形成了很多可以复制的顶层设计和落地实践经验,还形成了很多系统而精准的中国理论表达。这无疑从另一个层面上提升了成都方案的意义。我越了解成都,越感觉到成都最打动我的,其实是成都的人。其中既包括上层领导者的魄力和担当,也包括基层工作者的责任感和使命感。过去几年,我可以说也是成都社区治理工作的一分子。我每到一个社区,都会发现自上而下,很多人都有很强的使命感,以及做事的担当和责任。成都治理走到今天,是一个慢慢发展的过程,而政府治理的生态、观念也在变化中淬炼、凝练。

成都的治理实践创造性地回答了国家层面如何为民而治,城市层面如何回归人民性,以及中国如何重构治理理论与实践三大命题;解决了一系列很不容易解决的问题,如稳定和发展、城市公共服务、群体和谐、空间更新;也创造性地处理了一系列很不容易处理的关系,如市场与政府、经济与生活、公平与效率、空间聚集与空间正义。因此,成都创新的新不是解决方案的新,而是方案是否比原来更有效地解决社会问题,并由此吸纳市场化、城市化、全球化以及互联网化进程中带来的各种结构性紧张。而更重要的是,基于上述方法论,成都已经在改变过去政府治理的模式,也在改变过去政府的治理生态。

作为新时代治理现代化的前沿探索,成都治理的另一个重要特质是:以公园城市建设为具体目标,将空间思维、生活思维、美学思维等三大新治理要素有机嵌入治理过程,探索超大城市治理现代化之路。城市治理是专业性很强的工作,这种专业性,涉及三大关系的定位:其一,如何定位城市与空间的关系。成都将城市空间特别是社区空间与公园形态相互融合,不断加深社区空间的审美蕴含,促进生产生活与生态空间相宜、自然经济与社会人文相融。成都的公园城市建设,已经越来越彰显出独特的美学价值、生态价值和人文价值,并集中体现了成都在城市治理方面的专业能力。其二,如何定位城市与文化的关系。社区是城市文化得以保留和延续的载体。成都的老旧院落改造、特色街区打造、社区空间微改造注重融入当地文化特质,以最小的行政投入获取最大的社会效益,促使社区与多元社会力量共同打造具有文化价值内涵的生活场景,推动社区有机更新。其三,如何定位城市与家园的关系。成都围绕“开敞式”“文化范”“生活味”“参与型”四个特质,以人为导向改革街道设计准则和技术规程,同时全国独创为居民精心打造“上班的路”和“回家的路”。事实上,成都的多项实践,都呈现了空间思维、生活思维、美学思维等新治理要素在成都社区的有机融合。

短短几年,成都治理已经走出自己的道路。成都治理的意义不只在于为改革奉献地方探索，而在于改革和创新直指当下及未来迫切需要解决的重大问题，即如何在社会矛盾胶着期更好地在城市实现以人民为中心的持续发展。“一个伟大城市所依靠的是城市居民对他们的城市所产生的那份独特的深深眷恋，一份让这个地方有别于其他地方的独特感情。最终必须通过一种共同享有的认同意识将全体城市居民凝聚在一起。”①在此过程中，基于美好生活的治理也凝练了更强的市民城市认同感，并让城市共同行动（比如疫情应对）变得更有可能。

基于城市的复杂性，实现城市善治，成都下一步应该从哪些方面着力？第一，保持政策体制的稳定性和延续性。最担心的不是不改，而是好的改革无法延续。希望成都能够延续这么多年来特别是近年来改革的基本路径设计、基本制度设计，并再创辉煌。第二，优化体制机制特别是枢纽型机制。如果把成都治理分为上半程和下半程，那么上半程的轴心就是解决迫在眉睫的重点难点问题，五大工程就是着重回应这类问题；而下半程的轴心就是优化和突破影响重点难点问题解决的体制机制障碍，包括垂直关系的理顺、财政投入的机制、干部人事制度的配套，等等。这些问题的解决需要更多耐心与时间，成效也非常缓慢，但一定要提前预见提前布局。第三，需要更大层面的共识。成都治理在政府各方力量的强有力推动下，在这么多媒体的倡导下，已经有了相对广泛的共识。但对这样一个战略布局的深刻意义，并不一定所有人、所有部门、所有系统都有同样层次的认知。而全体社会成员上上下下的共识，是让改革容易推进的关键。所以接下来，还要让所有人真正认识到所做的事情对于成都、对于国

① ［美］乔尔·科特金：《全球城市史》，王旭等译，社会科学文献出版社2014年版，第292页。

家、对于党的建设的重大意义。这有赖于我们所有人的努力。

在成都长达数年的调研过程中,我越来越深刻地感知到,一城、一地的治理水平,在很大程度上都与其治理团队的认知和能力相关联。从主要决策者到组织部、社治委、民政局、政法委等职能部门干部队伍,再到社区干部和社区工作者(我称之为成都治理实践团队),他们积极探索、创新和实干的担当精神无一不让我感动、感念。事实上,在整个研究过程中,他们就是我们最重要的研究合作者和支持者。我无法一一写出他们的名字,但在整个写作过程中他们每个人的名字都在心中郑重默念。我亦特别感谢成都治理实践团队对我们的信任。事实上,正因为这份信任,成都治理的故事就不仅是一项写作任务,更是一份沉甸甸的责任。就这一责任而言,虽然我和团队已尽力,但本书的记录仍然无法完全呈现成都治理故事中每个人的智慧、鲜活和生命力。"城市研究的使命是与公共政策进行批判性的对话,并广泛介入公共对话"①。无论如何,我希望本书在被研究者、实践者和城市中停留的人们所读到的时候,这一阅读的过程就已经在构建城市的公共对话。本书的顺利出版,要感谢团队的姚媛、张雨睿、王铮、黄晓月、章雅婷、杨学敏、徐乐琴、阳静在研究和调查过程中的辛苦付出。在此过程中,我们始终得到中共成都市委组织部、中共成都市委城乡社区发展治理委员会、成都市委市政府多部门以及各区县街居干部、工作人员的大力协助。本书主要图片都来自于"YOU 成都",部分图片来自《成都日报》,也要感谢他们的精彩拍摄。我的同行姜晓萍教授、郁建兴教授、肖滨教授、刘建军教授、吴建南教授、吴晓林教授、陈文教授等长期扎根成都、杭州、广州、上海、深

① [英]乔纳森·S.戴维斯、[美]戴维·L.英布罗肖:《城市政治学理论前沿》(第二版),何艳玲译,格致出版社、上海人民出版社 2013 年版,第 15 页。

圳等代表性城市并开展了诸多重要工作，感谢他们的启发。本书的一些观点，比如前言中对研究使命的论述①，对城市治理多重性质②的论述，也曾以论文或演讲形式呈现和发表，感谢此过程中付出劳动的编辑们。同时，本研究也受到“中国人民大学中央高校建设世界一流大学（学科）和特色发展引导专项资金”的支持。

“只有在城市这个古老的神圣、安全和繁忙的合流之地，才能够塑造人类的未来。”③ 但同时我们也不能忘记这一提醒，“不论城市的定义出现怎样根本性的转换或变化，城市和城市社会本身将继续成为人类历史的中心，城市生活自古以来就有的某些特点——富人穷人共存、寻找社会公正和有意义的社区、交流和创新的各种机遇——将肯定会继续存在”④。从这一点来说，以北京、上海、广州、深圳、杭州、成都等地为代表的中国大城治理以及其对如何实现更美好生活的探索将始终具有重要的意义。

最后，我想再次表达的是：什么是幸福的城市呢？幸福的城市就是每个人都可以找到生存和发展的机会，就是每个人在城市中都可以安全而有尊严地生活；幸福的城市，是街头的每个小摊都充满生机，是我们一出门就可以看见满眼的青山绿水；幸福的城市，是我们在上班的路上可以便利地买到早餐，也是我们在下班的路上向往着家庭的温暖。我想象中的幸福城市，成都，也是很多坚持走人民城市之路的城市！

致敬，成都！致敬，这个时代！致敬，为了城市更美好的每个人！

---

① 何艳玲：《公共行政学研究是我们与这个时代肝胆相照的方式》，《国家行政学院学报》2014 年第 5 期。

② 何艳玲、赵俊源：《差序空间：政府塑造的中国城市空间及其属性》，《学海》2019 年第 5 期。

③ ［美］乔尔·科特金：《全球城市史》，王旭等译，社会科学文献出版社 2014 年版，第 297 页。

④ ［美］理查德·T.勒盖茨、弗雷德里克·斯托特英：《城市读本》，中国建筑工业出版社 2013 年版，第 18 页。

参考文献

中文文献

（一）专著

马克斯·韦伯:《社会科学方法论》,杨富斌译,华夏出版社 1999 年版。

E.迪尔凯姆:《社会学方法的准则》,商务印书馆 1995 年版。

威廉·伊斯特利:《经济增长的迷雾》,姜世明译,中信出版社 2016 年版。

林毅夫:《繁荣的求索:发展中经济如何崛起》,张建华译,北京大学出版社 2012 年版。

郑永年:《制内市场:中国国家主导型政治经济学》,邱道隆译,浙江人民出版社 2021 年版。

王绍光:《中国崛起的世界意义》,中信出版集团 2020 年版。

景跃进、陈明明、肖滨主编:《当代中国政府与政治》,中国人民大学出版社 2015 年版。

杨光斌:《政治学导论(第四版)》,中国人民大学出版社 2011 年版。

[意]萨托利:《政党与政党体制》,王明进译,商务印书馆 2006 年版。

[英]约翰·里德:《城市》,郝笑丛译,清华大学出版社 2010 年版。

童大焕:中国城市的死与生:走出费孝通陷阱,东方出版社 2014 年版。

王鹏:《城市公共空间的系统化建设》,东南大学出版社 2003 年版。

[英]伯纳德·克里克:《民主》,史献芝译,译林出版社 2018 年版。

[美]乔万尼·萨托利:《民主新论》,冯克利、阎克文译,上海人民出版社 2015 年版。

[法]雅克琳娜·德·罗米伊:《希腊民主的问题》,高煜译,译林出版社 2015 年版。

肖滨:《政治学导论》,中山大学出版社 2009 年版。

[美]福山:《历史的终结和最后的人》,陈高华译,广西师范大学出版社 2014 年版。

胡鞍钢、王绍光、周建明:《第二次转型:国家制度建设(增订版)》,清华大学出版社 2009 年版。

[美]埃文斯、鲁施迈耶、斯考克波:《找回国家》,方力维等译,生活·读书·新知三联书店 2009 年版。

[美]萨缪尔·P.亨廷顿:《变化社会中的政治秩序》,王冠华、刘为译,上海人民出版社 2008 年版。

[美]乔尔·S.米格代尔:《强社会与弱国家:第三世界的国家与社会关系及国家能力》,张长东、朱海雷、陈玲译,江苏人民出版社 2012 年版。

[美]亨利.丘吉尔:《城市即人民》,华中科技大学出版社 2016 年版。

[英]戴维·毕塞姆:《官僚制》(第二版),韩志明、张毅译,吉林人民出版社 2005 年版。

[美]兰迪·西蒙斯:《政府为什么会失败》,新华出版社 2017 年版。

[美]小约瑟夫·S.奈菲利普·D.泽利科戴维·C.金编:《人们为什么不信任政府》,朱芳芳译,商务印书馆 2015 年版。

[美]萨瓦斯:《民营化与公私部门的伙伴关系》,中国人民大学出版社 2002 年版。

郑永年:《中国模式:经验与困局》,杭州:浙江人民出版社 2010 年版。

[美]丹尼斯·R.贾德、托德·斯旺斯特罗姆:《美国的城市政治》,于杰译,上海社会科学院出版社 2017 年版。

[美]詹姆斯·C.斯科特:《国家的视角:那些试图改善人类状况的项目是如何失败的(修订版)》,王晓毅译,社会科学文献出版社 2012 年版。

[英]史蒂夫·派尔、克里斯托弗·布鲁克、格里·穆尼编著:《无法统驭的城市:秩序与失序》,张赫、杨春译,华中科技大学出版社 2016 年版。

[美]乔尔·科特金:《全球城市史》,王旭等译,社会科学文献出版社 2014 年版。

[法]迈克尔·斯托珀尔:《城市发展的逻辑》,李丹莉、马春媛译,中信出版集团 2020 年版。

[美]保罗·E·彼得森:《城市极限》,罗思东译,格致出版社、上海人民出版社 2012 年版。

[美]迈克尔·斯彭斯、[美]丹尼·莱普泽格编:《全球增长:后危机时代的

含义》,刘学梅译,中国人民大学出版社2016年版。

[俄]列夫·马诺维奇:《新媒体的语言》,车琳译,贵州人民出版社2020年版。

周黎安:《转型中的地方政府:官员激励与治理》,格致出版社、上海人民出版社2017年版。

[美]约瑟夫·E.斯蒂格利茨:《公共部门经济学》,中国人民大学出版社2013年版。

[英]史蒂夫·派尔、克里斯托弗·布鲁克、格里·穆尼编著:《无法统驭的城市:秩序与失序》,张赫、杨春译,华中科技大学出版社2016年版。

[英]约翰·艾伦、多琳·马西、迈克尔·普赖克编著:《骚动的城市:迁移与定居》,张赫、尹力、周韵译,华中科技大学出版社2016年版。

[英]詹姆斯·弗农:《远方的陌生人:英国是如何成为现代国家的》,张祝馨译,商务印书馆2017年版。

[美]维卡斯·梅赫塔:《街道:社会公共空间的典范》,金琼兰译,电子工业出版社2016年版。

[美]刘易斯·芒福德:《城市文化》,宋俊岭等译,中国建筑工业出版社2009年版。

[美]黛博拉·史蒂文森:《文化城市:全球视野的探究与未来》,董亚平、何立民译,上海财经大学出版社2018年版。

吴晓林:《房权政治:中国城市社区业主维权》,中央编译出版社2016年版。

[法]托克维尔:《论美国的民主》,董果良译,商务印书馆1988年版。

[美]罗伯特·D.帕特南:《使民主运转起来》,王列、赖海榕译,江西人民出版社2001年版。

[美]维卡斯·梅赫塔:《街道:社会公共空间的典范》,金琼兰译,电子工业出版社2016年版。

张静主编:《社会组织化行为:案例研究》,社会科学文献出版社2018年版。

[加]尼尔·亚伦·西尔、[美]特里·尼科尔斯·克拉克:《场景:空间品质如何塑造社会生活》,社会科学文献出版社2019年版。

牛凤瑞:《城市学概论》,中国社会科学出版社2008年版。

周雪光:《中国国家治理的制度逻辑:一个组织学研究》,生活·读书·新知三联书店2017年版。

[美]戴维·R.摩根:《城市管理学:美国视角》,中国人民大学出版社2011年版。

韩立彬、陆铭:《向空间要效率——城市、区域和国家发展的土地政策》,见《城市治理研究》,第一卷,上海交通大学出版社2017年版。

[法]亨利·列斐伏尔:《空间与政治》,李春译,上海人民出版社 2015 年版。

[英]彼得·桑德斯:《社会理论与城市问题》,郭秋来译,江苏凤凰教育出版社 2018 年版。

柴彦威:《城市空间》,科学出版社 2000 年版。

[美]丽莎·本顿-肖特、[美]约翰·雷尼-肖特:《城市与自然》,张帆、王晓龙译,江苏凤凰教育出版社 2017 年版。

[美]刘易斯·芒福德:《城市发展史——起源、演变和前景》,中国建筑工业出版社 2005 年版。

李春敏:《大卫·哈维的空间批判理论研究》,中国社会科学出版社 2019 年版。

王鹏:《城市公共空间的系统化建设》,东南大学出版社 2003 年版。

《马克思恩格斯选集》(第 1 卷),人民出版社 2012 年版。

[美]罗伯特·J.桑普森:《伟大的美国城市》,陈广渝、梁玉成译,社会科学文献出版社 2018 年版。

[英]约翰·里德:《城市》,清华大学出版社 2010 年版。

夏建中、[美]特里·N.克拉克等:《社区社会组织发展模式研究:中国与全球经验分析》,中国社会出版社 2011 年版。

[德]斐迪南·滕尼斯:《共同体与社会》,张巍卓译,商务印书馆 2019 年版。

汪民安等主编:《城市文化读本》,北京大学出版社 2008 年版。

[美]罗伯特·帕特南:《独自打保龄球:美国社区的衰落与复兴》,刘波等译,北京大学出版社 2011 年版。

[德]哈贝马斯:《公共领域的结构转型》,曹卫东等译,学林出版社 1999 年版。

[法]托克维尔:《论美国的民主》,董果良译,商务印书馆 1988 年版。

[美]谢里尔·西姆拉尔等:《民有政府:反政府时代的公共管理》,中央编译出版社 2010 年版。

[英]彼得·桑德斯:《社会理论与城市问题》,郭秋来译,江苏凤凰教育出版社 2018 年版。

[美]奥斯特罗姆:《公共事务的治理之道:集体行动制度的演进》,余逊达、陈旭东译,上海译文出版社 2012 年版。

[美]詹姆斯·C.斯科特:《六论自发性》,袁子奇译,社会科学文献出版社 2019 年版。

吴晓林:《理解中国社区治理:国家、社会与家庭的关联》,中国社会科学出版社 2020 年版。

[美]曼瑟·奥尔森:《集体行动的逻辑:公共物品与集团理论》,陈郁、郭宇

峰、李崇新译,上海人民出版社 2018 年版。

李翠玲:《社区归来——一个珠三角村庄的公共生活与社区再造》,中国社会科学出版社 2015 年版。

[美]理查德·博克斯:《公民治理:引领 21 世纪的美国社区》,孙柏瑛等译,中国人民大学出版社 2014 年版。

[丹麦]杨·盖尔:《交往与空间》,何人可译,中国建筑工业出版社 1992 年版。

[美]罗伯特·F.墨菲:《文化与社会人类学引论》,王卓君译,商务印书馆 1991 年版。

郑永年:《技术赋权:中国的互联网、国家与社会》,邱道隆译,东方出版社 2013 年版。

[英]乔纳森·S.戴维斯、[美]戴维·L.英布罗肖:《城市政治学理论前沿(第二版)》,何艳玲译,格致出版社、上海人民出版社 2013 年版。

[美]保罗·E.彼得森:《城市极限》,罗思东译,格致出版社、上海人民出版社 2012 年版。

张庭伟、田莉:《城市读本》,中国建筑工业出版社 2013 年版。

[英]哈耶克,《自由秩序原理》上卷,邓正来译,三联书店 1997 年版。

[美]詹姆斯·C.斯科特,《国家的视角》,王晓毅译,社会科学文献出版社 2019 年版。

[美]维托尔德·雷布琴斯基:《嬗变的大都市》,叶齐茂,倪晓晖译,商务印书馆 2016 年版。

[美]西摩·马丁·李普塞特:《政治人:政治的社会基础》,张绍宗译,上海人民出版社 2011 年版。

[德]马克斯·韦伯:《经济与社会(第二卷)》,阎克文译,上海人民出版社 2010 年版。

时红秀:《财政分权、政府竞争与中国地方政府的债务》,中国财政经济出版社 2007 年版。

(二)论文

陈明明:《党治国家的理由、形态与限度——关于中国现代国家建设的一个讨论》,载《复旦政治学评论》第 7 辑,上海人民出版社 2009 年版。

黄宗智:《认识中国——走向从实践出发的社会科学》,《中国社会科学》2005 年第 1 期。

胡伟、王世雄:《构建面向现代化的政府权力——中国行政体制改革理论研究》,《政治学研究》1999 年第 3 期。

汪仕凯:《政治体制的能力、民主集中制与中国国家治理》,《探索》2018 年第 4 期。

唐亚林:《使命—责任体制:中国共产党新型政治形态建构论纲》,《南京社会科学》2017 年第 7 期。

赵中源、杨柳:《国家治理现代化的中国特色》,《政治学研究》2016 年第 5 期。

林尚立:《国家建设:中国共产党的探索与实践》,《毛泽东邓小平理论研究》2008 年第 1 期。

张玉林:《中国的城市化与生态环境问题——“2018 中国人文社会科学环境论坛”研讨述评》,《南京工业大学学报(社会科学版)》2019 年第 1 期。

王浦劬、汤彬:《论国家治理能力生产机制的三重维度》,《学术月刊》2019 年第 4 期。

王绍光:《大转型:1980 年代以来中国的双向运动》,《中国社会科学》2008 年第 1 期。

唐皇凤:《使命型政党:执政党建设的中国范式》,《浙江学刊》2020 年第 1 期。

唐皇凤:《使命型政党:新时代中国共产党长期执政能力建设的政治基础》,《武汉大学学报》(哲学社会科学版)2018 年第 3 期。

何艳玲、赵俊源:《国家城市:转型城市风险的制度性起源》,《开放时代》2020 年第 4 期。

何艳玲:《“回归社会”:中国社会建设与国家治理结构调适》,《开放时代》2013 年第 3 期。

施芸卿:《增长与道义:城市开发的双重逻辑》,《社会学研究》2014 年第 6 期。

张京祥、吴缚龙、马润潮:《体制转型与中国城市空间重构—建立一种空间演化的制度分析框架》,《空间规划》2008 年第 6 期。

赫曦滢:《城市空间的政治逻辑:进路与走向》,《深圳大学学报(人文社会科学版)》2018 年第 5 期。

姚尚建:《“人民”的城市及其指向——城市性概念的初步检讨》,《浙江学刊》2021 年第 1 期。

王韶兴:《现代化进程中的中国社会主义政党政治》,《中国社会科学》2019 年第 6 期。

蔡禾、黄晓星:《城市社区二重性及其治理》,《山东社会科学》2020 年第 4 期。

曹海军:《党建引领下的社区治理和服务创新》,《政治学研究》2018 年第

1 期。

吴晓林:《治权统合、服务下沉与选择性参与:改革开放四十年城市社区治理的“复合结构”》,《中国行政管理》2019 年第 7 期。

王浦劬:《论新时期深化行政体制改革的基本特点》,《中国行政管理》2014 年第 2 期。

郭定平:《政党中心的国家治理:中国的经验》,《政治学研究》2019 年第 3 期。

陈进华:《治理体系现代化的国家逻辑》,《中国社会科学》2019 年第 5 期。

周庆智:《改革与转型:中国基层治理四十年》,《政治学研究》2019 年第 1 期。

赵聚军、王智睿:《社会整合与“条块”整合:新时代城市社区党建的双重逻辑》,《政治学研究》2020 年第 4 期。

李友梅:《秩序与活力:中国社会变迁的动态平衡》,《探索与争鸣》2019 年第 6 期。

谈小燕:《以社区为本的参与式治理:制度主义视角下的城市基层治理创新》,《新视野》2020 年第 3 期。

刘建军:《社区中国:通过社区巩固国家治理之基》,《上海大学学报》(社会科学版)2016 年第 6 期。

徐国冲:《会议:公共管理亟需研究的议题》,《中国行政管理》2021 年第 7 期。

庞明礼、陈念平:《科层运作何以需要开会:一个政策执行过程的分析视角》,《中国行政理》2021 年第 7 期。

丁远朋:《政府过程视角与领导干部调研活动的类型、特点、功能探讨》,《领导科学》2017 年第 11 期。

摩根·威策尔、吴言:《标杆学习:寻找不足之处》,《国外社会科学文摘》2003 年第 1 期。

马亮:《公共服务创新的扩散:中国城市公共自行车计划的实证分析》,《公共行政评论》2015 年第 3 期。

周尚君:《地方政府的价值治理及其制度效能》,《中国社会科学》2021 年第 5 期。

黄纯纯、周业安:《地方政府竞争理论的起源、发展及其局限》,《中国人民大学学报》2011 年第 3 期。

周雪光:《基层政府间的“共谋现象”——一个政府行为的制度逻辑》,《社会学研究》2008 年第 6 期。

周雪光、练宏:《中国政府的治理模式:一个“控制权”理论》,《社会学研究》

2012 年第 5 期。

何增科:《国家和社会的协同治理——以地方政府创新为视角》,《经济社会体制比较》2013 年第 5 期。

俞可平:《大力建设创新型政府》,《管理观察》2013 年第 27 期。

郁建兴、黄飚:《当代中国地方政府创新的新进展——兼论纵向政府间关系的重构》,《政治学研究》2017 年第 5 期。

贺东航、孔繁斌:《中国公共政策执行中的政治势能——基于近 20 年农村林改政策的分析》,《中国社会科学》2019 年第 4 期。

渠敬东:《项目制:一种新的国家治理体制》,《中国社会科学》2012 年第 5 期。

折晓叶、陈婴婴:《项目制的分级运作机制和治理逻辑——对"项目进村"案例的社会学分析》,《中国社会科学》2011 年第 4 期。

黄宗智、龚为纲、高原:《"项目制"的运作机制和效果是"合理化"吗?》,《开放时代》2014 年第 5 期。

史普原:《科层为体、项目为用:一个中央项目运作的组织探讨》,《社会》2015 年第 5 期。

周雪光:《项目制:一个"控制权"理论视角》,《开放时代》2015 年第 2 期。

燕继荣:《制度、政策与效能:国家治理探源——兼论中国制度优势及效能转化》,《政治学研究》2020 年第 2 期。

陈晓彤、李光耀、谭正仕:《社区微更新研究的进展与展望》,《经济社会体制比较》2019 年第 3 期。

黄建:《城市社区治理体制的运行困境与创新之道——基于党建统合的分析视角》,《探索》2018 年第 6 期。

何艳玲、蔡禾:《中国城市基层自治组织的"内卷化"及其成因》,《中山大学学报》(社会科学版)2005 年第 5 期。

何艳玲、赵俊源:《差序空间:政府塑造的中国城市空间及其属性》,《学海》2019 年第 5 期。

金太军、鹿斌:《社会治理创新:结构视角》,《中国行政管理》2019 年第 12 期。

杨雪冬:《近 30 年中国地方政府的改革与变化:治理的视角》,《社会科学》2018 年第 12 期。

黄晓星:《"上下分合轨迹":社区空间的生产——关于南苑肿瘤医院的抗争故事》,《社会学研究》2012 年第 1 期。

吴晓林、谢伊云:《国家主导下的社会创制:城市基层治理转型的"凭借机制"——以成都市武侯区社区治理改革为例》,《中国行政管理》2020 年第 5 期。

闵学勤:《社区营造:通往公共美好生活的可能及可为》,《江苏行政学院学报》2018 年第 6 期。

何艳玲:《走向精而美的治理:成都社区发展治理的启示》,《先锋》2019 年第 12 期。

曾凡军:《政府组织功能碎片化与整体性治理》,《武汉理工大学学报》(社会科学版)2013 年第 2 期。

吴晓林:《城市性与市域社会治理现代化》,《天津社会科学》2020 年第 3 期。

赖静萍、刘晖:《制度化与有效性的平衡——领导小组与政府部门协调机制研究》,《中国行政管理》2011 年第 8 期。

曾维和:《后新公共管理时代的跨部门协同——评希克斯的整体政府理论》,《社会科学》2012 年第 5 期。

周志忍、蒋敏娟:《中国政府跨部门协同机制探析——一个叙事与诊断框架》,《公共行政评论》2013 年第 1 期。

冯仕政:《中国国家运动的形成与变异:基于政体的整体性解释》,《开放时代》2011 年第 1 期。

杨雪冬:《近 30 年中国地方政府的改革与变化:治理的视角》,《社会科学》2018 年第 12 期。

王汉生、王一鸽:《目标管理责任制:农村基层政权的实践逻辑》,《社会学研究》2009 年第 2 期。

负杰:《中国地方政府绩效评估:研究与应用》,《政治学研究》2015 年第 6 期。

黄晗、燕继荣:《从政治指标到约束性指标:指标治理的变迁与问题》,《天津行政学院学报》2018 年第 6 期。

许耀桐:《新时代推进行政体制改革的重大举措》,《党政论坛》2019 年第 2 期。

周望:《履责共同体:中国国家治理实践中的一种特定组织模式》,《学习论坛》2019 年第 1 期。

薛澜、李宇环:《走向国家治理现代化的政府职能转变:系统思维与改革取向》,《政治学研究》2014 年第 5 期。

赵成福:《政府职能转变:从管理向服务理念的改变——以成都市政府职能转变为例》,《行政论坛》2015 年第 1 期。

朱光磊、张志红:《"职责同构"批判》,《北京大学学报(哲学社会科学版)》2005 年第 1 期。

李风华:《纵向分权与中国成就:一个多级所有的解释》,《政治学研究》2019 年第 4 期。

任敏、李玄:《合法利用与有效探索:机构改革中的地方新部门如何实现真正整合?——基于F市自然资源和规划局的案例研究》,《北京行政学院学报》2019年第5期。

杨荣、刘喜堂:《新中国民政职能的历史变迁与路径依赖》,《华中师范大学学报(人文社会科学版)》2015年第4期。

周平:《街道办事处的定位:城市社区政治的一个根本问题》,《政治学研究》2001年第2期。

陆军、杨浩天:《城市基层治理中的街道改革模式——基于北京、成都、南京的比较》,《治理研究》2019年第4期。

容志、刘伟:《街道体制改革与基层治理创新:历史逻辑和改革方略的思考》,《南京社会科学》2019年第12期。

和泉润、王郁:《日本区域开发政策的变迁》,《国外城市规划》2004年第3期。

范如国:《复杂网络结构范型下的社会治理协同创新》,《中国社会科学》2014年第4期。

鄞益奋:《网络治理:公共管理的新框架》,《公共管理学报》2007年第1期。

郭定平:《政党中心的国家治理:中国的经验》,《政治学研究》2019年第3期。

陈红太:《从党政关系的历史变迁看中国政治体制变革的阶段特征》,《浙江学刊》2003年第6期。

赵聚军、王智睿:《社会整合与"条块"整合:新时代城市社区党建的双重逻辑》,《政治学研究》2020年第4期。

周雪光等:《党政关系:一个人事制度视角与经验证据》,《社会》2020年第2期。

林尚立:《集权与分权:党、国家与社会权力关系及其变化》,《复旦政治学评论》2002年。

渠敬东、周飞舟、应星:《从总体支配到技术治理:基于中国30年改革经验的社会学分析》,《中国社会科学》2009年第6期。

田先红:《政党如何引领社会?——后单位时代的基层党组织与社会之间关系分析》,《开放时代》2020年第2期。

李友梅:《中国社会治理的新内涵与新作为》,《社会学研究》2017年第6期。

陈家建、赵阳:《"低治理权"与基层购买公共服务困境研究》,《社会学研究》2019年第1期。

李友梅:《当代中国社会治理转型的经验逻辑》,《中国社会科学》2018年第11期。

郑杭生、黄家亮:《论我国社区治理的双重困境与创新之维——基于北京市社区管理体制改革实践的分析》,《东岳论丛》2012 年第 1 期。

周延东、曹蕗蕗:《从居住共同体走向新生活共同体——社区安全治理的反思》,《湘潭大学学报(哲学社会科学版)》2015 年第 6 期。

陈亮、李元:《去"悬浮化"与有效治理:新时期党建引领基层社会治理的创新逻辑与类型学分析》,《探索》2018 年第 6 期。

王邦佐、谢岳:《政党推动:中国政治体制改革的演展逻辑》,《政治与法律》2001 年第 3 期。

刘伟、尹露:《治理与生活一体化:城市党群服务中心空间生产逻辑研究——以苏州 W 街道党群服务中心为例》,《城市观察》2020 年第 2 期。

彭勃:《国家权力与城市空间:当代中国城市基层社会治理变革》,《社会科学》2006 年第 9 期。

唐亚林、刘伟:《党建引领:新时代基层公共文化建设的政治逻辑、实现机制与新型空间》,《毛泽东邓小平理论研究》2018 年第 6 期。

黄晓春.当代中国社会组织的制度环境与发展.《中国社会科学》2015 年第 9 期。

陈进华:《治理体系现代化的国家逻辑》,《中国社会科学》2019 年第 5 期。

李威利、马梦岑:《党建赋能的城市社区发展治理:成都经验》,《华东理工大学学报》(社会科学版)2020 年第 5 期。

何艳玲:《"社区"在哪里:城市社区建设走向的规范分析》,《华中师范大学学报(人文社会科学版)》2007 年第 5 期。

郭叶波:《特大城市安全风险防范问题研究》,《中州学刊》2004 年第 6 期。

陆铭、陈钊:《在集聚中走向平衡:城乡和区域协调发展的"第三条道路"》,《世界经济》2008 年第 8 期。

郑思齐、张晓楠、徐杨菲等:《城市空间失配与交通拥堵——对北京市"职住失衡"和公共服务过度集中的实证研究》,《经济体制改革》2016 年第 3 期。

朱建华、陈田:《改革开放以来中国行政区划格局演变与驱动力分析》,《地理研究》2015 年第 2 期。

王贤彬、聂海峰:《行政区划调整与经济增台,《管理世界》2010 年第 4 期。

王开泳、陈田:《行政区划研究的地理学支撑与展短》《地理学报》2018 年第 4 期。

施芸卿:《机会空间的营造——以 B 市被拆迁居民集团行政诉讼为例》,《社会学研究》2007 年第 2 期。

吴莹:《空间变革下的治理策略"村改居"社区基层治理转型研究》,《社会学研究》2017 年第 6 期。

焦永利、王桐:《营城策略的前沿创新:从城市场景到场景城市》,《成都日报》2021年2月25日。

王志刚:《差异的正义:社会主义城市空间生产的价值诉求》,《思想战线》2012年第4期。

任政:《资本、空间与正义批判——大卫·哈维的空间正义思想研究》,《马克思主义研究》2014年第6期。

黄晓燕、曹小曙:《转型期城市更新中土地再开发的模式与机制研究》,《城市观察》2011年第2期。

张京祥、胡毅:《基于社会空间正义的转型期中国城市更新批判》,《规划师》2012年第12期。

胡鞍钢:《中国独特的五年计划转型》,《开放时代》2013年第6期。

黄建洪、孙崇明:《城市社区空间异化问题及其治理路径》,《学习与实践》2016年第11期。

阮晨:《社区发展治理下的成都有机更新实践》,"共建共治共享的城市更新制度建设"专题会议,2020年9月20日。

郑杭生、黄家亮:《论我国社区治理的双重困境与创新之维——基于北京市社区管理体制改革实践的分析》,《东岳论丛》2012年第1期。

周延东、曹蕗蕗:《从居住共同体走向新生活共同体——社区安全治理的反思》,《湘潭大学学报(哲学社会科学版)》2015年第6期。

费孝通:《对上海社区建设的一点思考——在"组织与体制:上海社区发展理论研讨会"上的讲话》,《社会学研究》2002年第4期。

李友梅、肖瑛、黄晓春:《当代中国社会建设的公共性困境及其超越》,《中国社会科学》2012年第4期。

李翠玲:《"家园"追寻与社区治理的价值取向》,《中国行政管理》2020年第1期。

陈昌凯:《时间维度下的社会心态与情感重建》,《探索与争鸣》2016年第11期。

张翼:《全面建成小康社会视野下的社区转型与社区治理效能改进》,《社会学研究》2020年第6期。

陈进华:《治理体系现代化的国家逻辑》,《中国社会科学》2019年第5期。

赛拉蒙、于海:《第三域的兴起》,《社会》1998年第2期。

杨敏:《作为国家治理单元的社区——对城市社区建设运动过程中居民社区参与和社区认知的个案研究》,《社会学研究》2007年第4期。

何艳玲:《捍卫邻里:中国社区建设的未来任务》,《国家治理》2015年第34期。

吴亚非:《老旧院落如何治理? 成都洛带镇“六步工作法”实现由乱到治》,《川观新闻》。

孙向晨:《论中国文化传统中“家的哲学”现代重生的可能性》,《复旦学报》(社会科学版)2014 年第 1 期。

魏娜:《我国城市社区治理模式:发展演变与制度创新》,《中国人民大学学报》2003 年第 1 期。

闵学勤:《社区自治主体的二元区隔及其演化》,《社会学研究》2009 年第 1 期。

徐行、王娜娜:《社会治理共同体视域下社区协商治理的梗阻与突破路径》,《北京行政学院学报》2021 年第 2 期。

周业安、冯兴元、赵坚毅:《地方政府竞争与市场秩序的重构》,《中国社会科学》2004 年第 1 期。

黄晓春:《党建引领下的当代中国社会治理创新》,《中国社会科学》2021 年第 6 期。

高翔、蔡尔津:《以党委重点任务为中心的纵向政府间治理研究》,《政治学研究》2020 年第 4 期。

韩博天、石磊:《中国经济腾飞中的分级制政策试验》,《开放时代》2008 年第 5 期。

习近平:《在庆祝全国人民代表大会成立六十周年大会上的讲话》,《人民日报》2014 年 9 月 5 日。

杨华、袁松:《中心工作模式与县域党政体制的运行逻辑——基于江西省 D 县调查》,《公共管理学报》2018 年第 1 期。

欧阳静:《论基层运动型治理——兼与周雪光等商榷》,《开放时代》2014 年第 6 期。

杨华:《县域治理中的党政体制:结构与功能》,《政治学研究》2018 年第 5 期。

周望:《履责共同体:中国国家治理实践中的一种特定组织模式》,《学习论坛》2019 年第 1 期.

贺东航、高佳红:《政治势能:党的全面领导提升社会治理效能的一个分析框架》,《治理研究》2021 年第 5 期。

王浦劬、汤彬:《基层党组织治理权威塑造机制研究——基于 T 市 B 区社区党组织治理经验的分析》,《管理世界》2020 年第 6 期。

吴晓林:《党如何链接社会:城市社区党建的主体补位与社会建构》,《学术月刊》2020 年第 5 期。

李威利:《空间单位化:城市基层治理中的政党动员与空间治理》,《马克思主义与现实》2018 年第 6 期。

甘泉、骆郁廷:《社会动员的本质探析》,《学术探索》2011 年第 6 期。

田先红、张庆贺:《城市社区中的情感治理: 基础、机制及限度》,《探索》2019 年第 6 期。

文军、高艺多:《社区情感治理:何以可能,何以可为?》,《华东师范大学学报》(哲学社会科学版 2017 年第 6 期。

杨光斌:《合法性概念的滥用与重述》,《政治学研究》2016 年第 2 期。

孟军:《亨廷顿的政治稳定理论及其当代启示》,《社会科学战线》2008 年第 3 期。

周雪光:《权威体制与有效治理:当代中国国家治理的制度逻辑》,《开放时代》2011 年第 10 期。

曹正汉、王宁:《一统体制的内在矛盾与条块关系》,《社会》2020 年第 4 期。

燕继荣、朱春昊:《中国公共政策的调适——兼论“以人民为中心”的价值取向及其实践》,《治理研究》2021 年第 5 期。

杨光斌、乔哲青:《论作为“中国模式”的民主集中制政体》,《政治学研究》2015 年第 6 期。

徐勇:《治理转型与竞争——合作主义》,《开放时代》2001 年第 7 期。

杨光斌、乔哲青:《论作为“中国模式”的民主集中制政体》,《政治学研究》2015 年第 6 期。

唐亚林:《政治、行政与民政:当代中国国家治理现代化的“三政”框架建构》,《治理研究》2021 年第 3 期。

杨光斌:《民主的社会主义之维——兼评资产阶级与民主政治的神话》,《中国社会科学》2009 年第 3 期。

李冉、邹汉阳:《党性、人民性的话语起源与行动逻辑》,《马克思主义研究》2014 年第 5 期。

赵鼎新:《国家合法性和国家社会关系》,《学术月刊》2016 年第 8 期。

杨光斌、杨森:《中国改革开放 40 年来的国家治理之道》,《探索与争鸣》2018 年第 10 期。

唐亚林:《“全过程民主”:运作形态与实现机制》,《江淮论坛》2021 年第 1 期。

何艳玲:《公共行政学研究是我们与这个时代肝胆相照的方式》,《国家行政学院学报》2014 年第 5 期。

英文文献

Aalbers, M.B., & Haila, A. 2018. A conversation about land rent, financialisation and housing.

Agranoff, R., & McGuire, M. 2001. Big questions in public network management research. *Journal of public administration research and theory*, *11*(3), 295–326.

Alice Sparberg Alexiou, &Jane Jacobs. 2006. *Urban Visionary*. New Brunswick, N. J.: Rutgers University Press.

Al-Jamel, M., & Abu-Shanab, E. 2016. The influence of open government on e-government website: the case of Jordan. *International Journal of Electronic Governance*, 8(2), 159–179.

Arnstein S R. 1969. A ladder of citizen participation*Journal of the American Institute of planners*, 35(4), 216–224.

Benson, M.& Jackson E. 2013. Place-making and Place Maintenance: Performativity, Place and Belonging among the Middle Classes, *Sociology*, 47(4) :793–809.

Beraud, J. L. 2012. The Social Production of the Urban Structure of Mazatlan, Mexico. *Critical Sociology*, *38*(1), 15–31.

Brenner, N., Marcuse, P., & Mayer, M. 2009. Cities for people, not for profit. *City*, *13*(2–3), 176–184.

Bretschneider, S. 2003. Information technology, e-government, and institutional change.

Denhardt, R.B., & Denhardt, J.V. 2000. The new public service: Serving rather than steering. *Public administration review*, *60*(6), 549–559.

Dietz, T., E. Ostrom and P. C. Stern. 2003. The Struggle to Govern the Commons. *Science*, 302(5652), 1907–1912.

Drew J. Nathan. 2003. Authoritarian Resilience. *Journal of Democracy*, 2003, 14 (1), 6–17.

Goldsmith, M. 2002. Central control over local government-a Western European comparison. *Local government studies*, *28*(3), 91–112.

Harvey, D. 1989. From managerialism to entrepreneurialism: the transformation in urban governance in late capitalism. Geografiska Annaler: Series B, *Human Geography*, 71(1), 3–17.

Harvey, David. 2009. *Social Justice and the City*. Athens&London: University of Georgia Press.

Harvey, D. 1985. *The Urbanization of Capital*. Oxford: Blackwell.

Heilmann, S., and E. Perry. 2011. "Embracing Uncertainty. Guerilla Policy Style and Adaptive Governance in China", in Heilmann, S., and E. Perry (eds.) *Mao's Invisible Hand: The Political Foundations of Adaptive Governance in China*, Cambridge,

MA: Harvard University Press.

Heilmann, S. 2008. From local experiments to national policy: the origins of China's distinctive policy process. *The China Journal*, (59), 1–30.

HUCKSHORN, R.I. 1984. *Political parties in America*. Brooks/Cole Publishing Co.

Jacobs J., 1961. *The Death and Life of Great American Cities*. New York: Random House.

J.Thomas. 2001. Understanding the links between conservation and development in the Bamenda Highlands Cameroon. *World Devlempent*, 29(7), 1115–1136.

Katz, R.S., & Crotty, W.J. (Eds.). (2005). *Handbook of party politics*. Sage.

Krijnen, M. 2018. Beirut and the creation of the rent gap. *Urban Geography*, 39 (7), 1041–1059.

Kaufmann K M. 2004. The Urban Voter. *Perspectives on Politics*, 2(03), 596–597

Lefebvre, H. 1996 (1968). "'The right to the city'". In *Writings on Cities*, Edited by: Lefebvre, H. 63–184. Cambridge, MA: Blackwell. Trans. E. Kofman and E. Lebas.

Lefebvre H. 2002. *Critique of Everyday Life* (Vol., 2): Foundations for Sociology of Everyday.

Leon D. Epstein. 1980. *Political Parties in Western Democracies* (New Brunswick, NJ: Transaction Books.

Lefebvre, H. 2003 (1970). *The urban revolution.* Minneapolis: University of Minnesota Press. John Moore. Trans. London; New York: Verso.

Loga, John R. 2002. *The New Chinese City*. Blackwell Publishers.

Margit Mayer. 2013. First world urban activism, *City*, 17(1), 5–19.

Mark Purcell. 2014. Possible Worlds: Henri Lefebvre and the Right to the City, *Journal of Urban Affairs*, 36(1), 141–154.

Ma, L. J., & Wu, F. 2005. Restructuring the Chinese city. Restructuring the Chinese city: *Changing society, economy and space*, 1–18.

Mayer, M. 2017. Whose city? From Ray Pahl's critique of the Keynesian city to the contestations around neoliberal urbanism. *The Sociological Review*, 65 (2), 168–183.

Mayor of London, 2012. World Cities Culture Report.

Neuman, M., & Smith, S. 2010. City planning and infrastructure: once and future partners. *Journal of Planning History*, 9(1), 21–42.

O'Brien, Kevin, J., &Lianjiang Li. 1999. Selective policy implementation in rural china. *Comparative Politics*, 31(2), 167–186.

O'Toole Jr, L. J. 1997. Treating networks seriously: Practical and research-based agendas in public administration.*Public administration review*,45–52.

Pei,M.2002.China's Governance Crisis,*Foreign affairs*,81(5),96–109.

Perri 6.2004.Joined-up government in the Western World in comparative perspective: A preliminary literature review and exploration.*Journal of Public Administration Research and Theory*,103–138.

Ranney,Austin.1978."The political parties: Reform and decline", in Anthony King (ed.), *The New American Political System*. Washington, DC: American Enterprise Institute.

Rhodes, R. A. W. 1996. The new governance: governing without government. *Political studies*,44(4),652–667.

Salamon.L.2002.*The tools of government: a guide to the new governance*.Oxford University Press.

Scott,A.and M.Storper.2015.The nature of cities: the scope and limits of urban theory.*International Journal of Urban and Regional Research*,39(1),1–16.

Smith,N.1987.Gentrification and the rent gap.*Annals of the Association of American Geographers*, 77(3),462–465.

STOKER G.1998.Governance as theory: five propositions. *International social science journal*,50(12),19–22.

Sustin Ranney.2001.*Governing:An Introduction to Political Science*.Prentice Hall New Jersy: eight edition.

Wang X.2016.Requests for Environmental Information Disclosure in China: an understanding from legal mobilization and citizen activism, *The Journal of contemporary China*,25(98),233–247.

West,D.M.2004.E-government and the transformation of service delivery and citizen attitudes.*Public administration review*,64(1),15–27.

White,Gordon.1991.*The Chinese State in the Era of Economic Reform: The Road to Crisis*.Macmillan.

Wolman, A. 1965. The metabolism of cities. *Scientific American*, 213 (3), 178–193.